政府购买服务与组织间管理控制：如何成为“精明”购买者

何 晴 著

中国财经出版传媒集团
中国财政经济出版社

图书在版编目（CIP）数据

政府购买服务与组织间管理控制：如何成为“精明”购买者／何晴著. -- 北京：中国财政经济出版社，2022. 12

ISBN 978 - 7 - 5223 - 1745 - 8

Ⅰ. ①政… Ⅱ. ①何… Ⅲ. ①社会服务 - 政府采购制度 - 研究 - 中国②国家行政机关 - 社会服务 - 行政管理 - 研究 - 中国 Ⅳ. ①D669. 3②D630. 1

中国版本图书馆 CIP 数据核字（2022）第 201274 号

责任编辑：樊 闽　　责任印制：张 健
封面设计：卜建辰　　责任校对：徐艳丽

政府购买服务与组织间管理控制：如何成为“精明”购买者
ZHENGFU GOUMAI FUWU YU ZUZHIJIAN GUANLI KONGZHI：
RUHE CHENGWEI “JINGMING” GOUMAIZHE

中国财政经济出版社 出版

URL：http：//www. cfeph. cn
E - mail：cfeph@ cfeph. cn

社址：北京市海淀区阜成路甲 28 号 邮政编码：100142
营销中心电话：010 - 88191522
天猫网店：中国财政经济出版社旗舰店
网址：https：//zgczjjcbs. tmall. com
北京中兴印刷有限公司印刷 各地新华书店经销
成品尺寸：170mm×240mm 16 开 17. 25 印张 273 000 字
2022 年 12 月第 1 版 2022 年 12 月北京第 1 次印刷
定价：76. 00 元
ISBN 978 - 7 - 5223 - 1745 - 8
（图书出现印装问题，本社负责调换，电话：010 - 88190548）
本社质量投诉电话：010 - 88190744
打击盗版举报热线：010 - 88191661 QQ：2242791300

序

从1994年地方政府开始探索政府购买服务的实践至今，政府购买服务制度已在我国得到了较为全面的应用和推广，尤其是党的十八届三中全会之后，政府购买服务无论是制度建设还是实践推进，都进入了高质量发展的快车道进程。政府购买公共服务作为现代财政制度的重要内容，是满足人民公共服务需求、提高公共服务供给质量和水平、提高财政资金使用效率的关键制度，也对于推动国家治理体系和治理能力现代化进程发挥着不可忽视的作用。但是政府购买服务制度本身并不保证公共服务的供给效率一定会得到改善，制度的“善用”需要匹配相应的治理能力和技术手段。

本书基于对中国政府实践的长期观察，探索了组织间管理控制与政府购买服务之间的逻辑线条，对政府购买服务中组织间管理控制的控制目的、影响因素和具体管控机制，以及管控机制与影响因素之间的匹配性是否影响政府购买服务绩效进行了较为充分的讨论，试图去解答这样一些问题：政府在购买服务中采取组织间管控机制的动因是什么？组织间管控要解决的关键问题是什么？有哪些因素会通过影响关键控制问题，进而影响组织间管控机制的应用？购买方所采取的组织间管控机制有哪些？管控机制的应用与交易主体、交易本身和交易环境的特征之间是否存在显著的匹配性？管控机制与影响因素之间的匹配是否会带来更高的购买绩效？

鉴于政府购买服务在中国大地的实践还在快速推进与变化，因此，本书对上述问题的讨论仍然在不断的更新之中。对于政府如何在购买服务过程中做好“精明购买者”，作者希望研究者们可以持续地关注与研究，为这一领域提供更加多元的研究视角和更加丰富的研究成果，同时，这些研究成果能够转化为对各级政府行之有效的政策建议，为推动现代财政制度建设与实践贡献力量。

何　晴

2022 年 8 月于北京丰台

目　　录

| 第一章 |

问题的提出

一、问题的提出

政府向社会力量购买公共服务起源于发达国家以民营化方式解决公共服务的生产与供给相分离的问题，北京、上海、广东、江苏等地政府从 20 世纪 90 年代开始，逐步探索这一新型公共服务供给方式。党的十八大以后，政府购买服务开始进入快车道发展，2013 年 9 月，国务院办公厅颁布《关于政府向社会力量购买服务的指导意见》（国办发〔2013〕96 号）（以下简称《指导意见》），政府购买服务从各省市实践探索，步入自上而下建立规范制度的阶段（何晴，付诗文，2018）。但是近年来，政府购买服务实践中出现一系列问题，地方政府借政府购买服务之名债务融资或者变相解决用工的现象、“内卷化”（马全中，2017）、行政吸纳与控制（吴月，2015）等问题也被研究者关注。政府购买服务不仅影响了公共服务的生产和供给过程，还对政府与社会、政府与市场之间的关系有实质性的影响，甚至还影响了政府内部机制（肖雪，颜克高，2020）。

值得注意的是，在政府购买服务改革浪潮中，由于公共服务的生产环节和供给环节的分离，政府的角色从公共服务直接生产者转变为购买服务中的购买主体，“买什么、向谁买、如何买、如何买得好”成为政府决策需要解决的关键问题，而“买得好”的目标取向要求政府需要在购买服务过程中设计和执行关系治理的机制，来降低交易成本，提高交易主体目标一致性水平（Cristofoli，et al.，2010）。有研究发现，政府购买服务交易可能会发生相当规模的事后交易成本，这也使政府购买服务治理结构和管理控制问题越来越受到重视（Girth，et al.，2012；Johnston，Girth，2012）。对私营部门组织间关系的研究表明，在成功的外包关系中设计和实施管理控制机制具有重要性（Anderson，Dekker，2005；Dekker，2004，2008），对公共部门外包进行的研究也得到了相似的结论（Brown，Potoski，2003；Hefetz，Warner，2004），这使得管理控制工具在政府购买服务中的应用这一话题，从意识形态意义上的讨论，进化到实用主义意义上的讨论（Hefetz，Warner，2004，2007）。

从广义上说，政府购买服务的管控既包括基于交易关系本身的、交易主体之间保持目标一致性的机制工具（其中主要是购买方对承接方的管控），也包括外部主体对交易本身的管控，如财政部门对财政资金使用规范性和绩效的监管、审计部门监督、人大监督等，本研究所讨论的管理控制问题是指前者。

2014 年，财政部、民政部、国家工商总局颁布《政府购买服务管理办法（暂行）》（财综〔2014〕96 号，以下简称《管理办法（暂行）》），《管理办法（暂行）》对政府购买服务的主体界定、购买流程、预算管理、绩效评价等方面做了系统性的规范，多地政策也陆续以《管理办法（暂行）》为指引制定当地政府购买服务管理制度，中央和地方的政府购买服务呈现快速发展态势。但随着改革实践的推进，政府购买服务在发展过程中出现购买内容泛化、地方政府变相违规举债、绩效管理薄弱等问题。2020 年 2 月，新修订的《政府购买服务管理办法》（以下简称《管理办法》）公布，自 2020 年 3 月 1 日起施行，政府购买服务监督管理步入新的阶段。

政府购买服务进入强监管阶段后，作为购买方的政府部门对承接方的管控也随之更具重要意义。购买方对承接方的管控，狭义上是购买方通过承接方选择、日常考核、绩效评价等机制将承接方行动统一于购买方的整体目标，广义上还包括政府购买服务的战略目标设定与实现过程。关于组织间管控问题，私人部门之间的组织间管控已有诸多研究提供了经验证据（Abbeele，2010；Anderson，等，2015；Cooper，Slagmulder，2004；Dekker，2004；Mouritsen，Thrane，2006；Van der meer－kooistra，Scapens，2008；Van der meer－kooistra，Vosselman，2000）。随着公共服务外包等活动的兴起，公共服务外包过程的组织间管控问题也开始受到关注（Brignall，2000；Caglio，

Ditillo, 2012; Cristofoli, et al., 2010; Johansson, Siverbo, 2011; Lapsley, 2004; Modell, Sven, 2014; 何晴, 2016), 虽然文献的数量和讨论范围的宽度还不能与私人部门组织间管控的讨论相比, 但说明组织间管控的分析逻辑和框架适用于政府购买服务中的组织间关系治理。考虑受一国政治制度、公共服务水平、市场环境等因素的影响, 政府购买服务往往具有明显的国别特征, 本书立足于对中国政府购买服务实践的观察来提出理论观点并进行检验, 但研究者基于各国政府购买服务实践研究所提供的经验证据, 仍然可以为本研究提供良好的研究基础。

政府购买服务中的主体关系是购买方(政府)、承接方(社会组织或者企业等)和公共服务对象(公众)三者关系, 其中核心的交易关系发生在购买方与承接方之间, 政府作为购买方不仅仅是公权力的代表, 从交易关系角度, 应当在相互协商、合作的"伙伴关系"下, 与承接方承担各自的责任, 共同完成公共服务的生产与供给, 在这一关系中, 政府应当成为公共服务的购买者(选择交易伙伴、签订契约、制定规则)、契约执行管控者(管控承接方的行为、保证目标一致性)、利益保障者(制度保障、各方监督)。我国政府购买服务实践中, 由于在交易主体、交易环境和交易本身上具有中国的特殊性, 购买服务的政府部门所采取的组织间管控机制天然地具有复杂性的特征(何晴, 2016), 本书在对政府购买服务的组织间管控的对象、影响因素、机制和后果的理论探讨的基础上, 用多案例研究和问卷调查来寻找检验理论假说的实证证据, 试图回答下列问题: 政府在购买服务中采取组织间管控机制的动因是什么? 组织间管控要解决的关键问题是什么? 有哪些因素会通过影响关键控制问题, 进而影响组织间管控机制的应用? 购买方所采取的组织间管控机制有哪些? 管控机制的应用与交易主体、交易本身和交易环境的特征之间是否存在显著的匹配性? 管控机制与影响因素之间的匹配是否会带来更高的购买绩效?

二、相关概念界定

(一) 政府购买服务管理、监督管理与管理控制

政府购买服务管理是以财政部门为主体的管理活动, 是财政部门规范政

府购买服务的主体、购买内容、购买活动实施、合同签订及履行等的管理活动，根据《管理办法》第四条的规定，财政部负责制定全国性政府购买服务制度，并指导和监督各地区、各部门政府购买服务工作，县级以上地方人民政府财政部门负责本行政区域政府购买服务管理。

政府购买服务监督管理概念的范畴大于政府购买服务管理，根据《管理办法》第三十条的规定，有关部门应当建立健全政府购买服务监督管理机制。这里的有关部门不仅包括财政部门，还包括审计、司法、行业主管部门、人大等不同监管主体，政府购买服务的购买主体和承接主体除了要接受财政部门的管理外，还需要接受审计监督、社会监督、服务对象监督等来自不同主体的监督管理。

政府购买服务管理控制是基于政府购买服务中交易主体之间的组织间关系开展的管控活动，是购买方为保证服务承接方的目标一致性所采取的各种管控活动的总和。在《管理办法》中，属于该范畴的内容包括第七条（对购买主体选择承接方的规定）、第十七条（服务承接方选择机制）、第二十条（购买主体实施的政府购买服务绩效管理）、第二十一条（政府购买服务绩效评价结果的应用）、第二十三条（政府购买服务的合同管理）、第二十五条（政府购买服务的履约管理）等。根据《关于推进政府购买服务第三方绩效评价工作的指导意见》（财综〔2018〕42号）的规定，购买主体负责承担第三方机构开展绩效评价的具体组织工作，如果是购买主体实施的第三方评价，则属于政府购买服务管控的范畴。如果是财政部门实施的第三方评价，则属于政府购买服务监督管理的范畴。

（二）政府购买服务的管控主体

政府购买服务的主体包括购买主体、承接主体、服务对象等，政府购买服务的管控问题主要涉及管控的双方主体，即管控方和被管控方。根据对政府购买服务管理控制的界定，管控方为购买主体，根据《管理办法》的规定，政府购买服务的购买主体是各级国家机关，即广义政府概念，不仅限于行政机关范畴，使用财政资金向承接方支付费用的主体均为政府购买公共服务的购买主体。被管控方为承接主体，根据《管理办法》的规定，除了企业、社会组织、公益两类和从事生产经营活动的事业单位之外，农村集体经济组织、基础群众性自治组织和具备条件的个人均可以作为政府购买服务的承接方主体。购买主体与不同类型承接主体之间的组织间关系和建立在组织间关系基础上的组织间管控，由于交易主体性质的差异会体现不同特征，因此有必要将交易主体特征作为影响因素纳入组织间管控问题的讨论。

（三）管理控制与组织间管理控制

管理控制是实施控制一方所采取的一系列机制或者手段，目的在于影响被控制一方的行动，使其能够按照控制方的目标或者组织的共同目标行事，当被控制一方的行动偏离目标时能够有纠偏机制。传统的研究框架下，管理控制是组织内部的管理会计工具，但随着专业化分工的发展和组织间交易形式的多样化和复杂化，原本适用于组织内部的管理控制工具开始拓展至组织间关系，组织间管理控制工具开始受到重视。组织间管理控制机制是某一特定组织用于影响与其有交易关系的其他组织行为，来实现其自身目标的工具或者机制。由于组织间关系的基础是双方的契约关系，因此通过设计最优的契约安排来实现对交易伙伴的识别、筛选、控制与激励是组织间管理控制的基本手段。但由于交易主体有限理性和信息不完全等原因，契约的不完备性也使得非正式的契约外管控机制有存在的必要性，这使组织间管理控制问题呈现复杂性的特征。

三、研究的意义

政府购买公共服务是将契约制和竞争机制引入公共服务供给的机制，但契约与竞争并不必然保证公共服务供给效率的改善。公共服务供给机制革新的同时，对政府对公共服务供给过程的管控能力也提出了新的要求。公共服务外包绩效提高的基础是外包方有能力保证承接方与其保持目标一致性，并有能力对承接方可能的机会主义行为加以纠正，并最终保证公共服务供给中所蕴含的公共价值目标的实现，这已经成为政府在购买服务过程中应该具备的“经验知识”（周志忍，2009）。在这种背景下，将组织间管理控制研究框架拓展运用于公共服务外包，讨论管理控制机制如何在公共部门与非公共部门形成的关系的治理中发挥作用，具有研究意义与价值。

第一，以往研究主要关注的焦点是交易风险和合作风险（机会主义行为）的潜在问题，也有研究注意到外包活动中良好的行动协调也具有重要性（Brown，Potoski，2003；Dekker，Sakaguchi，Kawai，2013；Dekker，Van den abbeele，2010；Gulati，Singh，1998）。本书除了关注对交易风险和行动协调两个重要的控制问题之外，还强调了公共服务外包中特殊的控制问题：公共价值目标的实现，这一控制问题与利益相关者对合法性的关注高度相关（Johansson，Siverbo，Camen，2016），从而拓展了私营部门组织间管控研究的视野。

第二，对文献的梳理可以发现，以往文献对管控机制的概念化和度量很大程度上会聚焦于绩效管理的范围和强度（Amirkhanyan，2010；Brown，Potoski，2003；Fernandez，2007），公共服务外包的管控问题也不例外，无论是实践者还是研究者，政府购买服务中的绩效评价和绩效管理问题都是关注焦点。但是，私营部门的研究表明，组织间管理控制的机制和手段除了绩效评价和产出控制之外，还包括行为控制、社会控制等更加广泛的机制，并且可能形成具有一定特征的管控系统（Anderson，Dekker，2005；Dekker，2004）。因此本研究在更宽的视野下讨论政府购买服务中的管控机制，这种宽视野的分析角度不仅能够更好地描述和理解政府在购买服务过程中如何控制服务承接方，还能够更好地分析到底是哪些因素驱动政府部门设计和使用这些控制机制。

第三，本书所感兴趣的问题还包括，政府部门所选择的无论是具有整体特征的组织间管控系统，还是某一具体的管理控制机制，其背后的选择逻辑，以及这种选择逻辑是否与管控系统或者管控机制的有效性有所关联。因此，在讨论交易主体、交易环境和交易本身的特征对管控机制选择的影响的基础上，本书还关注这些影响因素与购买方已经使用的管控机制之间的匹配性对其有效性的影响，尤其是政府公权力、强势地位、政社关系、公共服务承接方市场特殊性等政府购买服务交易的特殊因素。

四、本书的结构框架

本书从内容体系上看，主体部分可以分为研究问题的提出、理论分析和实证检验三大部分。

第一部分是研究问题的提出，分别从文献和政策实践两个角度展开，其一，对政府购买服务文献围绕着组织间管理控制这一核心问题进行梳理。分别对政府购买服务中的主体关系、管理控制要解决的主要问题、主要管理控制机制的运用和后果进行综述，尤其关注以往文献所提供的经验证据，以形成对政府购买服务中的管理控制问题的框架较为清晰的认识。其二，从对政府购买公共服务的政策沿革和实践推进的观察出发，从现实中寻找研究对象的意义与价值。来自现实的观察主要包括三个方面：一是自十八大以来政府购买服务政策的沿革过程，包括中央和地方两个层面，尤其对 2020 年《管理办法》颁布后的政策变化进行分析，从中寻找政府购买服务的管理问题的起源、发展和重要性的日益凸显；二是基于《中国政府采购报》对政府购买服务实践案例的报道进行的文本分析，从中寻找政府购买服务中的管控机制的发展演变；三是通过观察和分析美国地方政府公共服务供给机制改革的现状与发展趋势，发现政府间合作等公共服务供给方式的应用、政府对购买服务的监管与控制等美国地方政府经验对中国公共服务改革具有借鉴意义。

第二部分是理论分析，理论分析先从组织间管控的逻辑起点出发，力图解释政府在购买服务中采取组织间管控机制的动因是什么，组织间管控要解决的关键问题是什么，有哪些因素会通过影响关键控制问题，进而影响组织间管控机制的应用。然后分类讨论组织间管控机制的特征，以及管控机制对交易绩效的影响，在此基础上形成经验研究的基本框架并提出假说。

第三部分是实证检验，实证部分主要包括两部分内容：一是探索性案例研究，本研究选择了 F 区税务机关购买涉税服务案例，主要考察了案例的公共服务领域中，政府对公共服务承接方的管理控制机制的影响因素和构成要素；二是以单个政府购买服务项目为分析单元的问卷研究，问卷搜集了每个项目所具有的交易特征、参与主体特征和所面对的环境特征，以及购买方所采取的组织间管理控制机制和项目的交易绩效。通过因子分析提炼了政府购买服务中的管控机制，并以此为基础对组织间管控机制与交易绩效的路径关系，以及管控机制与影响因素的匹配性是否对路径关系产生显著影响进行了聚类分析和结构方程模型分析。

本书的最后部分是结论和政策建议，围绕购买者如何运用管控机制，在购买公共服务的过程中成为一个“精明”的购买者，提出了相关政策建议。

全书的研究框架如图 1-1 所示。

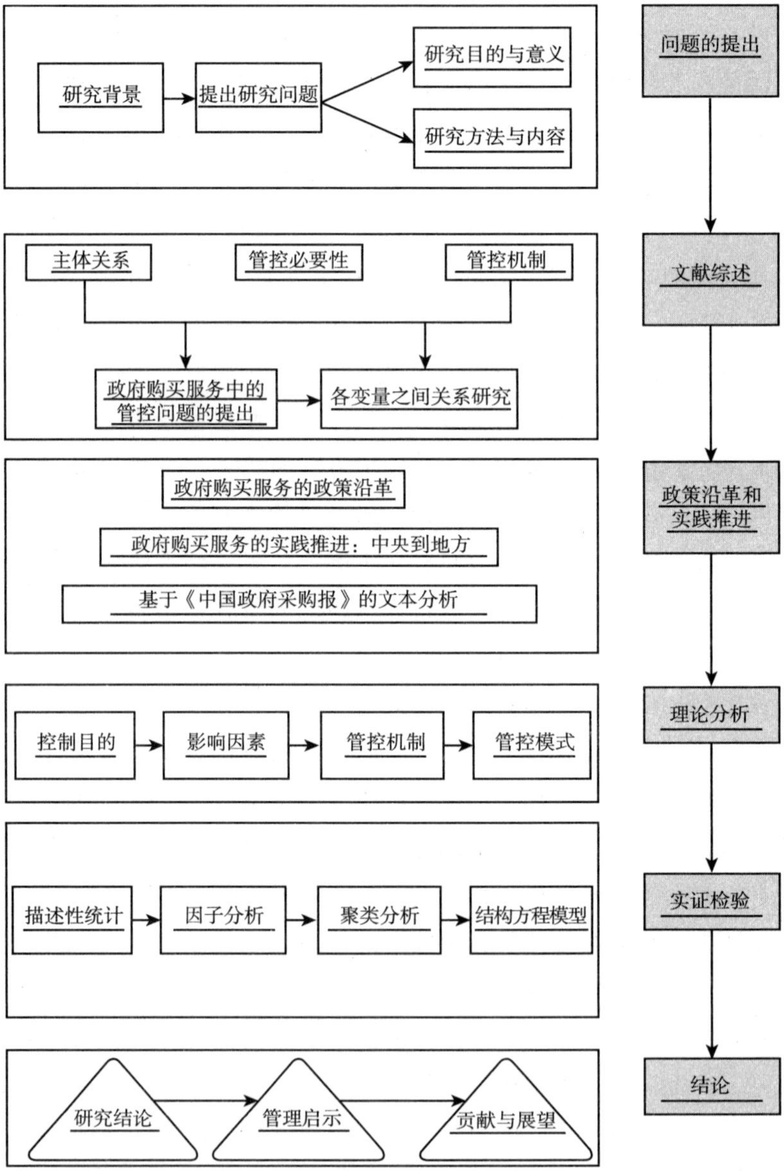

图 1-1　研究框架

第二章

政府购买服务与管理控制：来自文献的观察

本书的研究对象是组织间管理控制在政府购买服务中的应用，讨论此问题的国内外文献主要是组织间管理控制问题在政府外包领域的拓展。除了这部分研究外，大量关于政府购买服务的研究是从管理学、行政学、公共管理、法学等视角对政府在购买服务中对承接方实施的管理控制进行分析并提供经验证据。考虑到政府购买服务研究的多学科特点，本书以问题为导向进行文献回顾与梳理，首先对政府购买服务中组织间关系的研究和观点进行回顾，然后分别对组织间管控的必要性和组织间管控的机制应用，梳理以往文献的观点与主要结论，以期形成本书的文献基础。需要注意的是，政府购买服务作为新型公共服务供给方式，各国经验既具有一般性特征，如引入市场力量的主要目的是降低供给成本、提高供给效率。但是由于公共服务供给受一国政治体制、公共治理能力、政社关系等因素的深刻影响，所以政府购买服务具有显著的国别特征。自2013年以来，随着政府购买服务的快速发展，研究者对环境公共服务（华章琳，2016；董玉荣，2019；赵新峰，李春，2016）、公共文化服务（完颜邓邓，卞婧婧，2020；彭秋平，2020；方永恒，李今今，2020；王家合等，2021）、社区矫正服务（李蓉，祝千惠，2021）、扶贫服务（何声普，2020；何维莉，2018；杨燕英，周锐，2021；湖南省株洲市荷塘区委书记邬凌云，2020；苏海，向德平，2015）、公共体育（丛湖平，卢伟，2016；兰自力，骆映，魏太森，2016；刘玉，2017；吴筱珍，2017；崔佳琦，王松，邢金明，2020；张大超，杨娟，2017；李震，陈元欣，刘倩，2014；沈克印，2017；沈克印，吕万刚，2016，2017；赵蕊，程华，戴健，2016；郑旗，2017）等各领域的政府购买服务问题展开了广泛的研究，提供了丰富的经验证据。因此本研究对政府购买服务文献，尤其是经验研究文献的关注点主要聚焦在中国文献，目的是更好地对“中国问题”进行阐释，并提出有价值的政策建议。

第一节 政府购买服务中组织间管控的主体关系

政府购买服务中购买方与服务承接方之间的关系是组织间管控的基础，随着政府购买服务相关制度的演进，对购买方和承接方的制度要求也有所变化，但购买服务中的主体关系主要是作为购买方的各级党政机关与作为服务承接方的社会组织、企业、事业单位等主体之间的关系，财政部令 2020 年第 102 号中将“农村集体经济组织，基层群众性自治组织，以及具备条件的个人”也纳入承接方范畴，更加丰富了政府购买服务中的主体关系。对两者关系的研究在近十年间快速发展，研究者围绕政府购买服务中形成的政府和公共服务承接方（尤其是社会组织）之间的关系模式问题进行了一系列规范性和实证性研究。从以往文献来看，对政府购买服务中的主体关系的讨论话题，包括服务承接方在公共服务供给中发挥的作用（句华，2017）、购买服务过程中政府与服务承接方之间关系的类型及演化（敬乂嘉，2011）、政府购买服务与事业单位改革的关系（徐家良，薛美琴，2015；句华，2017）、政府购买服务中的政社关系（魏娜，陈俊杰，2020）等，其中，鉴于社会组织在承接公共服务中的重要作用，政府购买服务中的政府与社会组织之间形成的政社关系尤其受到研究者关注。购买方和承接方是政府购买服务管理控制的控制方和被控制方，两者之间的关系形态既是组织间管控实施的基础，同时也可能是组织间管控实施的结果。

根据购买方和服务承接方在政府购买服务中形成的关系的特征，大致可以将文献梳理为对下列三种关系的讨论。

一、购买方与承接方之间的契约化关系

对政府购买服务早期的研究更加关注政府购买服务中主体之间关系的市

场化特征，如王名和乐园（2008）认为，政府在购买服务过程中，与社会组织之间应建立契约关系而非行政关系。敬乂嘉（2011）认为，政府与社会组织在购买服务过程中形成委托代理关系，社会组织作为服务承接方是代理人一方，双方关系的基础是购买合同。政府在向私人部门购买货物或者服务时，一般会倾向于追求最低成本和最大效益的价值取向（Dehoog，1986），因此，政府会更愿意运用竞争机制来选择服务承接方，并将正式契约作为购买方与承接方之间关系治理的重要工具，这是基于竞争机制和契约化能够提高生产效率和配置效率的假设（唐纳德·凯特尔，2009）。关系双方的主体功能都可能受到基于竞争的市场化和契约化关系的影响，在这种价值取向下，购买方是否有能力做到“精明买家”是决定关系是否成功的关键，政府的主要责任在于做一个“精明”的购买者，选择最合适的服务承接方，为公众做个“好交易”（库珀，2007）。作为“精明”买家，政府需要扮演的角色包括服务需求的发现者、精明的购买者、检查者和评估者等（萨瓦斯，2002），政府部门高层支持、适当的执行架构、立法资源、服务供给的成本数据、人力资源、适当的控制和监督能力是政府购买服务交易成功的重要因素（Gao，1997）。对于承接方来说，在理想状态下，竞争机制能够帮助实现资源的有效配置，服务承接方市场的专业化分工水平逐渐提高，如果这一效应发生在事业单位改制过程中，会成为事业单位改制的重要抓手，促进具备提供优质公共品能力的事业单位在作为服务承接方的过程中，提高公共品的供给效率和质量，完成事业单位向企业竞争型或者社会组织型事业单位的身份转变（句华，杨腾原，2017；徐家良，薛美琴，2015）。

二、购买方与承接方之间的管家关系

虽然萨瓦斯（2002）强调政府购买服务中竞争所形成的委托代理关系的重要性，但有文献认为，代理理论更适合公共部门与营利性组织之间的关系，购买服务中，具有非营利性分配和志愿性的社会组织与公共部门之间形成的关系，并不适合采用代理理论来进行解释（Kluvers，Tippett，2011）。Davis. et al.（1997）认为，用“管家关系”来解释公共部门与非营利组织之间的关系更加合适，在这种关系模式下，关系主体会自动与组织目标保持一致，而非只追求自身利益的最大化（Davis，Schoorman，Donaldson）。Van Slyke（2007）认为，委托代理关系与管家关系并不是相互对立的关系形态，随着双方关系的演进，公共部门在公共服务外包过程中将委托代理关系逐步发展为重视共同目标的委托人管家关系，双方可能会建立起目标一致性，而非单纯地追求个体目标，共同目标的构建和关系演进的基础是双方相互信任。一旦双方构建了管家关系，公共部门可能会在一定程度上降低对服务承接方的监管力度。因此，公共部门引导社会组织等服务承接方的目标一致性在管家关系的构建中最为重要。根据王名和乐园（2008）的划分标准，非竞争购买下形成的购买方与承接方之间的关系是管家关系，而竞争购买（独立性或依赖性）是委托代理关系。敬乂嘉（2011）也认同这一观点，认为当购买服务是通过非竞争方式形成时，主体之间会存在形成管家关系的倾向；而当合同是通过竞争方式签订时，则存在委托代理关系的倾向。句华（2017）则认为，在政府购买服务中，如果政府与社会组织之间的平等程度较低，同时购买过程的竞争程度也较低的时候，社会组织更多地会扮演管家角色，行动倾向于实现购买方的目标。魏娜和陈俊杰（2020）对政府购买服务中的政社关系分类时，采取了不同的视角，其中，“替代型关系”强调“分类控制”下的“功能替代”（康晓光，韩恒，2005，2007；韩恒，2008），即政府部门在购买服务过程中，通过培育“可控的”、具有官方背景的社会组织，来实现对非官方背景社会组织的功能替代，服务承接方多是与政府部门有历史渊源的社会组织，存在“内部化购买”现象（周俊，2014；邓金霞，2016），由于服务承接方会保持较高的目标一致性，因此政府在通过政府购买服务推动社会组织建设时进行“选择性培育”（吴新叶，2018），对不同类型社会组织所采取的控制机制也不同（魏娜，陈俊杰，2020），社会组织在“替代型关系”中所扮演的角色更接近“管家”角色。

三、购买方与承接方之间的合作关系

随着政府购买服务的推进，购买方与承接方之间的主体关系也随之演进，除了市场化的契约关系和管家关系外，购买方与承接方之间还出现了

“合作型关系”和“共生型关系”等更加复杂的关系型态。在合作关系下，目标一致性不是承接方单方面的目标遵从，而是关系双方以互相配合为互动机制的双向目标遵从，非官方背景的社会组织提供了制度化的发展机会，为新型政社关系的发展提供了机会（管兵，2015）。政府部门通过培育和扶持承接方发展和分享治理资源来为社会组织等服务承接方提供发展的可能性，服务承接方通过提升服务供给效率和质量来增加自身竞争力，政府部门和服务承接方的关系随之发展到平等程度较高的水平，尤其在公共服务市场没有众多参与者、承接方少有竞争者的情况下，政府与承接方之间的相互依赖性会增加（程坤鹏，徐家良，2018）。在这种情况下，关系主体之间呈现“共生型”关系型态（魏娜，陈俊杰，2020），政社关系从单向嵌入逐渐演变为关系主体的双向互嵌式结构，实现路径包括党建领导、专业主导、技术治理等（宋道雷，2018；渠敬东，周飞舟，应星，2009；王清，2017）。崔正等（2012）从时间维度将购买服务中的政社关系划分为短期合作关系和长期互动关系，理想状态下政社关系能够营造双赢局面。甚至有研究认为，如果政府与服务承接方之间的双向嵌入缺失，政府购买服务会出现服务逻辑的行政化、效果的内卷化、行为的短期化、体系的碎片化等困境（龙翠红，2018）。

第二节　政府购买服务中组织间管控的必要性

关于公共服务“自制还是购买”问题，大量文献对选择自制抑或购买的后果进行了研究（Bel，Fageda，2009）。与公共部门生产相比，购买服务是否会导致更低的交付成本，或者有更高的公共服务质量（Bel，Fageda，Warner，2010），无论是对公共服务供给实践的观察，还是研究者的分析，显然都没有得到方向一致的结论。公共服务供给方式的改变并不必然带来效率改善，因此研究者开始把视角集中于有哪些潜在因素可以解释这些选择的结果，比如，交易成本因素（Brown，Potoski，2003a，2003b；Hefetz，Warner，2012；Hefetz，Warner，Vigoda - gadot，2014；Levin，Tadelis，2010）、从政府直接生产公共服务到政府购买服务的转换成本所带来的公共服务供给的不稳定性

（Hefetz，Warner，2012）、公共服务承接方市场化水平的差异（Hefetz，Warner，Vigoda－gadot，2012）、公共服务市场竞争性的变化等（Bel，Costas，2006；Girth，et al.，2012），等等。由于“当公共工作由外部而不是内部完成时，会产生严重的伦理、管理和责任问题”（Stillman，1996），因此政府作为购买服务中的控制主体，是否有能力做“精明”的购买者，对服务承接方进行监督管理，谋求为公众在一定成本下提供优质公共服务，是决定购买服务交易成功与否的关键（库珀，2007）。

会计技术和工具引入该领域的讨论源于会计作为“技术性”工具引入公共管理研究，有经验证据表明，会计会对组织和社会发挥重要影响（Miller，Power，2013；Modell，Sven，2014；Vosselman，Ed，2014），这种影响在公共管理领域同样具有重要性。越来越多的行政学研究和公共管理研究开始从会计研究中寻找灵感，除了财务会计工具外，公共部门越来越需要建立行政、组织和战略结构、系统和流程，将管理会计工具引入公共管理，在公共部门的组织变革、流程改造，以及本研究所关注的公共服务供给治理中发挥重要作用。Dekker（2004）在建立组织间管理控制机制的分析框架时，认为机会主义行为的治理和组织间任务协调是组织间管理控制的两大任务，这一观点被后续研究广泛接受，本书延续 Dekker（2004）的分析框架，从风险控制和任务协调两个方面来对文献中对政府购买服务组织间管理控制的必要性进行综述。

一、风险控制

政府购买公共服务是政府通过合同的方式将公共服务的生产责任转移给承接方，公共服务生产与提供相分离的逻辑起点是通过引入竞争力量，改变政府在公共产品生产中的垄断，从而改善公共产品生产的效率，降低行政成本，但是也可能导致承接方侵占行为、私人垄断、未能实现公共服务成本下降和质量提升、公共价值缺失等问题（张凌竹，2020）。国外的学者在理论和实践层面针对政府购买公共服务的风险进行了研究。Johnston 和 Rmozek（1990）认为，当服务承接方市场缺乏竞争性、公共服务产出结果难以度量、测算产出结果的成本高、服务承接方难以获益的情况下，对公共服务外包合同的管理难度加大。从购买服务交易的流程来看，在明确购买需求、选择承接主体、合同实施、合同监督、产出评价等环节均可能存在风险（宗璞，2019）。从我国政府购买服务的实践推进来看，虽然政府购买服务已经成为各级政府建立服务型政策的重要措施，但作为服务购买方的政府部门与以社会组织为代表的服务承接方之间在利益博弈过程中，既有趋同性的目标取向，也有各自利益目标，双方可能的机会主义行为会给交易带来各种风险的形成（崔光胜，2017），众多文献从不同角度分析了购买服务交易中源自购买主体和源自承接主体行为的风险，对风险产生的根源、影响风险的因素和风险治理的可能性进行了探析，本部分主要对文献所提及的风险因素进行综述，风险治理的可能性在下一节中回顾。

从购买主体角度看，Hodge（1999）认为，公共服务外包虽然理论上能够通过竞争提高公共服务供给效率，但是同时也存在一定的隐形风险，即政府规模扩张可能无法得到有效控制，财政赤字率进一步提高。政府部门如果在购买公共服务之前对社会公众的公共服务需求确认不清，导致购买内容与公众实际需求之间存在偏差，面对复杂的公共服务需求，政府部门有可能以权宜之计简单应付，导致未能有效满足公共服务需求的风险（杜荣胜，2014）。项显生（2015）的研究也发现，在确定购买服务范围时，容易发生公众参与程度低、忽略区域发展差异、法治体系欠缺等问题。吴磊（2014）认为，政府在购买公共服务过程中可能存在监管能力不足。徐家良和许源（2015）从政府方面分析政府购买服务的风险产生的原因，包括“制度目标存在内在的矛盾性、行政化垄断和地方保护主义大量存在、合同管理能力存在严重不足、转移公共责任和公共资源的覆盖非均等化”。叶托和薛琬烨（2018）认为，政府购买服务交易可能会赋予政府部门更多的行政自由裁量权，从而发生权力滥用风险，例如政府监督机制不健全的情况下，政府官员将不合适外包的公共服务外包以谋取更多的私利，或者政府将公共服务生产效率低下的责任推卸给服务承接方等。此外，政府购买服务中购买主体还可能会采取利益关联或者寻租行为，选择利益关联方作为服务承接方，而“过滤”其他竞争者，从而降低购买服务的绩效，增加公共财政风险的可能性（王春婷，尚虎平，2020）。黄春梅和刘成晨（2020）基于对广西等地政府购买服务实践的观察，认为政府对购买服务主体的角色认知不清，容易导致购买行为的持续性与行政干预水平存在偏差。

从承接主体角度看，吴磊（2014）认为服务承接方（以社会组织为代表）可能出现功能丧失、寻租行为、垄断等风险。吕外（2014）认为，服务承接方有可能利用信息优势地位谋取自身利益，如消极、低效的生产或者提供的公共服务与合同约定不符等。王春婷和尚虎平（2020）也认为，信息不对称、交易规则难以明确界定、治理困难等因素使得政府购买服务交易很难签订完全合同，购买方与承接方之间的合同不完全程度高，并主要依赖事后谈判来解决契约不完备问题，在这个过程中公共服务承接方可能会利用代理人信息优势采取机会主义行为，如隐瞒购买方压缩公共服务成本或者降低公共服务质量。黄春梅和刘成晨（2020）基于对广西等地政府购买服务实践的观察，认为承接主体容易发生对角色行为规范的偏离。叶托和薛琬烨（2018）认为，政府购买公共服务交易下，服务承接方被赋予大量行政自由裁量权，这些自由裁量权一方面可以保障服务承接方的行动灵活性，但同时也可能提供了滥用权力的机会。刘志辉（2019）引入半定量风险矩阵方法，通过问卷调查对政府购买服务风险进行评估，并评价社会组织对此风险的认知程度，发现政府购买服务的风险等级可以分为一般风险、重点风险和重大风险不同水平，社会组织对风险的认知程度存在差异，认知水平与是否承接政府购买服务项目之间存在一定程度的负相关关系。

二、任务协调

政府购买服务本质上是一种组织合作行为，周俊（2019）从资源依赖理论、交易成本理论、利益相关者理论等角度对购买服务中的主体合作行为进行分析，发现购买服务项目的成效、主体间信任关系是组织间持续合作的重要影响因素，由于公共服务的生产具有模糊性和不确定性，需要关系主体之间存在非正式的默契和协作关系，购买主体和服务承接方在特定身份和频繁互动基础上形成的信任关系能够发挥促进合作的作用。

李洪佳（2014）等认为，政府在管理与服务承接方的关系时，倾向于通过管理控制来维持主体之间的合作关系。合作关系管理有两种模式：以信任为基础的关系管理和以合同为基础的关系，两种模式相互补充。政府在管理其与社会组织的关系时应发挥这两种模式的互补作用，从而使政府购买公共服务发挥最大的效用（李洪佳，2014；程坤鹏，徐家良，2018）。黄蓝和黄建荣（2016）将政府购买服务中地方政府部门与社会组织的合作方式区分为竞争性购买合作方式和非竞争性购买合作方式。张汝立和祝阳（2017）认为，政府购买服务中，公共服务的供给过程不再是带有科层制特征的单向过程，而是具有社会治理特色的多元主体双向互动过程。彭少峰（2017）通过案例研究提出了“依附式合作”的概念，在购买方和承接方的合作关系中，制度性依附产生了内向型合作关系，资源性依附产生外向型合作关系，并认为依附式合作的后果是政府通过权力的再生产加强了对社会组织的控制。

程坤鹏和徐家良（2018）发现，政府购买服务中社会组织与政府的合作非常重要，甚至是决定了社会组织竞争力和购买服务项目绩效的必要条件。案例研究发现，政府和社会组织之间的关系以“合作”型态而非“控制”“吸纳”“功能替代”等型态出现。政府部门利用自身权力地位积极扶持社会组织，分享权力和提供制度资源，提升了社会组织的经营能力和服务功能，政府部门和社会组织之间的关系演变为策略性合作关系。

与一般交易的关系主体之间的合作关相比，政府购买服务中的关系主体合作的特殊性还体现在在购买公共服务的过程中，政府仍需警醒“私营化只是改变了公共服务的场所，而不是公共责任”（Kuttner，1999）。政府购买服务中，政府通过一定的方式将其生产公共服务的责任转移给承包商，但政府不能同时将向社会公众提供公共服务的合法性和责任也进行了转移。利益相关者对合法性的关注是政府购买服务交易的特殊性（Johansson，Siverbo，Camen，2016）。公共服务的生产与提供虽然逻辑上可以分离，但由于政府作为公共责任履行主体的行为方式发生变化，这势必会改变传统的公法规制下的政府责任及其履行方式，需要构建适用于购买服务的政府责任框架（李洪佳，2020）。与企业不同的是政府作为公共服务的供给者、公共利益的代表，承担着“公共受托责任”，即受公民委托的公共管理机构花费来自公民缴纳赋税所形成的公共资金，必须承担对公民的受托责任（王春婷，2019）。

第三节　政府购买服务中组织间管控机制的应用

姜爱华（2016）通过对国内外研究成果的梳理，发现政府能力的建设和提升是影响政府购买服务绩效的关键因素。从国办发〔2013〕96 号文、财综〔2014〕96 号文确立了政府购买服务及其监管的制度框架，到多地陆续出台地方管理办法，再到 2020 年新《管理办法》（财政部令［102］号）的出台，政府购买服务的监管制度逐步走向完善，政府购买服务中的政府能力也逐步提升。制度化的管理机制、手段、规范为政府购买服务实践中的组织间管控机制设计与应用提供了指引（见表 2－2），购买方除了采用定期的绩效评价来实现对服务承接方的管理控制，更是综合使用行为控制、产出控制和社会控制等来保证服务承接方的目标一致性（Johansson，Siverbo，Camen，2016）。众多文献以政府购买服务实践为研究对象，对政府购买服务中的不同类型的组织间管控机制的应用进行了观察、分析与归纳。

一、承接方选择机制

公共服务的需求识别是政府购买服务的逻辑起点，也是政府部门选择服务承接方的重要依据。蔡礼强（2018）从政府部门、社会组织和社会公众三者在政府购买服务中所承担的不同主体功能出发，构建了基于三方参与主体需求识别和表达的分析框架，认为政府应当开展主动的需求调查并在此基础上进行服务承接方的选择，社会组织作为公共服务的生产方应对需求进行调查，并对调查结果进行整合，而社会公众作为服务消费方应当积极参与需求表达。倪咸林（2018）通过对政府购买服务实践的观察，发现实践中存在“供需适配偏差”现象，建议将自上而下的简政放权与自下而上的需求识别相结合，在政府购买服务中构建供需适配、合作治理的运行模式。于秀琴等（2018）引入大数据方法讨论如何识别和测量公共服务的有效需求。张立荣等（2020）认为，政府购买服务中，供需匹配涉及公众表达需求、政府购买和社会力量生产三个环节，公众需求的准确表达是起点，政府精准识别需求并选择合适的服务承接方，服务承接方高效率的生产公共服务是保证公共服务供需匹配的三个重要环节。

具体到承接方选择机制上，Cristofoli et al.（2010）对养老服务外包案例的分析发现，由于养老服务市场竞争程度较高，购买部门会采取竞价、招投标等方式来选择服务承接方，与市场逻辑基本一致。国内研究也发现这一点，在竞争性较高的购买服务中，购买方一般会选择公开招投标方式，在外部监督到位的情况下购买方会重视购买程序的公开透明（王名，乐园，2008；韩俊魁，2009）。杜荣胜（2014）对合肥市政府购买居家养老服务的研究中也发现，由于服务商数量较多，竞争性强，购买方可以采取市场化运作方式来选择服务承接方，通过服务商的资质、价格等信息的综合判断，选择合适的服务承接方。但是，也有研究发现，政府购买服务时选择服务承接方时，购买方不仅考虑价格等市场性标准，也会对服务承接方的忠诚度和目标一致性水平进行判断，如王浦劬（2010）在 SZ 政府向社会组织购买城市管理服务案例研究中发现，购买方对服务承接方的资质、水平等因素并不在购买方决策时占主要地位，而反之购买方一定要选择可信任的企业，"政府让怎么干，就怎么干"的公司最终被选上。

二、产出控制

对产出控制机制的研究主要集中在对政府购买服务绩效评价的讨论，有研究者认为政府购买服务绩效是政府绩效的组成部分，与公共服务绩效、公共政策绩效紧密相关。黄春蕾和刘君（2013）认为，政府购买公共服务的绩效评估是政府绩效评估的组成部分，同时也是公共政策绩效评估和公共服务绩效评估在公共服务外包中的应用。王春婷等（2013）基于公众满意、责任和服务的价值取向，从效率和效果两个维度出发，研究政府购买公共服务绩效的影响因素。

关于产出控制中的绩效评价主体，魏中龙等（2010）认为，社会公众作为公共服务产品的需求方和最终消费者，应当成为评价主体中的一部分，社会公众的评价意见和建议对于政府购买服务绩效结果有重要意义。包国宪和刘红芹（2012）也认为，应当将社会公众引入政府购买服务的评价活动或者引入独立第三方评价。吉鹏和李放（2013）认为，将评价主体根据与评价对象的利益关系划分为内部评价主体与外部评价主体，外部评价包括第三方独立评估机构、服务对象评价等。黄春蕾和刘君（2013）认为，评估主体之间由于组织形态、立场、相关利益、评估和参与能力等存在差异会对评价结果产生不同的影响。周志忍（2009）认为评价主体应该多元化。刘素仙（2017）认为政府购买公共服务应该由第三方进行评估，以避免社会公众局部化、情绪化的局限性。

关于政府购买服务绩效评价模式，包国宪和刘红芹（2012）认为，养老服务绩效应该由效率评价和服务质量评价两方面组成。徐家良和赵挺（2013）认为，政府购买服务的绩效评估环节包括服务生产方自评、政府主管部门评估、专家学者评估、顾客满意度评估。吉鹏和李放（2013）则从服务需求的前摄性评价、过程的效率评价、结果的满意度评价三个层面出发构建“三位一体”的政府购买养老服务绩效评价模型。左敏和周梅华（2020）引入动态绩效管理技术，在“目标—因素—资源”分析框架基础上，探讨实施政府购买社会服务评估的构成要素和评估实践路径。

关于被评价对象，邵冰和安秀梅（2009）认为，在政府购买公共服务的过程中建立科学系统的程序对承包商进行监督和绩效评估是必要的。包国宪和刘红芹（2012）将政府购买居家养老服务绩效评价分为效率评价和质量评价，前者的评价对象是服务的购买方（民政部门），后者的评价对象是服务的供给方（社会组织或企业）。吴建等（2011）通过调查部分县政府购买农村公共卫生服务项目发现，项目县以单个公共服务项目为绩效评价对象，并逐渐向综合公共卫生服务项目的绩效评价迈进。吉鹏和李放（2013）总结各地政府购买居家养老服务实践现状，发现绩效评价的对象包括社区、承接主体或组织、具体养老服务项目和综合评价。胡穗（2015）从政府购买服务过程的双重委托代理关系出发，认为应当对购买主体和社会组织进行双重绩效评估，尤其是对购买主体即政府部门的评估。

但是，产出评价也可能会有负面后果，例如，雷杰等（2015）的案例研究发现，购买方所设置的评价指标可能导致部分承接方采取机会主义行为，以降低服务效率为代价来满足工时要求。陈为智（2016）的调查发现，绩效评估标准不当会导致政府更重视硬件设施建设而轻视公共服务使用者需求。陈锋和侯同佳（2020）发现，购买方设定的评价制度和对服务承接方的监控，也有可能产生制约性效应，服务承接方在实施项目时以完成评价指标为行动指引，这种行为对公共服务供给质量会有一定影响。而且，政府购买服务的第三方评价过程中，购买方（政府）、评价方（第三方）和承接方（社会组织）对权力、规则、信息资源的配置垄断，加大了关系主体的行动耦合难度，三方的工具理性策略最终可能导致了指标治理失灵（刘帅顺，张汝立，2020），方琦和王伯承（2020）的研究也得到了相似的结论。

三、行为控制

政府购买服务中的行为控制机制主要依靠政府部门设定的服务承接方必须执行的各种程序、规则、规范等来发挥作用，行为控制的使用一般需要服务承接方的行动具有可观察性，而且购买方有能力对服务承接方实施基于可观察行动的监督、评价与奖惩。在政府购买服务文献中，对行为控制的讨论主要集中在非竞争模式购买服务和项目制购买服务的讨论中，前者由于政府和服务承接方所形成的关系往往具有较强的资源依赖性或曾经有上下级关系，购买方容易实施类似于科层内容的控制机制对服务承接方的行动进行管控；后者则因为项目制体现了行政部门的吸纳与控制的特征，即购买方设置专项目标，进行科层控制，并掌握直接的资金管理和人事管理权，因此行动控制机制的应用水平较高。

对于非竞争模式下的购买服务，王名和乐园（2008）、韩俊魁（2009）、孙辉（2010）等对上海新航、阳光、自强案例和普陀区民间组织服务中心案例的研究发现，当服务承接方是由政府组建的非营利组织或者是脱钩事业单位时，服务承接方往往并不具有实质上的自主权，经费、办公场所等高度依赖于购买方，购买方所实施的管控机制类似于科层内部的管控机制。李静（2011）也观察到类似现象，购买方与承接方名义上是政府购买服务，但实际上服务承接方是政府部门设立的组织，直接受购买方的领导，而非交易活动中的独立主体。王浦劬（2010）的案例研究中，服务承接方虽然是营利性组织，而且服务承接方市场的竞争程度较高，但是购买方在购买服务时，倾向于选择严格的行为控制机制来保证购买服务的目标达成，例如建立重大事项报告制度、购买方有权参与承接方的重大事项决策等。吕纳和张佩国（2012）所研究的案例认为，服务承接方与购买方之间存在很强的资源依赖性，服务承接方是购买方内部机构改制后成立的独立法人，但与购买方之间仍存在密切关系，承接方的启动资金、办公场所、人员编制等均由购买方提供，目的在于培育和扶持承接方发展壮大。

在政府购买服务项目制研究中，王清等（2016）研究发现，在政府购买服务的项目化运作中，购买方能够控制项目计划与实施的全过程，包括项目规划、申请、入库评审、中期检查、结项评估等，购买方完全控制了项目实施的进度和节奏，甚至越过传统科层机制，购买方直接监督服务承接方，以期实现形式理性和控制，王清等（2016）将其称为议程控制。叶托和薛琬烨（2018）提出了三种不同的问责模式，其中控制型问责模式要求针对政府如何购买公共服务与非政府组织如何生产公共服务做出一系列详细而清晰的约束性规则，然后根据这些规则来严密监控政府和非政府组织在政府购买公共服务中的实际行为，最后依据监控到的违规情况予以相应的问责。绩效型问责关注项目的投入与产出情况；关系型问责则认为，靠正式合同难以应对不确定性问题，因此承接方和购买方之间如果能建立其相互依赖和信任的合作关系，能够起到防止机会主义行为风险和提升公共服务供给质量的作用。此外，在政府购买服务案例研究中，公共服务购买方所采取的目标管理责任制、购买方对购买方式、购买程序、跟踪检查等方面所采用的各类管控机制都属于行为控制范畴（陈锋，侯同佳，2020）。

四、社会控制

社会控制通过非正式的规范、价值观和信念发挥作用，用目标内在化来引导关系主体按照控制方的目标行事（Ouchi，1979），文献对非正式的信任机制在政府购买服务交易中的作用展开了若干讨论。王浦劬（2010）的案例研究发现基于信任的合同外管理控制机制发挥明显的作用。敬乂嘉也认为，非正式的信任关系在政府和非营利组织形成战略合作关系中有重要作用，是弥补契约不完备的关键所在，相互信任能够有利于克服信息不对称和规避风险的行为（敬乂嘉，2011）；这种信任关系在管家理论下同样发挥作用，如果关系主体之间存在更加亲密的信任关系，购买方会有倾向放松对服务承接方的监督，并且倾向于维持长期合作关系（敬乂嘉，2016）。王春婷和尚虎平（2020）将政府购买服务中的信任根据信任的基础不同，分为基于个性特征的信任、基于制度的信任和基于声誉的信任，在相对市场化程度和竞争性较低的公共服务市场，第一类信任在服务承接方选择往往发挥重要作用，第三类信任发挥作用主要体现为声誉机制对服务承接方行为的约束和目标的引导。为了降低服务承接方的机会主义行为，购买方通常会选择具有较好市场信誉的承接方，例如在承接方选择标准中设置资质或者等级标准，或者利用社会网络选择有长期合作关系、熟悉的服务承接方，通过关系契约来降低交易风险。有学者将关系合同的表现形式概括为非竞争性购买模式（王名，乐园，2008）。Blomqvist，Winblad（2020）发现，外包公共服务的政府部门面临的共同挑战是如何追究那些未能达到商定标准的承包商的责任。在公共服务外包中，由于合同往往不完整，绩效难以评估，合同监督变得复杂；他们的研究发现，瑞典地方政府在外包养老院护理服务时，由于地方政府缺乏执行合同终止等市场问责措施的能力，社会控制反而最有效。

产出控制主要依靠定期绩效评价来实现，行为控制通过规则、规范、程序等来实现，社会控制则主要依靠信任、声誉和社会化控制机制来实现。不同类型的管控机制可能会单独使用，也可能会组合使用，从而形成具有某种特征的管控模式（Cristofoli，et al.，2010）。有文献对管控机制和管控模式的影响因素，如资产专用性、交易不确定性、承接方是否为营利性组织、市场竞争性、相互依赖性、任务复杂性等进行了讨论，但并未得到相对一致的结论（Amirkhanyan，2010；Johansson，Siverbo，Camen，2016；Marvel，Marvel，2007）。Cristofoli et al.（2010）、Ditillo et al.（2015）的经验研究发现，交易的产出可度量性越高、不确定性越低，政府部门会越多地使用基于市场的管理控制模式；资产专用性越高，政府部门会越多地采用基于科层的控制机制（Cristofoli，et al.，2010；Ditillo，et al.，2015）。Cäker 和 Siverbo（2011）的研究发现，交易主体在规模、管理风格等方面的差异性和交易主体之间的业务协调需求对管控模式有显著影响（Siverbo，2011）。Ahlgren 和 Pettersen（2015）基于承包方能力的信任关系会在组织间管控中发挥作用，使得政府部门和承包方之间保持目标一致（Ahlgren，Pettersen，2015）。此外，购买方采用管理控制机制进行关系治理的能力也是重要的影响因素。

Johansson et al.（2016）认为，这种研究现状未必说明购买方在设计和使用管控机制的时候没有考虑与风险控制和合作协调有关的各个因素，而管控机制与这些影响因素之间的匹配性有可能对交易绩效产生影响，如果发现这种匹配性与绩效之间存在某种关联性，则可以认为购买方在应用管控机制时，需要考虑各类影响因素的状态，并将影响因素与管控机制之间的匹配性作为应用管控机制时需考虑的重要问题（Johansson，Siverbo，Camen，2016）。

| 第三章 |

政府购买公共服务的政策沿革与实践推进

第一节　政府购买服务的政策沿革

政府购买服务，是指国家机关将属于自身职责范围内且适宜以市场化方式提供的服务事项，通过特定程序交由符合条件的市场力量，并根据其服务质量支付费用的行为。[①] 政府通过向非政府部门购买而非自制的方式供给公共服务，主要目的在于有效引入市场竞争机制，缓解公共服务供给垄断和政府寻租行为可能导致的效率问题，这是政府购买服务机制产生的内在驱动力。

随着当前阶段我国经济社会的高速发展，公共服务的需求供给关系也在变化，传统的“政府主导、社会参与、公办民办共举”的公共服务供给方式下，公共服务质量水平与人民群众的公共服务需求之间仍存在一定差距。[②] 在这种背景下，政府购买服务的实践发源于地方政府的探索，并逐步在我国兴起和发展。尤其在党的十八大以后，政府购买服务作为公共服务供给的重要形式，党中央和国务院对其做出一系列重要战略部署，快速推动了公共服务供给体制改革的整体进程。为此，本章将全面梳理我国政府购买服务的相

---

① 《政府购买服务管理办法》（财政部令第 102 号），中国政府采购网，http：//www. ccgp. gov. cn/gpsr/zhxx/zy/202002/t20200203_13842681. htm，2020 年 02 月 03 日。

② 《国务院办公厅关于政府向社会力量购买服务的指导意见》（国办发〔2013〕96 号），中国政府网，http：//www. gov. cn/zhengce/zhengceku/2013－09/30/content_4032. htm，2013 年 09 月 26 日。

关政策沿革，并进一步分析政策发展趋势，最终提出优化政府购买服务的可行性建议。

根据标志性政策文件，我国政府购买服务的实践和政策沿革大致可被划分为孕育探索、正式确立、迅速发展和优化完善四个阶段。

一、中央层面政府购买服务政策沿革

（一）孕育探索阶段（2013 年之前）

2013 年以前，政府购买服务制度并未在中央层面正式确立，仅处于地方试点探索阶段。公开报道的最早的地方实践是 1994 年深圳市罗湖区探索推进在环境卫生领域引入政府购买服务，随之政府购买服务的试点工作在上海、北京、广东等经济发达地区开始推进，并且积累了有益经验，逐步引起中央的高度重视。2010 年，《国民经济和社会发展第十二个五年规划纲要》指出，要改革基本公共服务提供方式，引入竞争机制，扩大购买服务，实现提供主体和提供方式多元化，[①] 表明了中央层面开始高度重视政府购买服务的相关工作，但是在指导思想和实施办法方面并未进行具体部署。2012 年，党的十八大进一步明确提出改进政府供给公共服务方式，这一部署加快了实质性指导意见的出台。随后，民政部会同财政部出台了《关于政府购买社会工作服务的指导意见》（民发〔2012〕196 号），该文件从政府购买社会工作服务入手，对其指导思想、购买主体及对象、购买范围及程序、监督管理和组织领导等内容进行了明确规定，并为出台《关于政府向社会力量购买服务的指导意见》（国办发〔2013〕96 号，下称《指导意见》）奠定了框架基础。自此，中央层面关于政府购买服务的相关政策指引和体系建设开始脱虚向实、步入正轨。

（二）正式确立阶段（2013—2014 年）

2013 年 9 月，国务院办公厅出台了《指导意见》（国办发〔2013〕96

① 《国民经济和社会发展第十二个五年规划纲要》，中央政府门户网站，http://www.gov.cn/2011lh/content_1825838.htm，2011 年 03 月 16 日。

号），该意见是中央层面对政府购买服务工作第一次全面规范的指导性文件，不仅明确了改革的基本原则和目标任务，还对购买服务的各项内容做出具体规定，成为推进政府购买服务工作的重要指引和基本遵循。随后，财政部制定的《关于做好政府购买服务工作有关问题的通知》（财综〔2013〕111 号）是对《指导意见》的进一步强调和补充，该文件对如何有序推进购买服务工作、加强购买服务组织实施做出了明确指引，还鼓励地方要先行先试，敢于尝试、勇于创新，形成中央和地方协同推进的新局面，从中可以看出中央不断细化政策制定、强化政策落实的战略意图。同年 11 月，党的十八届三中全会通过了《中共中央关于全面深化改革若干重大问题的决定》，明确了作为全面深化改革的重要组成部分，政府购买服务将作为我国公共服务供给的重要形式加以推广，政府购买服务开始自上而下地进入发展快车道。

在《指导意见》和十八届三中全会精神的引领下，2014 年，中央出台了一系列政策文件，从多角度、多方面强化对政府购买服务工作的管理和指导，这些文件表明了中央对政府购买服务工作的认识开始逐渐走向成熟，主要表现在以下方面。

第一，预算管理的重要性逐步提升。2014 年，财政部出台了《关于政府购买服务有关预算管理问题的通知》（财预〔2014〕13 号），文件充分强调了预算在政府购买服务中的重要地位和突出作用，目的在于通过预算管理来加强购买服务中的财政资金管理，提高财政资金的使用效率。第二，在规范政府购买行为方面，财政部发布了《关于推进和完善服务项目政府采购有关问题的通知》（财库〔2014〕37 号），通知要求对不同类别项目进行分类管理，有利于进一步准确识别、规范政府采购和购买行为。第三，在对承接主体的规范管理方面，财政部会同民政部出台了《关于支持和规范社会组织承接政府购买服务的通知》（财综〔2014〕87 号），强调社会组织担负着提供优质高效公共服务、改善人民生活质量和水平、建设和谐美好中国的重要任务，是政府购买服务制度高效运行的核心和关键所在，明确指出了目前社会组织发展存在的突出问题，并从体制机制上提出相应的破解之道。第四，在政府购买各个具体领域的服务工作方面，国家各部委根据《指导意见》制定出台了关于购买养老服务、残疾人服务、利用福彩公益金购买服务等相应的指导意见，这些意见分别成为各自领域落实政府购买服务政策的重要依据，有利于进一步推动具体领域的政府购买服务工作协调有序地发展。

在上述一系列文件和多年实践经验的基础上，2014 年底，财政部会同民政部、工商总局正式出台了《政府购买服务管理办法（暂行）》（财综〔2014〕96 号，下称《暂行办法》），在《指导意见》的基础上进一步详细规定了承接主体的具体条件，列示了政府购买服务指导性目录，并对购买方式和程序、预算管理、绩效监督进一步做出更加具体的规定。《暂行办法》的制定，标志着中央层面对政府购买服务工作的制度安排和顶层设计已成型，并且成为地方制定相关政策规定、用来规范各地政府购买服务实践的标志性指导文件。

（三）迅速发展阶段（2015—2019 年）

2014 年底《暂行办法》出台以后，政府购买服务宏观层面的制度设计已经初步完成，然而相关配套性或具体领域的指导意见和实施办法仍旧相对缺乏，这些制度空白和现实需求促使中央政府制定出台相关配套性政策办法，2015 年后，政府购买服务政策体系进入迅速发展阶段。

2015—2019 年中央各部委出台的主要政策，这些政策文件大致可总结归纳为以下几个方面：

第一，社会组织作为政府购买服务的主要承接主体，其持续健康发展在政府购买服务的发展中受到重视。2015 年民政部公布的《关于探索建立社会组织第三方评估机制的指导意见》（民发〔2015〕89 号）以及 2016 年财政部等部门制定的《关于通过政府购买服务支持社会组织培育发展的指导意见》（财综〔2016〕54 号，下称《培育指导意见》）强调，无论是社会组织第三方评估机构还是其他各种类型的社会组织，都要一视同仁地鼓励和支持其积极参与到政府购买服务进程中来。此外，相比 2014 年《关于支持和规范社会组织承接政府购买服务的通知》而言，《培育指导意见》更侧重于从具体政策上指导社会组织参与购买服务，如对社会组织参与购买服务的主体条件做出了更加细致的规定，强调对社会组织的分类指导和重点支持等。可以发现，中央政府对政府购买服务的承接主体的支持政策，从原则性规定上逐步走向细化和深化。

第二，中央强调政府购买服务改革要与其他相关性改革密切配合和有效衔接，为推进政府购买服务制度扫清障碍。如 2015 年财政部出台了《关于做好行业协会商会承接政府购买服务工作有关问题的通知（试行）》（财综〔2015〕73 号）一方面强调了行业协会商会参与政府购买服务的重要性；另一方面也强调了参与服务能够促进政社分离和机制改革，加快社会治理体制改革。2016 年，财政部出台《关于做好事业单位政府购买服务改革工作的意见》（财综〔2016〕53 号），将政府购买服务与事业单位改革两项重点改革任务相关联，在实践中构建起机构编制管理与政府购买服务管理的互动协调机制，同步推进和有机衔接两项改革。这深刻地表明政府不仅注重落实全面深化改革，同时更强调全面改革下的政策有效衔接和相互配合，为改革减轻阻力。

第三，中央高度重视政府购买服务的规范化管理和风险管控，为此出台了一系列指导性政策文件，包括财政部《关于坚决制止地方以政府购买服务名义 违法违规融资的通知》（财预〔2017〕87 号）、《关于政府购买服务信息平台运行管理有关问题的通知》（财综〔2017〕57 号）以及《关于推进政府购买服务第三方绩效评价工作的指导意见》（财综〔2018〕42 号），分别从约束规范购买行为、增强信息透明度和强化绩效评价三个方面对提高政府购买服务管理的规范程度，加强外部监督、绩效管理、财政金融风险防控等组合拳力度。

第四，中央注重加强和完善对具体领域政府购买服务工作的指导，尤其是涉及老年人、青少年、残疾人等弱势群体和社会公益性等关键领域。2014—2019 年，财政部、民政部、残联、农业部、环保部、交通部、住建部等部门相继在养老服务、残疾人服务、农业公益性服务、环境监测服务、公共文化服务、交通运输服务、社会救助经办服务、青少年社会工作服务、公租房运营管理服务、社会工作服务、农村留守儿童服务等各个具体领域出台政府购买服务指导意见。从内容上看，这些意见均以《指导意见》和《暂行办法》为根本依据，在此基础上结合自身领域的行业特点和实践经验加以调整和补充，成为各自领域指导和引领政府购买服务实践的重要准则。

第五，在政策制定中，中央更加注重方式方法的创新应用。2015 年，农业部办公厅发布《关于开展政府向经营性服务组织购买农业公益性服务机制创新试点工作的通知》（农办经〔2015〕12 号），文件强调要突出重点，着力创新供给机制和实现方式，促进农业稳粮增收、提质增效。2019 年，农业农村部办公厅发布《关于 2019 年度金融支农创新试点政府购买服务有关事宜的通知》（农办计财〔2019〕49 号），也提出从局部到整体，促进全国范围的政府购买服务体制机制创新。由此可见，创新始终是政策制定的重要动力，有利于进一步完善政策设计，提高政府购买服务的运作效率。

第六，问题意识促使中央政府不断出台新的政策，完善制度设计。2016 年财政部会同民政部制定的《社会组织培育指导意见》，专门针对社会组织在承接政府公共服务过程中所暴露出的各类问题，提出改进的指导性方针，为各地政府培育社会组织发展实践提供了良好指引，有利于社会组织的规范化和高效化发展。2017 年财政部发布的《关于坚决制止地方以政府购买服务名义违法违规融资的通知》，针对政府购买服务被用于违规举债融资等现象制定应对之策，以列举方式制定政府购买服务的负面清单，强化预算管理，杜绝变相融资行为，以防范财政金融风险。这一系列文件表明政府始终坚持问题导向，不断在实践中总结问题、寻求对策，以问题促改革，以改革谋发展。

（四）优化完善阶段（2020 年及以后）

经过 2015—2019 年政策制定的高速发展阶段，较为健全的政府购买服务制度框架和政策体系已经初步建立，2020 年财政部《政府购买服务管理办法》（财政部令第 102 号，以下简称“新《管理办法》”）的发布则标志着我国的政府购买服务的管理制度趋于成熟化。

2020 年新《管理办法》与 2014 年《暂行办法》相比，新《管理办法》在以下方面具有明显进步：第一，在依据上更加强调合同法的基础地位，增强对政府购买服务参与主体行为的法律约束力；第二，进一步精简政府购买服务的定义，将“属于国家机关职责范围且适合通过市场化方式提供”作为政府购买服务范围确定的重要标准，强调以政府采购的制度框架为基础；第三，简化和更新了基本原则，《暂行办法》中的基本原则在制定上更带有改革的过渡性特征，新《管理办法》中规定的原则较为成熟；第四，突出强调了财政部门的主管地位；第五，规范了购买主体和承接主体的范围，增强政策的执行力和遵从度；第六，简化了承接主体的资质条件，以政府采购法律法规的规定作为主要遵循，并且明确列举了负面清单，有利于优化政策落实，提升政策遵从度；第七，进一步明确了购买内容，列举了政府购买服务范围的负面清单，是对实践经验的良好总结，有利于规范政策落实；第八，修改完善了有关指导性目录的规定，强调分级管理、因地制宜；第九，明确加强预算管理，所需资金必须纳入部门预算统筹安排；第十，更加强调购买服务项目绩效评价、部门整体评价、重点绩效评价，以及评价结果的应用。以上政策的调整变化深刻表明政府购买服务政策的制定已经趋于成熟，而地方实践经验的反思总结在其中发挥了至关重要的作用。

新《管理办法》出台以后，为深入贯彻落实中央的最新指示精神，各部委陆续制定了一系列配套性的政策文件，包括财政部《关于印发中央本级政府购买服务指导性目录的通知》（财综〔2020〕57 号）、住建部《关于开展政府购买监理巡查服务试点的通知》（建办市函〔2020〕443 号）、司法部和财政部《关于建立健全政府购买法律服务机制的意见》（司法通〔2020〕72 号）以及民政部、财政部、人力资源和社会保障部、国家卫生健康委、中国残联《关于积极推行政府购买精神障碍社区康复服务工作的指导意见》（民发〔2020〕148 号）等。这些文件一方面扩宽了政府购买服务的广度，另一方面更增强了政策的深度，政策进一步得到了细化和具体化，有利于进一步规范和指导地方实践，提高政策的有效性和落实性。由此可以预见，将来中央会出台更多配套性政策文件，持续优化完善体制机制设计，和已有的法律法规、规章制度形成一体，科学系统地指引政府购买服务制度的推广和实践（见表 3－1）。

表 3－1　2012—2020 年中央层面有关政府购买服务的政策梳理

年份	发文部门	文件名称
2012 年	民政部、财政部	《关于政府购买社会工作服务的指导意见》
2013 年	国务院办公厅	《关于政府向社会力量购买服务的指导意见》
	财政部	《关于做好政府购买服务工作有关问题的通知》
2014 年	财政部	《关于政府购买服务有关预算管理问题的通知》
	财政部	《关于推进和完善服务项目政府采购有关问题的通知》
	财政部、民政部	《关于支持和规范社会组织承接政府购买服务的通知》

续表

年份	发文部门	文件名称
2014 年	财政部、发展改革委、民政部、全国老龄办	《关于做好政府购买养老服务工作的通知》
	民政部	《关于民政部门利用福利彩票公益金向社会力量购买服务的指导意见》
	财政部、民政部、住房和城乡建设部、人力资源社会保障部、国家卫生和计划生育委员会、中国残疾人联合会	《关于做好政府购买残疾人服务试点工作的意见》
	中国残联办公厅	《政府购买残疾人服务试点工作实施方案》
	财政部、民政部、工商总局	《政府购买服务管理办法（暂行）》
2015 年	农业部	《关于政府向经营性服务组织购买农业公益性服务机制创新试点方案的批复》
	财政部	《关于做好行业协会商会承接政府购买服务工作有关问题的通知（试行）》
	环境保护部	《关于推进环境监测服务社会化的指导意见》
	国务院办公厅转发文化部等	《关于做好政府向社会力量购买公共文化服务工作意见的通知》
	民政部	《关于探索建立社会组织第三方评估机制的指导意见》
2016 年	财政部、民政部	《关于通过政府购买服务支持社会组织培育发展的指导意见》
	财政部、中央编办	《关于做好事业单位政府购买服务改革工作的意见》
	财政部、交通运输部	《关于推进交通运输领域政府购买服务的指导意见》
2017 年	民政部、中央编办、财政部、人力资源社会保障部	《关于积极推行政府购买服务　加强基层社会救助经办服务能力的意见》
	中青联	《关于做好政府购买青少年社会工作服务的意见》
	财政部	《关于坚决制止地方以政府购买服务名义违法违规融资的通知》
	财政部	《关于政府购买服务信息平台运行管理有关问题的通知》

续表

年份	发文部门	文件名称
2018 年	财政部	《关于推进政府购买服务第三方绩效评价工作的指导意见》
	民政部	《关于政府部门购买社会服务，满足失能老年人养老服务需求的提案答复的函》
	住房城乡建设部、财政部	《关于印发推行政府购买公租房运营管理服务试点方案的通知》
2019 年	民政部	《关于进一步加大农村留守儿童关爱项目政府购买力度的提案答复的函》
	民政部	《关于进一步扩大养老服务供给　促进养老服务消费的实施意见》
	农业农村部	《关于 2019 年度金融支农创新试点政府购买服务有关事宜的通知》
2020 年	财政部	《政府购买服务管理办法》
	住房和城乡建设部	《关于开展政府购买监理巡查服务试点的通知》
	司法部、财政部	《关于建立健全政府购买法律服务机制的意见》
	财政部	《关于印发中央本级政府购买服务指导性目录的通知》
	民政部、财政部、人力资源和社会保障部、国家卫生健康委、中国残联	《关于积极推行政府购买精神障碍社区康复服务工作的指导意见》

资料来源：由中国政府采购网、中国政府网以及财政部、民政部、人力资源和社会保障部、农业农村部官网等搜集整理所得。

二、地方层面政府购买服务政策沿革

（一）试点探索阶段（2013 年之前）

政府购买服务的地方实践和政策制定要早于中央出台顶层设计，1994 年，深圳市罗湖区开始探索在环境卫生领域引入政府购买服务，其后，上海市浦东新区社会发展局于 1995 年出资建立了街道社区服务中心，交由社会组织管理，为辖区居民提供居家养老服务，社会组织开始在公共服务供给中发挥作用，这种实践探索逐步发展形成了“上海模式”，其他省份和城市也进行了富有地方特色的探索，政府购买服务的实践领域从最初的养老服务渐渐扩大到社区服务、禁毒服务、公共卫生、青少年服务、公共文化服务等诸多领域。除了实践之外，地方还相应出台了专门的政策规定指导当地的购买服务实践，如广东省、浙江省、辽宁省、四川省、上海市等专门出台了关于政府向社会组织购买服务的相关指导性意见，江苏省、北京市、山东省、辽宁省等制定了政府向社会组织购买养老服务、社工服务、社区服务等有关政策。尽管全国大多数省份均对政府购买服务进行了不同程度的探索和尝试，但是各地实践的差异性比较大，因此难以形成统一有序、协调高效的政府购买服务制度体系，这在客观上对中央政府加快专门性政策制定提出了要求。

（二）规范发展阶段（2013—2014 年）

2013 年出台的《指导意见》为各地政府购买服务政策的制度提供了顶层设计和重要依据，地方政府依据《指导意见》的原则规定，根据各地实践特点，加紧制定各地政府向社会力量购买服务的实施意见，2014 年前后，全国大部分省份均出台了相关实施意见。从内容来看，各地实施意见中，关于政府购买服务的总体方向、主体、内容、管理机制等核心内容上，基本与《指导意见》保持一致，仅在部分具体内容上体现了各地特点。例如，《北京市人民政府办公厅关于政府向社会力量购买服务的实施意见》（京政办发〔2014〕34 号）中关于工作目标的规定与中央的要求有所差异，北京市将建立起较为完善的政府购买服务的时间节点，从中央提出的 2020 年提前至 2017 年，这是基于北京市良好的经济发展条件和较高的政府运作效率状况做出的战略判断，表明了地方政府加快推广政府购买服务政策的力度和决心。再如，《上海市人民政府关于进一步建立健全本市政府购买服务制度的实施意见》（沪府发〔2015〕21 号）中的内容规定与中央的《指导意见》、其他省份实施意见相比存在较大差异。首先，对基本原则的阐述存在很大不同，上海市突出强调了有进有退、突出重点、民生优先等原则，对承接主体、购买范围及程序机制做出了更加详细明确的规定，并且提出建立和完善政府购买服务退出机制，有利于优化政府购买服务行为，提高政策运作效率。还有部分省份是直接根据《指导意见》出台了管理办法，天津市在 2014 年制定了《关于政府向社会力量购买服务管理办法》（津政办发〔2014〕19 号），该办法的主体内容基本上与《指导意见》保持一致，但它在政府购买服务内容、程序、部门分工、监督检查等方面做出了更详细的规定，这些细化规定是地方加快推进政府购买服务制度落地的有效法宝，实施类似做法的地区还有广东省、重庆市、山西省、海南省、青海省、宁夏回族自治区等。

2014 年《暂行办法》的发布进一步细化了政策规定，明确了政府购买服务相关主体行为，这对地方政府继续规范相关制度办法、健全政策体系具有重要指导意义。2014—2015 年，部分省市的地方政府除了出台当地关于政府向社会力量购买服务的实施意见外，还根据《指导意见》和《暂行办法》制定出台了地方政府购买服务管理办法，如上海、北京、浙江、江苏、山东、河南、吉林、福建、湖南、四川、云南、陕西、内蒙古、广西等，这些省级地区在政策构建、制度设计上相对较为完善，这为当地政府购买服务的推广实践奠定了制度优势。

（三）深入推进阶段（2015—2019 年）

2014 年以后，随着中央《关于政府购买服务有关预算管理问题的通知》等一系列政策的出台，地方政府也在原有制度设计的基础上进一步细化政策规定。例如，北京市制定的《北京市市级政府向社会力量购买服务预算管理暂行办法》（京财综〔2014〕1544 号）、《北京市市级政府向社会力量购买服务预算管理办法》（京财综〔2015〕1562 号）、《北京市财政局关于推进市级政府购买服务项目绩效评价管理工作的通知》（京财综〔2015〕2167 号）、《北京市文化局关于印发向社会力量购买公共文化服务实施方案的通知》（京文财发〔2015〕276 号）、北京市财政局等《关于通过政府购买服务支持社会组织培育发展的实施意见》（京财综〔2017〕2254 号）、《北京市财政局关于政府购买服务信息平台运行管理有关问题的通知》（京财综〔2018〕1424 号）、《北京市政府购买服务预算管理办法》（京财综〔2019〕1554 号）等制度，分别从强化预算管理、推进绩效评价、规范公共文化服务购买、支持社会支持培育发展和完善政府购买服务信息平台建设等方面着手，结合地方实际，进一步细化完善政策规定，以加快推进政策落实到位。此外，津财预〔2015〕98 号、甘政办发〔2015〕116 号、浙财预〔2014〕25 号、浙财综

〔2019〕19 号、渝财规〔2019〕12 号、冀财采〔2014〕13 号、吉财综〔2017〕35 号)、鲁政办发〔2015〕53 号、豫财综〔2017〕14 号、川财综〔2019〕35 号等文件，在强调预算管理、强化项目绩效评价、提高信息公开度和透明度、鼓励社会组织有序发展等方面做出具有地方特色的规定，有利于促进当地的政府购买服务实践逐步走向规范化和高效化。

(四) 调整完善阶段 (2020 年至今)

截至 2020 年初，全国各地方政府关于政府购买服务的制度框架和政策体系已经逐渐趋于完善，相较以前，政府购买服务的范围大大拓展、执行规范性越来越强、方式方法更为多样化，发展成效较为显著，但是随着实践的持续发展和政府认识的不断深化，原有的政策制度已经难以满足和适应现实需要，亟须调整优化现有的政策体系，以更好地指导实践和解决现实问题。2020 年 1 月 3 日，财政部正式颁布了《政府购买服务管理办法》，在中央最新精神的指引下，多地政府据此调整修订了原有的政策规定。从目前公开的政策文本资料来看，北京、甘肃、山西、辽宁、青海和西藏等省区市颁布了新的政府购买服务管理办法，江苏、吉林和广西等省区对进一步规范政府购买服务工作发布相关通知。各地方政府正努力在总结实践经验、深化思想认识的基础上不断完善现有政策体系，优化政策落实，并将这种努力付诸现实。

三、《政府购买服务管理办法》颁布后的政策发展趋势分析

2020 年《政府购买服务管理办法》颁布以后，政府购买服务的政策和实践趋于成熟化，因此最新的政策动向也逐步呈现出较新的发展趋势，其主要表现如下：

(一) 更加强调发挥全面预算绩效管理在政府购买服务中的作用

2020 年之前，政府购买服务中的预算绩效管理意识普遍较为薄弱，突出表现在：(1) 绩效观念并未牢固树立、绩效意识淡薄，对绩效管理的认识尚停留在流于形式的层面；(2) 绩效管理的广度和深度不足，并非所有的预算资金都纳入绩效评价当中来，即使纳入绩效评价后资金使用低效浪费等现象

仍广泛存在；（3）绩效管理的约束力度不强，实践中绩效评价的结果直接应用于预算资金安排和财政资源配置的情况并不多见。

为了进一步贯彻落实关于构建全方位、全过程、全覆盖的预算绩效管理体系的精神，财政部在最新颁布的《政府购买服务管理办法》中进一步强化了预算绩效管理在政府购买服务中的作用，从地方政策跟进的情况来看，北京市在 2020 年修订的《北京市政府购买服务预算管理办法（修订）》（京财综〔2020〕510 号）中，将绩效管理单列一章，将北京市财政部门近年来全过程绩效管理的探索经验，应用于政府购买服务的预算管理中。[①] 甘肃省同样将“绩效管理”作为政府购买服务管理办法中的一章内容单独列示，而且着重强调事前绩效评价的重要性，注重加强政府购买服务绩效的源头管理，还指出购买主体应科学设置绩效目标，指标设定按照定性与定量相结合，提高绩效评价质量。[②] 吉林、江苏、辽宁、山西、青海、广西和西藏等地也出台了加强政府购买服务绩效评价的相关政策。由此可以明显看出，2020 年以后，政府更加强调发挥全面预算绩效管理在政府购买服务中的作用，借助全面绩效管理提升财政资金的使用水平和购买服务的运行效率，优化改善公共服务供给的质量。

（二）更加注重政府购买服务中的风险防范

在政府购买服务政策的发展演变过程中，风险意识和问题意识始终贯穿于政策的改革完善。2020 年《政府购买服务管理办法》颁布后，政策导向更加注重从体制机制上防范各种可能的风险。

第一，更加注重防范财政风险或债务风险，尤其是对于地方政府来说，政府购买服务中的违规操作、变相举债等问题滋生，严重加剧了地方财政金融风险，为防范发生系统性财政金融风险，中央及地方最新的政策规定在以下三个方面体现了这一趋向：在购买活动应遵循的基本原则方面，补充并突

---

① 北京市财政局关于印发《北京市政府购买服务预算管理办法（修订）》的通知（京财综〔2020〕510 号），北京市政府采购网，http：//www. ccgp - beijing. gov. cn/fwxx/zcfg/bjsxx/t20200416_1230741. html，2020 年 03 月 30 日。

② 甘肃省财政厅关于印发《甘肃省政府购买服务管理办法》的通知（甘财综〔2021〕2 号），天水市财政局官网，http：//www. tianshui. gov. cn/art/2021/2/4/art_619_272950. html? from = singlemessage，2020 年 02 月 01 日。

出强调了预算约束和讲求绩效两个原则；在购买活动的具体实施方面，进一步强调了购买行为必须纳入部门预算统筹管理，并且强化预算绩效管理；在购买合同及履行方面，强调购买主体不得以任何形式为承接主体的融资行为提供担保，降低政府借购买服务之名违规举债的可能性。

第二，更加注重防范政治风险，此处的政治风险针对的是政府和市场边界问题，政府的越权行为和懒政怠政都严重不利于政治稳定和社会和谐，出于这一考虑，《政府购买服务管理办法》对购买服务中的政府行为边界进一步加以约束，以购买内容“负面清单”形式，直接明确了哪些行为政府不可为，间接明确了哪些行为政府可为，这有利于规避政治风险，优化政府市场关系，加快转变政府职能，维护社会和谐稳定。

第三，更加强调防范法律风险。《政府购买服务管理办法》及地方最新修订的管理办法均更加注重强调《合同法》在政府购买服务行为中的地位和作用，明确要求合同的相关操作严格按照《合同法》的规定执行，同时更加强调《政府采购法》《预算法》和《合同法》在监督管理中的基础性作用。这体现了政府越来越注重依法行政、依法办事，在进一步规范自身行为的同时增强政府的公信力。

（三）更加注重各个部门及各项改革举措间的协调配合

第一，无论在政府购买服务的组织领导、工作落实还是监督管理方面，都需要强化各部门间的配合协作。政府购买服务改革涉及公共服务供给模式、机构改革、社会组织发展等多个方面，是一项长期性、系统性的工程，改革的重要性和复杂性客观上要求中央和地方以及政府各个部门密切配合，齐抓共管、共同推进，将政府购买工作落到实处。新《政府购买服务管理办法》的落实，需要财政部门、民政部门等多部门加强配合和统筹协调，还要求各级人大、各种社会组织以及社会群众广泛参与进来，最重要的是人大、社会组织和社会群众要增强参与意识，充分发挥监督权，为推进政府购买服务工作贡献力量。

第二，要做好各项改革政策间的协调对接，充分发挥政策合力。政府购买服务的推广是一项涉及全局的重大改革工程，需要各项改革举措协调推进才能收到良好效果。吉林省《关于进一步做好政府购买服务工作有关问题的通知》（吉财综〔2020〕311 号）强调，要增强改革意识，从实际出发，协同推进事业单位分类改革、行业协会商会与行政机关脱钩、社会组织培育发展等工作，《广西壮族自治区财政厅关于贯彻落实政府购买服务管理办法的通知》（桂财综〔2020〕45 号）指出要进一步推进事业单位分类改革，提升政府购买服务工作的效率。因此，未来要持续推进政府购买工作，增强政策落实力度，首要前提是理顺各项改革间的关系，在全面深化改革的过程中注重政策间的有效衔接和协同配合，为推进政府购买服务减轻体制机制阻力。

（四）更加强调做好信息公开

2019 年《中华人民共和国政府信息公开条例》修订后，中央和地方更加注重做好政府购买服务的指导性目录、项目绩效目标等相关信息公开相关工作，提高信息的透明度和社会公众的知情度。江苏省《关于贯彻落实〈政府购买服务管理办法〉规范　做好政府购买服务工作的通知》明确规定了省级部门购买服务指导性目录和政府购买服务项目相关信息的公开方式。甘肃、辽宁和西藏在新制定的管理办法中更是将信息公开作为一章内容单独列示，重点强调了政府各部门要及时主动地公开所有管理办法中规定的有关事项信息，甘肃省还强调要做好信息的“双公开”。这种政策趋势有利于进一步增强信息的公开性和透明度，提高社会公众的参与度，规范和约束政府行为，提高政府购买服务的效率。

从 1994 年我国地方开展探索至今，政府购买服务制度已在我国得到了较为全面的应用和推广，这得益于中央和各级地方政府在政策制定和引导方面所做的努力。尤其自 2013 年《指导意见》出台以来，中央各部委和地方政府在其指引下不断在实践中总结经验教训，制定政府购买服务的相关指导文件，完善政府购买服务的体制机制和政策体系，这使得政府购买服务的制度框架逐步走向成熟。在这一过程中，面对层出不穷的现实问题，政府也在不断调整和转变政策思路，更加强调发挥全面预算绩效管理在政府购买服务中的作用、注重政府购买服务中的风险防范、注重各个部门及各项改革举措间的协调配合、强调做好信息公开，这些良好趋势有利于我国进一步推进政府购买服务制度，提高公共服务的供给质量和水平，推动国家治理体系和治理能力的现代化进程。

第二节 实践推进：基于《中国政府采购报》的文本分析

一、研究对象及描述性统计结果

本书选择《中国政府采购报》作为搜集分析样本的来源，自2010年创刊以来，《中国政府采购报》记录了全国各地政府采购方面的改革进程，成为中国政府采购改革的见证者和推动者，同样也是报道各地政府购买服务的主要媒体渠道。本书以“购买公共服务”“购买服务”“公共服务外包”和“服务外包”4组关键词，共计检索《中国政府采购报》自2011—2020年关于政府购买公共服务的相关报道1 058篇，手工筛除与政府购买公共服务无关的文章后得到样本665篇。

从报道在各年度分布的数量来看，报道数量与我国政府购买服务改革演进相吻合。十八大之后，随着中央对政府购买公共服务顶层设计的构筑和整体执行制度框架的搭建，我国政府购买公共服务工作进入了制度化和规范化阶段，2013年《指导意见》的颁布成为我国政府购买公共服务的规模快速增长的重要时间点。从报道数量分布情况看，2011—2013年《中国政府采购报》上有关政府购买公共服务的文章数量较少，其中地方实践的案例更为稀少，这与政府购买服务处于探索阶段相符合。2013年《指导意见》颁布后，相关报道数量呈井喷式增长（见图3-1），这与2013年以来我国政府购买服务实践开始进入快速发展轨道的现实相匹配。

根据报道的主要内容，本书将搜集样本分为5类（见表3-2），其中，政策文件类样本是关于中央和地方所颁布的政府购买公共服务相关政策的新闻报道，此类样本共计18篇，主要分布在2013年和2014年，与我国中央和地方政府发布政府购买服务政策的密集期吻合。改革历程类样本是从整体上介绍政府购买服务改革历程的新闻报道，此类样本共计71篇。实践案例类样本是关于各级政府购买公共服务的实践过程和经验教训的新闻报道，此类样本共计478篇，占样本量的72%，从分布的年份来看，其中77%的样本分布在2014—2017年，与各级政府购买公共服务实践发展相符合。管理机制

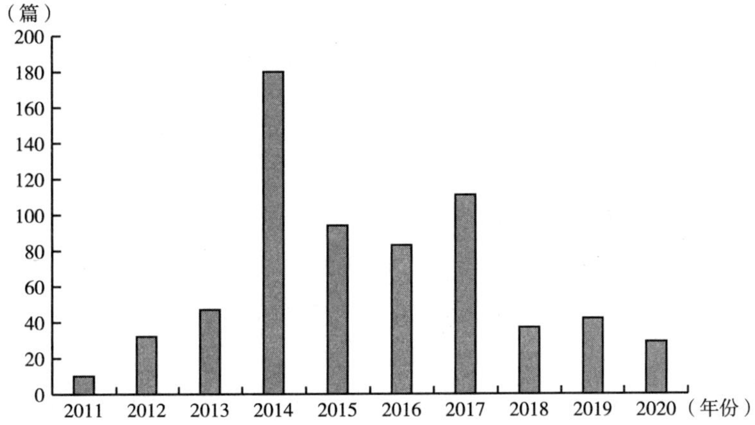

图 3-1　2011—2020 年政府购买服务报道数量年度分布图

类样本是从 2011—2020 年我国各级地方在购买公共服务方面的管理办法的相关报道，包括预算管理、定价方法、资金管理、绩效评价、建立供应商信用档案等，此类样本共计 81 篇，与政策文件类样本分布特征一致，主要分布在各级政府发布政策文件较为密集的 2013—2014 年，以及《政府购买服务管理办法》出台的 2020 年。国际经验类样本是关于美国、欧盟等西方发达国家政府购买公共服务方面的特点、做法和经验的报道，共计 16 篇。

表 3-2　　政府购买服务报道年度内容分布表

	政策文件	改革历程	地方实践	管理机制	国际经验	合计
2011 年	0	3	4	3	0	10
2012 年	1	7	11	10	3	32
2013 年	6	7	20	11	3	47
2014 年	6	19	120	30	5	180
2015 年	0	6	82	4	2	94
2016 年	1	4	75	3	0	83
2017 年	1	14	91	4	1	111
2018 年	1	1	31	4	0	37
2019 年	0	6	35	1	0	42
2020 年	2	4	9	12	2	29
合计	18	71	478	82	16	665

二、政府购买公共服务改革实践的概况分析

（一）地方政府购买服务的购买主体涵盖从省级政府到街乡各地方政府级次

政府购买公共服务的购买主体是政府，但政府是由多个不同组织共同组成的，除中央政府和地方政府外，还包括具有部分政府职能的组织。《指导意见》和《政府购买服务管理办法》（财政部令 2020 年第 102 号）对购买主体的范围界定是各级国家机关，可见，政府购买公共服务中的“政府”是广义政府的概念，并不仅限于行政机关的范畴。购买主体的界定实质上源于对购买资金来源的界定，即政府购买公共服务的主体是使用财政资金向社会力量支付购买服务费用的主体。

从本书分析的结果来看，我国地方政府购买服务的覆盖面已经相当广泛，全国已有 31 个省级行政区在《中国政府采购报》中出现了相关的实践案例，但分布情况并不完全均衡。在本书中，明确提及地区的地方实践报道共 343 篇，按区域统计，东部地区的实践案例最多，为 159 篇，中部其次，为 119 篇，西部地区最少，为 65 篇。

343 篇地方实践类报道中，所涉及的购买主体包括从省级、市级、区县级、镇街各级次（见表 3－3）。其中，地市级政府购买的服务覆盖面最宽泛，涉及教育、医疗、就业、养老、基本公共文化体育、助残、河道清洁、环卫、社工服务等众多内容。地方政府中最低级次的镇街政府也已经在养老、公共文化体育、社工等领域开展购买服务实践。

表 3－3　　公共服务购买主体政府级次分布

政府级次	样本数量	购买内容
省级	129	教育、医疗、就业、养老、助残、社工服务
市级	144	教育、医疗、就业、养老、基本公共文化体育、助残、河道清洁、环卫、社工服务
县级	65	教育、就业、养老、基本公共文化体育、环卫、社工服务
乡镇级/街道	5	养老、基本公共文化体育、社工服务

（二）政府购买公共服务的购买内容以养老、公共文化体育服务、助残服务等为主

从购买内容上来看，《指导意见》概括性地提及，购买内容应当是“政府向社会力量购买服务的内容为适合采取市场化方式提供、社会力量能够承担的公共服务”，其中，“教育、就业、社保、医疗卫生、住房保障、文化体育及残疾人服务等基本公共服务领域，要逐步加大政府向社会力量购买服务的力度”①。从文本分析的结果来看，在明确说明购买内容的151个样本中，购买内容覆盖了教育、医疗、就业、养老、扶贫、基本公共文化体育服务、助残、河道清洁、环卫、社工服务和公租房11类服务，其中，助残、养老和公共文化体育服务三项服务所占比重最高（见图3－2）。这与这些领域政府购买公共服务实践较早、购买市场相对成熟、承接主体数量众多有关。

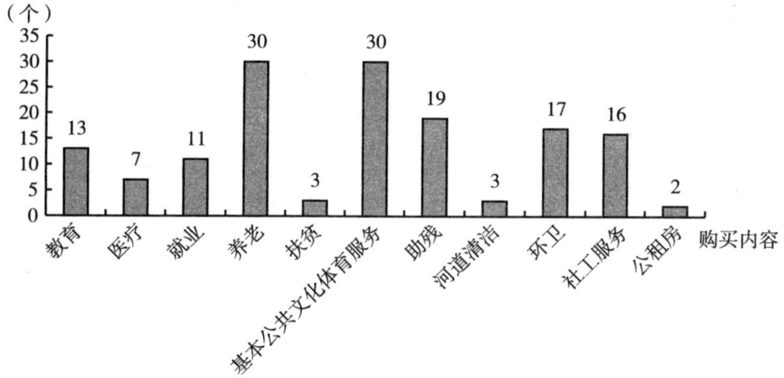

图3－2　地方政府购买公共服务的购买内容

（三）社会组织是政府购买公共服务的主要承接方

《指导意见》和《政府购买服务管理办法（暂行）》（财综〔2014〕96号）对承接主体的范围界定是“依法在民政部门登记成立或经国务院批准免予登记的社会组织，按事业单位分类改革应划入公益二类或转为企业的事业单位，以及依法在工商管理或行业主管部门登记成立的企业、机构等社会力

---

① 见国务院办公厅《关于政府向社会力量购买服务的指导意见》（国办发〔2013〕96号）中关于政府向社会力量购买服务的购买内容的规定。

量”。《政府购买服务管理办法》（财政部令 2020 年第 102 号）将承接主体的范围进一步扩大为“依法成立的企业、社会组织（不含有财政拨款保障的群团组织），公益二类和从事生产经营活动的事业单位，农村集体经济组织，基层群众性自治组织，以及具备条件的个人可以作为政府购买服务的承接主体。”根据对报道文本的统计，在明确说明承接主体的 83 个样本中，61 个样本中的承接主体为社会团体、民办非企业单位和基金会等社会组织，社会组织成为政府购买服务的主要承接方。可见，社会组织是目前我国公共服务的承接主体的主力军，承接主体的这一结构特征除了社会组织本身在公共服务领域所具备的特殊优势（管兵，2016）、社会组织承担公共服务的历史原因（王浦劬，2010）等原因外，也与其他类型的承接主体，尤其是企业作为公共服务的承接主体还需要市场培育的过程有关（见表 3－4）。

表 3－4　　公共服务购买承接主体分布

承接主体	样本数量	购买内容
社会组织	40	教育、养老、助残就业、医疗、就业、公共文化体育、助残、社工服务、公租房
民办非企业单位、基金会	21	教育、医疗、养老、公共文化体育、助残、公租房、公租房
企业	19	助残、社工服务、医疗、养老、公共文化体育、助残、环卫
事业单位	3	医疗、养老、公共文化体育

（四）政府购买公共服务的监管机制日趋完善

地方政府购买公共服务的实践，伴随着在监管机制建设方面的探索，尤其在《指导意见》颁布后，在顶层制度设计的框架下，各级地方政府进行了系统性的政府购买公共服务的制度建设工作，以实现政府购买服务规制与监管的制度化。从文本分析的结果看，专门介绍政府购买公共服务监管机制的 82 个样本，主要分布在 2013 年之后，与改革进程相吻合。2011—2012 年的 13 个样本的内容主要是从整体层面上强调管理机制对政府购买公共服务工作的重要性，但没有对监管流程中的各项管理的具体方法和要求进行阐述，2013 年之后的样本内容则主要侧重政府购买服务的预算管理、定价、承接方选择、资金管理、绩效评价、承接方信用管理等各项具体监管措施。此外，地方实践样本中，提及地方政府购买服务监管机制的样本占比在40%以上，反映了地方政府对购买服务的预算管理、绩效评价、成本控制等方面所进行的改革创新。

三、基于文本分析的发现

前文采用人工方式进行关键词抽取来完成信息检索和提炼，对政府购买服务改革实践进行了概括的分析，为避免分析受到主观因素的干扰，接下来采用基于TFIDF的关键词抽取技术，对关于地方实践的报道文本进行研究，运用文本分析对报道文本工作报告进行关键词提取和主题模型运用，从关键词的词频统计和进一步凝练的关键词类别的重要程度统计探究政府购买服务的改革实践特征与变迁，揭示实践特点与规律，梳理政府购买服务的发展脉络与变迁逻辑，寻找政府购买服务管控问题在改革实践中的地位和作用，为下一步政府购买服务管控问题的理论和实证研究提供必要的研究背景分析。

（一）政府购买服务地方实践中的重点问题分析

关键词分析可以反映出政府购买服务地方实践中的热点，关键词分析中主要运用TF和TFIDF两种分析方法。第一步是通过计算TF值筛选出报告中

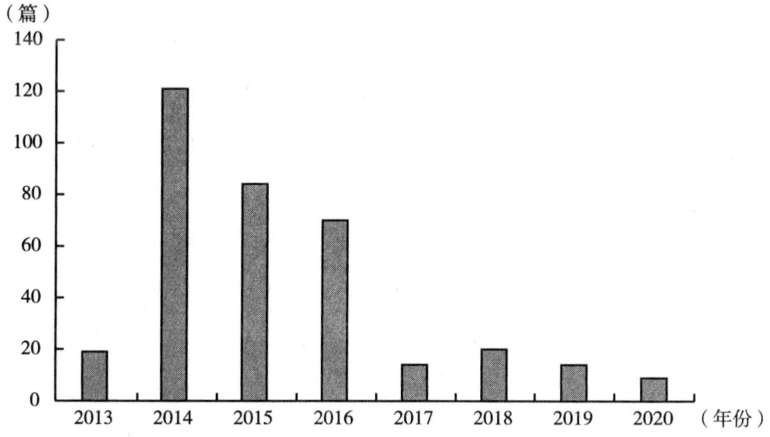

图3－3　2013—2020年各年度文本篇数

的高频词语。由于2011年和2012年的文本字数均不足10 000字，因此本书选择2013—2020年共计351篇，27.62万字。

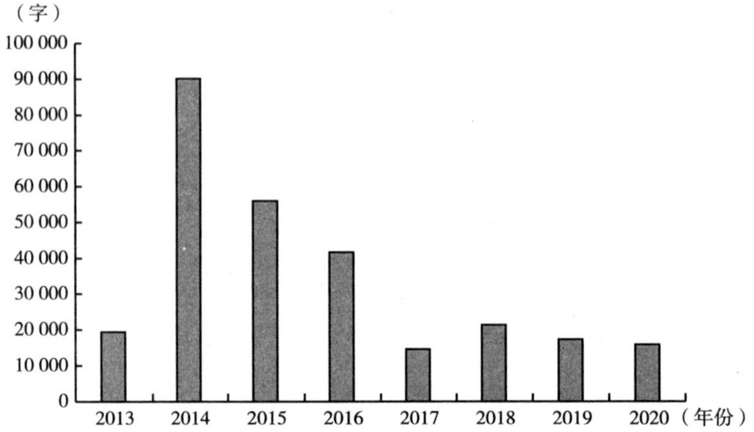

图3－4　2013—2020年各年度文本字数

利用ROSTCM6软件对2013—2020年已收集的报告文本进行文本预处理、词语归并及词频统计，从结果中选取具有分析价值且平均词频前10%的关键词，统计结果如图3－5所示。

热力图展现了2013年决定发布以来，我国地方政府购买服务的改革历程走向与一些历史性节点，同时词频分布也呈现了一定的规律性。

第一，从政府购买服务的主体来看，包括“购买主体”“承接主体”“社会组织”“事业单位”等与政府购买服务的双方主体有关的词在多个年度保持高频，其中“社会组织”的词频均值一直保持较高水平，这说明社会组织在承接政府购买服务上的重要性，这与前文中对地方实践案例中承接方主体的人工统计结果保持一致。“事业单位”一词在2017年前后词频均值较高，这体现了随着购买服务改革的推进，事业单位在购买服务实践中的特殊作用越来越受关注，2015年1月1日起施行的《政府购买服务管理办法（暂行）》中对购买服务与事业单位改革的关系进行了专门的规定，《管理办法（暂行）》第九条明确规定：“政府购买服务应当与事业单位改革相结合，推动事业单位与主管部门理顺关系和去行政化，推进有条件的事业单位转为企业或社会组织。事业单位承接政府购买服务的，应按照‘费随事转’原则，

	2013	2014	2015	2016	2017	2018	2019	2020（年份）
目录	3	5	1	3	7	4	8	1
基本公共服务	1	1	11	2	4	8	7	5
养老	4	4	2	1	1			
社会组织	2	6	10	13	6		2	3
残疾人		3		2				
合同	8	10	8	10	2		5	6
购买主体		13	6	8	10	9	6	8
标准	10	7	7	14	9		3	
承接主体	9	15	5	6			10	9
预算	5	12	9	11	13	6		
绩效评价	7	2	3	12		3	1	2
质量	11	11		7			11	11
公开招投标	9	8	13		5		9	
就业		9		3				
教育		16		9		5		
需求					8			
监管			14		14	10		
竞争	6							
公共文化			12					
事业单位					3	1		10
市容					11			
公共卫生					12			
第三方绩效评价						2	4	4
救助						7		
儿童								7

图 3－5　高频词语逐年趋势热力图

注：热力图中的数字代表在该词词频当年排序数，颜色越深代表词频越高。

相应调整财政预算保障方式，防止出现既通过财政拨款养人办事，同时又花钱购买服务的行为。”随着改革的推进，《管理办法（暂行）》中简化了承接主体的条件，强调政府采购法律法规的条件为主要条件，不再单独设置条件。删减了购买服务与事业单位改革、鼓励行业协会商会参与等规定，明确公益一类、使用事业编制且有财政拨款保障的群团组织，既不能购买也不能承接。

第二，从政府购买服务的购买内容来看，从词频来看，“基本公共服务”“养老”“残疾人”等一直是政府购买服务最重要的购买内容，此外，教育、公共文化、市容、公共卫生、救助、儿童服务等也在不同年度中出现在高频词中，反映了不同年份中，除了养老、残疾人服务等广泛运用购买服务的领域外，政府购买服务中受到关注的具体购买内容有所区别。

第三，本书最关注的是政府购买服务中的管理问题，也是高频词出现最为密集的领域，尤其是“预算”“绩效评价”“合同”“标准”“目录”“公开招投标”“质量”等词，在各年度都保持在高频词列表中。2018 年 7 月 30 日财政部发布《关于推进政府购买服务的第三方绩效评价工作的指导意见》，提出将进一步规范政府购买行为，推进政府购买服务第三方绩效评价工作，并决定 2018—2019 年选取天津市、山西省、吉林省、上海市、江苏省、浙江省、河南省、四川省、贵州省、深圳市 10 地开展试点。与此项改革步调一致，“第三方绩效评价”也从 2018 年开始成为前五位的高频词。

（二）关键词 TFIDF 分析

TFIDF 是现代信息检索技术中最经典、最常用的检索算法，具有简单、通用、无须复杂训练过程等优点，尤其对简单文本和小文本的检索准确率很高（杨颖等，2014）。通过 TFIDF 检索算法可以得到样本文本中的关键词列表及 TFIDF 值列表，但是其中也包含了无关关键词，通过人工筛选将其去除，由于各年度文本量不同，因此对 TFIDF 值进行标准化处理，在此基础上对语义相近的关键词进行人工归类，最终形成相关关键词群[①]（见表 3 -5、图 3 -6）。

---

① 关键词群与所包含的关键词的对应关系如下，“绩效管理”词群包括测评、第三方绩效、第三方绩效评价、获评、绩效、绩效管理、绩效目标、绩效目标管理、绩效评估、绩效评价、开评、考评、评定、评估、评价、评审、预算绩效、预算绩效管理和支出绩效。“购买服务目录”词群包括目录、品目。“养老服务”词群包括养老、老人、老年人、老年、老龄、助老、老龄化、孤寡老人、老有所养、孤老。“市场机制与公开竞争”关键词群包括公开、公开管理、竞争、竞争性、市场化、公开化。“预算管理”包括本级预算、部门预算、公开预算、年度预算、全口径预算、下达预算、项目预算、预算、预算安排、预算编制、预算单位、预算管理、预算监督、预算调整、预算统筹、预算项目、预算信息公开、预算约束、预算约束力、预算执行、预算执行情况、预算制度、预算资金、支出预算。“社会组织”词群包括社会组织、社会力量。“标准化管理”关键词群包括标准、标准化、支出标准。“购买主体”词群包括购买主体。“基本公共服务”词群包括基本公共服务、基本公共服务均等化。“残疾人”关键词群包括残疾人、助残、残联、残疾、扶残助残、惠残、病残。“承接主体”关键词群包括承接主体。“教育”关键词群包括教育、学前教育、义务教育、公共教育、高等教育、特殊教育、文化教育、远程教育、家庭教育、基础教育、社会教育。“合同管理”关键词群包括合同。“监督管理”关键词群包括监督管理、监管、监管部门、预算监督、资金监管。“招投标”关键词群包括招标、投标、招投标。

表 3－5　　年度——关键词群 TFIDF 值矩阵

排序	关键词群	2013年	2014年	2015年	2016年	2017年	2018年	2019年	2020年	TFIDF值合计
1	绩效管理	2 839	4 093	4 560	2 541	2 604	4 738	7 010	8 217	39 802
2	购买服务目录	2 478	1 586	2 950	1 869	1 439	1 736	1 043	5 310	22 103
3	养老服务	3 149	2 429	4 113	4 793	4 935	141	463	569	20 592
4	市场机制与公开竞争	3 510	2 196	2 825	1 462	2 810	1 032	3 360	695	18 999
5	预算管理	2 942	2 163	2 324	1 318	1 645	2 345	2 433	948	16 120
6	社会组织	3 252	1 442	1 073	599	1 508	328	1 390	2 908	12 500
7	标准化管理	878	1 242	1 448	623	1 165	328	1 275	379	8 815
8	购买主体	568	854	1 556	887	1 097	891	1 159	1 264	8 275
9	基本公共服务	465	366	411	288	206	375	463	569	5 604
10	残疾人	1 032	2 052	304	4 458	69	47	58	0	8 020
11	承接主体	878	788	1 591	1 102	411	610	927	1 201	7 508
12	教育	1 497	987	501	1 174	274	1 876	695	190	7 195
13	合同管理	52	100	54	671	2 810	469	1 159	1 454	6 768
14	监督管理	826	654	536	623	1 028	938	116	190	6 265
15	招投标	361	433	250	431	343	469	811	63	5 377

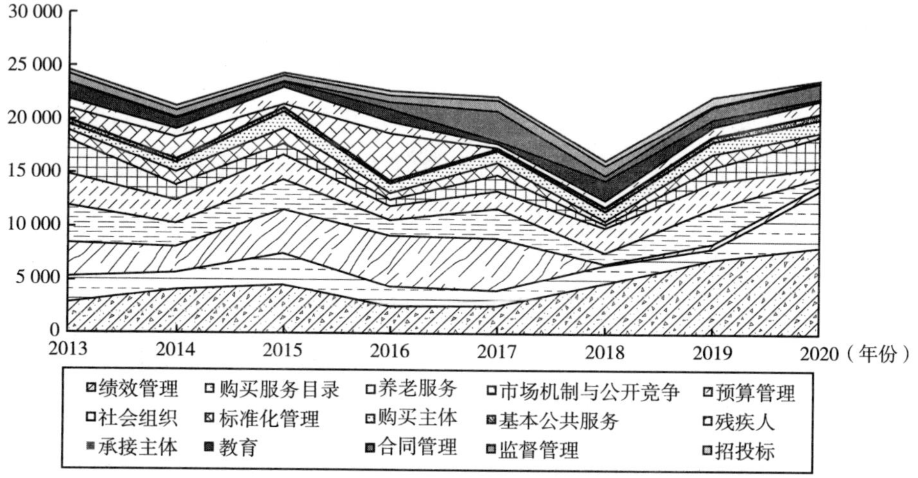

图 3－6　年度——关键词群 TFIDF 值

从关键词群的 TFIDF 值及年度变化来看，可以得到如下结论：

第一，在政府购买服务地方实践的推进中，购买服务的管控问题是最受关注的领域，在 TFIDF 值前 15 位的关键词群中，与管控有关的关键词群有 7 个，分别是“绩效管理”“购买服务目录”“预算管理”“标准化管理”“合同管理”“监督管理”“招投标”，其中，“绩效管理”关键词群 TFIDF 均值最高，而且该关键词群的各年度 TFIDF 均值呈现上升的总体趋势，说明随着改革的推进，政府购买服务的绩效管理问题重要性逐步提升，此外，预算管理和合同管理的重要程度变化也呈现了类似的趋势。

第二，与前文的人工统计结果一致，“养老服务”“残疾人服务”“教育”等公共服务是政府购买服务的主要领域，在 2017 年之前的改革早中期阶段，报道对购买内容的关注度较高，但随着改革的推进，2017 年后“买什么”已经不是最受关注的问题，“怎么买”“买得好”得到了更多的关注。

第三，作为将市场化和竞争机制引入公共服务供给的主要方式，政府购买服务的改革实践对市场机制和公开竞争保持了较高的关注。

四、基于文本分析的政策建议

政府购买公共服务改革的主要目的在于，通过引入竞争和市场化，降低公共服务供给成本、提高公共服务的供给数量和质量，进而推动政府转变职能和提高行政绩效，并同时培育和发展多元公共服务供给主体，形成共同治理的新格局。此项改革自 20 世纪 90 年代开始在我国地方政府进行尝试与探索，从起步到各种形式的探索，从局部经验的归纳推广到制度化发展，经历了 20 多年的发展历程，尤其是从 2013 年开始进入快速发展轨道，成为各级政府的重要工作内容之一。根据对《中国政府采购报》自 2011—2020 年关于政府购买公共服务的相关报道的文本分析所得到的分析结论，本书认为促进政府购买公共服务的区域均衡发展、明确各级政府购买职责分工、注重培育公共服务承接主体，以及完善各项监管机制是改革面临的主要问题。

（一）促进政府购买公共服务的地区间均衡发展和级次职责匹配

政府购买公共服务在中部和西部地区的发展力度应进一步加大，鼓励地方政府进一步扩充政府购买公共服务的采购目录，结合地方条件和特点培育公共服务承接方市场，为公共服务承接方进行跨地区承接服务创造良好的市场条件，推广发达地区政府购买服务的可复制性经验。此外，从目前实践情况来看，各级政府在购买内容上的区分度并不明显，这与地方政府事权划分有关。在地方政府事权与支出责任相匹配的思路下，各级地方政府应根据事权划分和公共服务供给责任来决定购买内容，以保证政府购买公共服务发挥提高公共服务供给效率和政府行政绩效的作用。

（二）进一步扩大政府购买服务的范围，细化采购标准

服务类项目具有其特殊性，它不同于货物和工程中大多数是比较通用的项目，各地政府应当根据本地情况，设置政府购买服务目录，在条件具备的情况下，可以对每项服务具有承接能力的承接主体进行清单式管理，并定期对清单中的承接主体自制进行审核，保证购买服务发生时承接主体具有承接服务的能力。此外，对服务这类无形产品制定采购标准时，需要先对影响质量的因素进行分解，再对这些影响因素进行测算，通过调查研究或者实测等手段确立科学合理的指标要求。另外，由于服务类需求的动态性，还应定期对各项服务的需求进行测查，及时调整购买标准。

（三）注重承接主体的培育

公共服务具有特殊性，市场上未必有天然的服务承接主体。因此，公共服务的承接主体在一定程度上需要政府的培育，从样本分析的情况看，各级地方政府购买服务的承接主体主要是社会组织，但我国社会组织发展现状存在整体数量偏少、发展水平不高、平均规模较小、承接服务和筹集社会资金的能力不足等特征。因此，政府购买公共服务改革的推进需要重视对承接主体的培育，地方政府通过设立社会组织孵化器、提供财政补贴、税收优惠等措施来推动供给市场的发展，同时，政府通过与企业等营利性组织的双赢合作，拓展公共服务承接主体的范围，培育各类市场主体按照与政府目标一致性的原则提供公共服务，这是政府购买公共服务改革顺利推进的基础性条件。

（四）完善政府购买公共服务的监管机制

政府购买公共服务改革本身并不必然带来改革预期效果，除了需要具备

改革所必须的各种基本条件之外，此项改革也对政府运用各种监管工具的能力提出要求，建立健全政府购买公共服务的监管机制也是改革推进的基础和保障。从《中国政府采购报》中关于政府购买服务的年度报道分布情况来看，2013年以后，报道的数量出现了显著的增加，并于2014年达到了一个短暂的峰值，但是自2014年后，报道的数量便呈现一个下降的趋势。将样本数据与实践结合来看，政府有关部门对政府购买服务的实施逐渐变得谨慎，关注点也从前期的追求项目的数量逐渐地关注项目实施过程中的管控问题以及公共服务的供给质量。地方政府应在改革实践的基础上，以成为“精明的”购买者和监管者为目标，对政府购买服务实施全过程监督，对承接主体选择、确定购买内容、购买程序、资金管理、绩效评价、争议处理等进行系统规范，以保证政府购买服务作为公共服务供给新机制能够真正提高公共服务供给效率和质量。

第三节　他山之石：美国地方政府公共服务供给机制的改革趋势

自20世纪70年代以来，西方发达国家为了适应公共服务需求和公共收支方面的诸多变化，开始进行一系列公共服务改革，强调政府不应当垄断公共产品和公共服务的生产与提供，而应当在具备条件的情况下，如市场中存在能够以更低成本和更高效率生产公共服务的主体，政府更多地扮演出资者、购买者和监管者的角色，将公共服务的生产环节转移给非政府的其他主体完成来达到提高公共服务供给效率的目的。随着我国政府职能的转变与行政体制改革的推进，这一新型公共服务供给模式在我国现代公共服务体系的建设中所发挥的作用也越来越受到关注与重视，自20世纪90年代起，政府购买服务开始在北京、上海、广东、江苏等地实践，尤其在国务院办公厅《关于政府向社会力量购买服务的指导意见》（国办发〔2013〕96号）颁布后，我国各级政府购买公共服务规模经历了快速增长，并且开始进入到制度化和规范化发展的阶段。作为政府购买公共服务改革的后发者，观察和分析发达国家在这一公共服务供给方式上的特点、趋势与动向，根据中国国情和公共服务供给的特点，借鉴发达国家经验，探索有中国特色的政府购买公共服务道路是一个亟待研究的问题。

美国国际市县管理协会（International city/county management association，ICMA）从1982年开始，每五年一次，以人口超过25 000人的县和超过10 000人的城市为调查对象，对全美地方政府公共服务供给方式进行专项调查。句华（2008）、胡伟和杨安华（2009）等曾以ICMA自1982年至2002年的调查结果为基础，对美国地方政府公共服务外包的发展趋势，以及其对我国政府购买公共服务的借鉴意义进行分析。本书在前人研究的基础上，对ICMA历年的专项调查所展现的美国地方政府公共服务供给的最新趋势与动向进行分析，观察其中对我国政府购买服务实践具有现实意义的内容。

一、美国地方政府公共服务供给的现状

美国国际市县管理协会（ICMA）关于地方政府公共服务供给方式的专项调查从1982年开始，以人口超过25 000人的县和超过10 000人的城市为主要调查对象，但具体对象范围和问卷数量在近年来的调查中有所扩大和增加，其中，2007年ICMA的调查对象除了人口超过25 000人的县和超过10 000人的城市之外，还在人口在2 500～9 999人的城市和人口在2 500～24 999人的县中随机抽取了1/8的样本，共发放6 095份问卷，回收1 599份。2012年ICMA调查进一步扩大了问卷发放范围，对7 515个城市和3 037个县共计10 552个地方政府的首席行政官（Chief Administrative Officers，CAO）发放问卷，同时，由于2012年的调查得到美国农业部资助，ICMA也对部分农村地区县市进行调查，共计收到2 184份问卷。

ICMA调查包括了公共设施与交通、公共能源、公共安全、医疗与健康服务、公共休闲设施、文化艺术、保障服务七大类公共服务，2007年和2012年的调查分别涉及上述七大类公共服务中的67项和76项具体服务。调查的主要内容包括：第一，地方政府采取何种供给方式提供上述公共服务；第二，地方政府采用替代性公共服务供给方式（Alternative Service Delivery，ASD）而非由政府直接供给的动因是什么；第三，替代性公共服务供给方式应用的主要障碍；第四，地方政府在公共服务供给过程中采取的监管措施。

从ICMA的调查结果来看，美国地方政府公共服务供给方式近年来表现出的特征包括：

第一，美国地方政府公共服务的供给方式根据供给方不同可以分为两大类：政府直接供给和替代性服务供给方式（Alternative Service Delivery，ASD），后者根据具体供给形式不同可分为政府间合作、外包给营利性私人部门、外包给非营利组织、特许经营权、补贴、志愿者提供六种形式。调查结果显示，在所有的公共服务供给方式中，由地方政府直接提供仍然是最主要的公共服务供给方式。但是，从长期趋势来看，这种供给方式的应用程度呈现逐渐下降的趋势，ICMA在1982年的调查显示，大约59%的公共服务由地方政府直接供给，这一比重在2002年之前都保持在50%以上的水平，但从2007年开始，这一比重下降到50%以下，为47%，2012年进一步下降到45%。

在被调查的公共服务项目中，社会保障、公共安全、行政收费、犯罪预防和巡逻、交通管制/停车执法、人事资源服务、公共关系等公共服务主要由地方政府直接提供，外包给其他主体的比例非常低。而社会服务（Social Services）领域的公共服务采取替代性供给方式提供的比例较高，主要是采取政府间合作（Intermunicipal Cooperation）和外包给非营利组织（Privatization to Non－profit）的形式。

第二，在替代性公共服务供给方式中，政府间合作的应用日益广泛，重要程度逐步提高。以政府间合作方式提供的公共服务比重，从2002年的17%上升到2007年的19%，2012年进一步上升到24%，已经超过外包给营利部门和非营利部门的比重，成为除政府直接供给之外最重要的公共服务提供方式。政府间合作方式提供公共服务，主要是指相邻的城市，或者县与郡政府进行合作来提供公共服务，此外，不相邻的地方政府之间也有可能由于在经济发展、交通运输等领域的共同目标而结成某种形式的联盟，这类联盟也可能在公共服务供给上发挥作用。2007年和2012年的调查均显示，地方政府间合作方式提供公共服务，不仅能够提高公共服务的供给效率，在促进公平和履行地方政府责任方面也表现良好，能够实现公共服务供给的规模经济和区域协调。在被调查的服务项目中，公务员发展与培训、儿童福利项目、福利管理、精神卫生设施运营、监狱运营等公共服务采用政府间合作形式来供给的比重最高。

第三，尽管美国地方政府自 20 世纪 80 年代以来进行了大规模的公共服务私有化改革，政府借助私营部门的力量提供公共服务的做法，得到广泛的政治认同和实践中的推广。公共服务私有化包括将公共服务外包给营利部门和非营利部门两种具体形式（以下统称“合同外包形式”），从 ICMA 调查结果来看，1997 年是合同外包形式使用的分水岭，1997 年以后，合同外包在所有服务提供方式中所占比重呈现下降趋势（句华，2008）。进入 21 世纪后，合同外包形式所占比例呈现稳定但略有下降的整体趋势。其中，公共服务外包给营利部门的比重，从 2002 年的 18% 变化为 2007 年的 17%，2012 年进一步下降到 15.5%。在调查涉及的公共服务中，地方政府在提供拖车服务、法律服务、固体垃圾处理等公共服务时，采取外包给营利部门的比例最高。这类服务具有一个共同特点：即存在相对成熟的承接方市场，公共服务的内容标准化程度高，并且不需要密切的区域间合作。同时，调查发现，与当地居民利益联系紧密的服务内容，地方政府外包给营利性机构的比例非常低。

地方政府将公共服务外包给非营利部门的比重在 2007 年和 2012 年分别为 9.9% 和 7.8%，也呈现下降趋势。其中，无家可归者服务、文化艺术服务、日间照料设施、老年人服务等社会服务领域的公共服务，地方政府外包给非营利部门的比例最高，从调查中看，这一类服务的特征一般来说是需要较高程度的人际交流，并且需要一定程度的社区协同的社会服务。

二、美国地方政府公共服务供给方式的变化趋势

根据美国地方政府公共服务供给方式的现状分析，结合历史资料可以发现，即使已经经历大规模的公共服务私有化改革和长期的公共服务外包实践，美国地方政府公共服务供给仍然没有达到完全稳定的状态。2008 年金融危机后，美国地方政府的公共服务供给呈现新的发展状态，地方政府并没有广泛采取削减公共服务的方式来应对财力紧张的局面，而是通过多样化的公共服务供给方式，来努力平衡财政压力与公共服务需求之间的关系，地方政府公共服务供给呈现更加务实的地方自治主义风格（Kim & Warne，2016）。

（一）美国地方政府公共服务合同外包形式日趋成熟和稳定

如上所述，随着公共服务私有化改革的推进，美国地方政府采用的合同外包形式已经日趋成熟，在地方政府公共服务供给中发挥的作用相对稳定，地方政府在确定外包服务项目、明确服务需求、外包过程的监督管理等环节已经建立了系统的制度化安排（吴帆等，2016）。ICMA 调查中，需要为保证公共服务私有化成功而做出专门努力的地方政府比例，从 2002 年的 44%，下降为 2007 年的 38%，2012 年进一步下降为 31%。这些专门努力主要包括了解其他地方政府在公共服务私有化方面的成功经验、聘请专业顾问、采用规范竞标程序等。这一比例的下降，说明地方政府的公共服务外包制度已经相对成熟和系统化。

此外，地方政府逆外包业务（Reverse Contracting）所占的比重也能够证明外包形式的成熟化。逆外包业务是指公共服务从合同外包的形式又转回重由政府直接提供，根据 ICMA 调查，1992—1997 年，大约有 11% 的公共服务重由政府提供，这一比重在 20 世纪末开始上升，1997—2002 年，逆外包业务比重上升到 18%，但从近年的调查看，这一比重并没有进一步上升，而是在 1997—2012 年期间稳定在 18% 左右。而且调查显示，在不同时期地方政府采取逆外包决策的原因也基本保持一致，如服务内容难以通过合同加以约定、外包服务缺乏市场竞争、外包难以保障公共服务质量等。

（二）运用政府间合作来解决公共服务供给的方式越来越受到重视

与合同外包形式日趋成熟相对应的是，地方政府运用政府间合作来解决辖区内公共服务供给的方式越来越受到重视，尤其是在特定服务领域（如区域协同要求较高的服务）或者农村地区，以及内容相对复杂、需要较高程度的区域协同、服务过程难以监督的公共服务，通过政府间合作来追求公共服务供给的规模效应和区域协同性已经成为美国地方政府公共服务供给的新趋势。

除了地方政府合并（Consolidated Regional Government）和组建特别行政区（Special Districts）之外，美国地方政府间的合作形式主要包括非正式政府间合作和政府间外包（Warner，2011）。非正式的政府间合作主要是指美国地方政府之间的非正式互助协议（Warner & Hebdon，2001），这种非正式互助协议往往是针对特定服务，比如高速公路的日常维护和交通拥堵疏导等公共服务，往往需要通过地方政府之间的合作来提供。非正式政府间合作的第二种形式是区域联合会（Councils of Government，CoG），即美国地方政府之间的非正式联盟和利益协调组织，这类组织成立的意图是促进区域内的公共服务协同性。一般来说，区域联合会没有正式行政权力，往往是通过为其成员提供规划和指导，来促进地方政府之间的公共服务协同性（Korsching et al.，1992）。

政府间外包（Inter - municipal contracting）是一种介于非正式和正式的政府间合作的形式，地方政府之间形成公共服务市场，地方政府可以通过与邻近政府间的合作，来提高公共服务供给效率。除了能够获得规模经济带来的好处之外（Morgan & Hirlinger，1991），这种形式还有助于保证公共服务的公平性和公众需求响应性（Warner & Hefetz，2002）。与私有化改革注重发挥市场竞争作用不同，政府间合作注重的往往是通过不同地方政府以协作的方式共同提供公共服务来实现规模效应和公共服务的区域间协调，提高公共服务供给的可持续性和公平性（Botsman & Rogers，2010）。同时，也有研究发现，政府间合作虽然在提高公共服务质量和区域协同性上发挥作用，但并没有明显的证据表明这种形式能够降低公共服务供给成本，而且地方政府之间的合同存在难以监管的局面（Warner，2009）。

（三）地方政府采取替代性公共服务供给方式的影响因素呈现多样化特征

ICMA 调查对于地方政府进行公共服务供给方式改革的动因和主要障碍进行了观察，观察发现，地方政府进行公共服务供给方式改革的动力主要来自节约公共服务供给成本、追求规模经济、提高公共服务质量、促进区域融合、加强政府间合作等方面的考虑，尤其是公共服务供给成本、规模经济等效率方面的考虑，仍然是地方政府选择公共服务供给方式的首要影响因素。

但是，从 ICMA 的调查来看，通过引入竞争来降低公共服务供给成本的基本逻辑在现实中并不一定能够实现，主要原因是公共服务市场往往缺乏充分的竞争性，根据 ICMA 在 2012 年调查中对 67 项公共服务外包项目进行非结构化访谈发现，地方政府所面对的大多数公共服务市场的竞争性均处于很弱的水平，67 个调查样本中每项服务平均只有不到 2 个具有可替代性的服务承接商。考虑到竞争性不足的问题，具有自然垄断性的公共服务供给上，地方政府管理者除了采取传统的政府部门生产供给外，更有可能采用政府间合作的形式，而以营利为目的的合同外包，往往在竞争性较强的公共服务市场中更为常见。除了缺乏竞争市场外，公共雇员的反对、出于对丧失地方政府独立性的担忧而不采用政府间合作形式、政府监管能力的缺乏等因素也成为公共服务供给方式改革的主要阻碍。

（四）地方政府管理服务外包的能力成为公共服务供给方式改革的关键因素

政府部门将公共服务的生产过程外包给其他主体后，政府在外包活动中同时扮演着两种控制角色——基于发包方的控制和基于公共利益代表者的控制。前者更多的可以通过竞争市场中的竞价过程、合同执行和绩效监控等市场化管理控制手段来完成，后者的实现则更加复杂。以往文献研究发现，在公共服务外包过程中，公共利益被漠视的情况时有发生。私有化改革的早期，政府企图以基于市场的管理控制替代政治控制。但是，政府基于公共利益代表者而实施的管理控制，很难完全通过市场化控制手段来完成，尤其当政府间合作等更加复杂的公共服务供给方式开始发挥越来越重要的作用时，公共服务供给的监管体系就需要更加精细的设计。

公共服务外包虽然重视效率导向，但由于政府在公共服务供给中应扮演的角色决定了政府需要通过公共服务供给来实现公平目标等（Christensen & Laegreid，2002；Denhardt，2007）。因此，相比纯市场交易，政府在外包公共服务过程中，需要对监管体系进行特殊设计，通过结合市场控制与政治控制的中间道路，来保证公共服务供给在公平与效率上实现政府目标（Warner，2010）。

ICMA 对地方政府监管公共服务供给能力的调查发现，对公共服务供给的评价和监督是公共服务供给方式改革的重要内容。在采用替代性公共服务供给方式的地方政府中，87% 的地方政府对成本进行监督，79% 的地方政府对合同履约情况进行监督，58% 的地方政府对居民满意度进行监控。其中，对外包给私营部门的服务，71% 的地方政府是通过居民投诉率来控制服务质量的。

三、对我国的启示

我国各级政府向社会力量购买公共服务，党的十八大之后开始进入到制度化和规范化阶段，在公共服务供给中发挥着越来越重要的作用，中央和各地政府纷纷出台相关管理办法用于规范地方政府购买服务的操作规程、预算管理、采购执行、绩效评价等。但由于政府购买服务的规范性实践时间较短，实践中还未形成显著的地方模式。如何根据中国国情和各地公共服务供给特点，借鉴发达国家的经验，探索具有中国特色、尤其是地方特色的政府购买公共服务之路，是公共服务供给方式创新中必然要考虑的问题。从近年来美国地方政府公共服务供给的现状与变化趋势的观察中可以得到若干有益的启示。

第一，美国地方政府探索公共服务供给机制的改革，尤其是选择替代性供给方式的开端，是公共服务提供机制的市场化改革，即引入市场和竞争力量，将公共服务项目通过合同外包承包给政府之外的服务承接方（如私营机构、社会组织等社会力量），以实现提高公共服务效率、降低供给成本的目的。但是，合同外包形式并非所向披靡，也没有完全替代政府直接提供公共服务的供给方式，ICMA 在 1997 年的调查中发现合同外包所占比例不升反降，出现逆向发展趋势（向华，2008）。从 2012 年的调查数据来看，美国地方政府将公共服务外包给营利部门和非营利部门的比例为 23.3%，已经基本趋于稳定状态。美国不仅是市场化程度较高的国家，而且在改造政府、追求公共部门效率提升方面的市场化探索也远甚于中国，相比较，在我国，“供应和生产分离”和“公共服务生产领域引入市场竞争”为基础的改革还处于起步阶段，因此，我国各级政府在购买公共服务改革中，没有必要因为美国经验中曾经出现的“逆外包”现象而止步不前，供给方式的市场化和竞争机制的引入仍然存在很大的开拓空间。但是，从美国经验中，我们可以得到的有益启示是，市场化手段的引入并非改善政府绩效和提高公共服务供给效率的“魔力药方”（Mulgan，1997），如何审慎地选择在特定市场环境和制度环境下适宜“外包”的公共服务项目应当成为政府决策的第一步，接下来对合同外包选择合理的管理控制手段，以保证采用了新的供给方式来提供公共服务，仍然能够实现效率与公平的平衡，这样能够避免我们在实践中重走发达国家的老路，付出不必要的改革成本。

第二，从美国地方政府经验来看，在政府直接提供和外包的二元选择之间，还存在其他替代性公共服务供给方式，如日益广泛应用的政府间合作形式等。公共服务供给方式的选择应当考虑公共服务需求、市场竞争程度、政府购买能力、监管能力、政府与政府之外的公共服务供给方的各自比较优势等因素，选择综合成本最低的供给方式。选择替代性的公共服务供给方式，并不一定意味着政府在服务供给中的完全退出，除了完全的“公共服务生产与供给相分离”外，公私合作、公公合作（如美国的地方政府间合作）都有可能成为成功的新型公共服务供给模式，尤其是在地方政府提供公共服务时，各地居民对公共服务的需求、社会环境、文化、制度、社会组织发育程度等因素都有可能成为公共服务供给方式创新的动因。因此，政府在进行公共服务供给方式改革决策时，必须对诸多因素和条件进行分析，比较不同供给方式的利弊。从这个角度来说，在我国政府购买公共服务改革中，发挥关键作用的除了自上而下的政治信念与制度框架建设之外，自下而上的改革探索与经验总结也能够避免一刀切和统一模式的改革风险。

第三，政府的全过程监管和控制对于公共服务供给方式改革至关重要。公共服务供给方式的改革如果想要带来供给效率的提高与政府绩效的改善，除了需要具备制度发挥现实作用所需要的各种基本环境条件和主体条件外，也要求政府具备能力运用各种管理工具，如资金配置、成本控制、绩效评价、激励机制等管理控制手段，使政府之外的公共服务供给方与政府之间保持目标一致性，在双方共同参与公共物品及服务的生产和提供的过程中所建立的以合作为目的的治理框架。

| 第四章 |

政府购买服务与组织间管控：目的与影响因素

从2013年《指导意见》出台到2020年《政府购买服务管理办法》的颁布，政府购买服务作为新型公共服务供给方式，其政策体系和实践趋于成熟化，而且在提高公共服务水平和效率的同时，还发挥了推动社会领域改革和政府职能转变的作用。随着制度建设与实践的推进，关于政府购买服务的研究在近十年来快速丰富，其中，政府购买服务中的政社关系、购买服务的组织模式、购买服务的效果等一直是文献关注的焦点，除此之外，政府购买服务中，政府作为购买方对私人承接方实施监督以及追究其责任的能力也开始受到关注（Amirkhanyan，2011；Brown，Potoski，Van slyke，2006；Ditillo，et al.，2015）。问责制是政府购买服务契约的核心，与民主治理中的问责制一样，政府购买服务中的问责制需要确保公共权力不被滥用或者公共资源不被浪费（Mulgan，2006）。要实现政府购买服务中的问责制，需要首先确保购买方有能力了解服务承接方的行动与绩效，并能够通过管控机制约束承接方的行为（Bovens，2007）。从这个意义上说，政府对管控工具的使用能力决定了政府购买服务的成功与否，缺乏必要的管理往往是导致政府购买服务失败的直接原因（Slyke，2003）。除了客观的管控能力不足之外，也存在购买方出于寻租目的主动放弃对承接方的管控责任的可能性（董杨，2020），由于购买方寻租问题不属于组织间关系管控机制讨论的范围，因此不作为本研究的重点关注对象。

本章和下一章将对以购买服务的政府部门为控制主体，其对购买服务的过程和承接方行为所进行的组织间管理控制开展深入的讨论，本章首先从组织间管控的逻辑起点出发，力图解释政府在购买服务中采取组织间管控机制的动因是什么？组织间管控要解决的关键问题是什么？有哪些因素会通过影响关键控制问题，进而影响组织间管控机制的应用？下一章则讨论组织间管控机制的特征，以及管控机制对交易绩效的影响，并在此基础上形成经验研究的基本框架和提出假说。

第一节　组织间管理控制的目的

在讨论市场交易形成的组织间关系的管控时，经典观点认为，控制问题的挑战主要来自两个问题：遏制交易主体采取机会主义行为带来的风险和协调各交易主体的合作性行为（Caglio，Ditillo，2008；Dekker，2004）。对于政府购买服务来说，除了应对机会主义风险和协调合作行为之外，保证政府所代表的公共利益的实现是组织间管控所要面对的特殊的控制问题。因此政府购买服务中的组织间管理控制需要实现的目的具有多元性，不同的控制目的所需要解决的问题不同，影响控制问题的因素也不相同。控制目的的多元性和影响因素的差异性，决定了发挥控制作用的机制的复杂性，不同控制机制还可能组合在一起形成具有某种特性的控制模式，控制机制和控制模式的有效性往往取决于机制模式与控制问题之间的匹配性，因此本书先从政府购买服务中的组织间管控所要面对的三个控制问题入手展开分析。

一、应对机会主义风险

从交易成本经济学的角度来看，契约是不完整的，交易主体之间不可能自动形成信任关系，相反，各方之间天然存在合理的利益分歧与不信任（Lindenberg，2000）。缔约双方都有可能采取机会主义行为来谋取自己一方利益，尤其在交易主体利用信息不对称、资产专用性、路径依赖等优势采取机会主义行为，引发合作风险时，需要构建能够“注入秩序、转移冲突，实现双方共同利益”的治理结构（Williamson，2002），最大程度地节约事前和事后交易成本。因此，由于交易主体的机会主义行为所带来的风险是组织间管理控制需要解决的第一个控制问题。

这些假设不仅适用于私人部门之间的交易关系，也适用于公共部门与私人部门的合同关系（Brown，Potoski，Van slyke，2006；Johansson，2015；Lamothe，Lamothe，2012）。大量关于政府购买服务的文献已经注意到，政府在外包公共服务的生产环节时，对服务承接方的行动和绩效的监督，难度要远高于政府内部通过科层体系进行的控制和监督的难度（Amirkhanyan，2009；Amirkhanyan，Kim，Lambright，2012；Brown，Potoski，Van slyke，2007；Ditillo，et al.，2015）。

政府购买公共服务的目的是引入市场主体和竞争机制，购买方在一定预算范围内提高公共服务供给效率。虽然政府购买服务中的主体关系存在复杂性与演进性，但购买方与承接方之间仍然存在基本的契约关系和委托代理关系。由于有限理性和信息不对称，政府购买服务契约同样存在不完备性，公共服务的购买方不可能预见到所有的未来或然状况并写入契约，契约双方主体之间由于信息不对称等原因所可能存在的固有冲突是政府在购买服务时所面临的核心问题（叶托，2014）。

作为购买方的政府部门与作为承接方的营利或者非营利部门是具有各自效用函数的交易主体，信息不对称和契约不完全下交易主体存在机会主义行为的动机和倾向，行为人行动的不可观察性会使非合作性行为发生的可能性上升，资产专用性、环境不确定性和交易频率等因素也会影响交易主体的机会主义倾向，承接方可能会出于利润动机采取偷懒行为或者机会主义行为（Domberger，1998），尤其是当政府购买服务的内容是非标准化的服务内容，服务的产出难以通过清晰可见的指标体系加以衡量的情况下，购买方与承接方之间的信息不对称问题更加显著，由于信息不对称而引发其行动主体机会主义行为的风险也更高。由于本书主要研究对象是政府部门作为购买主体实施的管理控制行为，因此主要关注来自承接主体的机会主义行为所导致的风险，风险水平的大小与购买方在和服务承接方签订契约时对产出标准进行事前约定、契约执行过程中对承接方的行动进行事中监控、事后对产出进行准确评价三者的难度大小有关。

政府购买服务中承接方的机会主义行为可能带来的合作风险包括：

（一）逆向选择风险

政府购买服务中的逆向选择风险是指在委托代理关系正式形成前，承接方可能会利用私有信息优势，隐瞒信息或者显示非真实信息，从而侵占购买方利益，影响购买方决策，甚至导致“劣币驱逐良币”的现象。此外，购买方与承接方在签订契约的谈判过程中，由于信息问题和不确定性的存在，对服务产出的标准、交易的规则、争议的处理规则等难以在事前进行充分约定（王春婷，尚虎平，2020），交易双方均有可能隐蔽私有信息，在谈判中使规则更有利于自己一方。

（二）道德风险

政府购买服务过程的道德风险是指在契约关系正式形成后，由于信息不对称和契约的不完备性，未然情况难以全部写入合同，以及公共服务作为交易标的本身所具有的“模糊性”和难以度量的特征，承接方极有可能在交易过程中利用信息优势采取隐蔽行为、欺诈行为或者策略行为，如在提供服务时弄虚作假、以次充好、压缩成本等。值得注意的是，政府购买公共服务中，政府部门作为公共服务的购买方，并非是公共服务的服务对象，因此，服务承接方的策略行为如果降低了公共服务产出的质量，那么公共服务的服务对象的利益会直接受到影响。

二、促进行动协调

Hopwood（1996）认为，计划、预算和控制活动从企业内部扩展至企业之间，使得交易伙伴对相互间的依赖性的认识更加清晰，也使得协同行动在组织成功中的角色更加重要，因此，组织间管控需要解决的控制问题，除了需要应对交易主体的机会主义行为之外，还需要用来协调关系主体之间的合作（Anderson，Dekker，2005；Caglio，Ditillo，2008；Dekker，2004；Gulati，Singh，1998；Vosselman，Van der meer - koolstra，2009）。跨组织关系中交易主体之间的行动协调，无法用科层体系内部的协调机制来实现，不同经济主体采取合作性行为的前提是利益目标的兼容和一致，Dekker（2004）等认为，产出控制、行为控制、社会控制等组织间管控机制能够在行动协调上发挥作用，激励交易主体采取合作性行为，因此，控制的目标不仅是管理风险和降低交易成本，还要通过提高合作水平来提高收益和改善交易绩效。

与传统的公共服务供给方式相比，政府购买服务引入了新的公共服务生产者，公共服务的生产与供给分离，政府购买服务的目的，是通过市场竞争和专业化分工，在一定预算范围内为公共服务的服务对象提供达到一定质量标准的公共服务，这一目标的实现，需要政府与服务承接方的合作和行动协调。如果交易主体的比较优势能够协调，通过资源互补和合作，就能够产生合作收益。但是行动协调并非轻而易举能够实现的。尤其是政府购买公共服务存在多重委托代理关系，不仅包括政府作为购买方与服务承接方之间有基于契约关系的委托代理关系之外，还存在政府作为公共服务供给者和公共服务对象之间基于公共利益实现的委托代理关系。在政府购买公共服务过程中，虽然公众是公共服务的消费者，但公共服务需求显示和服务满意度表达，是通过公众与政府之间的关系链条，间接传递给公共服务的生产者。如果购买服务的目标指向是满足公众需求和提高公众满意度，那么在这一关系链条上，政府作为服务购买方和服务承接方之间保持行动协调对于实现目标至关重要。政府积极识别公众的公共服务需求，根据需求选择合适的承接方，并以购买方的身份将需求传递给服务承接方，并监督和评价承接方的生产活动对需求的满足情况，服务承接方采取积极履约行动，并保持与购买方之间的信息共享，公共服务的生产和供给均以公众满意度为长期目标进行统筹规划，购买方、承接方和服务对象之间利益达成一致，各方利益诉求实现协调，三方协商合作达成一致，实现多元合作治理（刘仕宇，金福子，2021）。

政府购买服务中的购买方与承接方之间，在不考虑承接方是原隶属于购买方的改制事业单位等存在非市场关系的情况下，购买方与承接方之间的合作有可能并不取决于集体行动的存在，而取决于交易主体之间的相互作用（Chen，Park，Newburry，2009）。因此，购买方与承接方之间不仅需要强调追求目标一致性，更需要强调双方为实现共同目标所进行的协作，即需要解决的管控问题除了目标一致性问题，还有行动一致性问题。

组织间管控要实现多元主体的行动协调，至少需要具备以下三种机制，第一，不同交易主体之间的信息共享机制。信息共享是指购买方和承接方愿意与对方分享与合作关系有关的信息，如服务对象的需求及其变化、公共服务生产的成本信息、承接方的战略计划信息等，随着信息共享水平的提高，交易主体有能力采取更多相互依赖性的、合作性行动的同时，还能够减少为防范机会主义风险所需付出的交易成本。

第二，合作收益的分配机制。以激励交易主体投资于关系专用性资产和维持长期合作关系。政府采取购买服务方式来解决公共服务供给问题的出发点，是通过引入竞争和专业化分工来提高公共服务供给效率，政府部门与社会组织等承接方之间通过合作关系，能够共享能力、要素和资源，创造新的公共服务供给优势，产生公共服务供给中的合作利得（Gulati，1995）。政府购买服务中的“合作利得”不仅体现为经济收益，还体现为公共目标和“讲政治”目标的实现。通过绩效评价和激励机制将合作利得在交易主体进行合理分配，是驱动交易主体对关系专用性资产进行投资和维持长期合作关系的前提。

第三，交易主体间的信任机制。信任机制能够降低交易主体之间的协商成本，当不确定性和资产专用性水平较高，同时一体化成本高的情况下，信任机制有利于问题的共同解决和对非预期变化的灵活性适应，如果服务承接方和购买方之间存在较高水平的信任关系，交易主体倾向于将解决交易中发生的冲突和非预期变化视为双方共同责任并共同解决问题，而非单纯依赖契约约定和单方面冲突解决机制，从而能够实现高效关系治理，将交易成本减小到最低限度。

三、合法性与问责制

新制度组织理论认为，组织行为的动力不仅是因为追求效率，也是出于对合法性的考虑（Lamothe，Lamothe，Feiock，2008；Meyer，et al.，2014）。政府购买服务交易的合法性（legitimacy）主要来自利益相关者对政府履行公共职责、实现公共价值目标的要求（Brown，Potoski，2003；Johansson，Siverbo，2011；Lapsley，2004）与市场交易中的组织间关系不同，无论是政府直接生产和供给公共服务，还是政府购买公共服务，政府都担负着公共价值目标实现的责任。如果是政府直接提供公共服务，只需要考虑政府与公共服务的利益相关者（主要是公众）之间的关系。但如果引入了承接方生产公共服务，则政府与公众之间的关系变为政府、承接方和公众三者之间的关系，即使不考虑政府的寻租或者机会主义行为的可能性，在三者关系中，实现公共价值和维护公众利益是政府在购买服务过程中的法定义务。因此，政府作为购买方，在购买服务交易中还需要采取一定控制措施，保证承接方行动遵从公共价值目标，保证“政治正确性”目标的实现，与一般市场交易活动中的组织间管控相比，公共价值实现是政府购买服务中的组织间管控所要面对的特殊控制问题。出于对利益相关者诉求的考虑，公共部门通常通过施加控制手段来表示控制和问责（Wilson，Barbat，2015），并且促使服务承接方以实现公共价值目标为导向采取行动。但是，不同的公共服务外包所面对的利益相关者压力也可能不同，一般来说，如果政府购买服务更容易被社会公众等利益相关者关注，来自外部环境的压力会促使购买方采取更加密集的控制机制来表明购买行动的合法性，并保证购买服务交易合法性的实现。清晰可见的产出控制和行为控制机制的实施能够更大程度地缓解来自利益相关者的压力，但非正式的社会控制与其之间的关系可能相对较弱，因此，政府在购买服务过程中密集地采取正式管控机制的原因之一，可能是处于应对外部压力的战略反应。

从合法性角度看，政府如何监督承接方不仅是管理上的技术问题，还涉及公共治理中的问责制（Accountability System）。Bovens（2007）认为，问责制有三个需要满足的前提条件，第一，有关于责任方行为的信息；第二，有关于适当行为的标准或规范；第三，可以通过制裁或其他形式的纠正行动来改变责任方行为（Bovens，2007）。如果政府直接提供公共服务，问责关系存在于政府部门与公众之间，但当公共服务外包给非营利或者营利主体时，问责关系就会发生变化。尽管在大多数情况下，作为购买方的政府部门仍然对提供一定质量和数量的公共服务负有责任，但是由于公共服务的生产环节外包给其他主体，政府对提供公共服务行使直接控制权的能力被削弱。除了责任主体的变化外，问责制的作用机理也发生变化。

一般认为，科层制、市场和社会责任是问责制的三种基本机制，其中，科层问责是公共部门的典型特征，是指通过直接监督或者审计等手段收集被问责一方绩效信息，在科层问责关系中，追究行为人责任的标准一般是法规，所采取的制裁措施是法律行为或者监督机构的行政处罚。市场问责依托的是市场中的交易关系，关于绩效的信息体现为产品的最终产出和价格信号，而非直接监督，制裁主要体现为交易关系的中止或者根据合同实施的惩罚措施等，问责标准由合同约定。社会问责，一般也被称为基于社会网络或者信任的问责，是指行为主体在相互同意和共同规范的基础上对彼此负责，而非依赖于科层关系和市场交易。在这种关系中，信息共享是通过双方平等对话或者非正式沟通来完成的，制裁措施主要包括争议、讨论、协商等软措施，一般不采取正式制裁措施，此外，同行之间共同的行为准则和得到规范也会发挥作用（Mulgan，2006）。将问责制的三个条件（信息、标准和制裁）与实现问责制的不同方式（科层、市场和社会）结合起来，可以建立一个研究问责制的分析框架（见表 4-1）。

表 4-1　　问责制的分析框架

问责制基础	信息搜集	责任标准	制裁方式
科层	过程的监督	法律	法律制裁
市场	结果的监测	合同	退出交易或根据合同索赔
社会控制	对话、合作、外部网络	共同规范和道德准则	反对、对话、谈判

当政府从直接提供公共服务转变为购买服务时，合同关系替代科层制成为问责制主要形式，但有研究认为，基于合同关系的市场责任制在公共合同中的效果不如其他私人产品。其中一个原因是，公共服务的购买者是政府部门，并非公共服务的直接消费者，这意味着公共服务的消费者缺乏市场力量来表明他们对公共服务的满意程度。另一个原因是，公共合同中的竞争往往弱于私人产品市场，因此价格信号或声誉机制所发挥的效力相对降低，因此，对于政府购买服务来说，实现问责制的机制更大可能是呈现多元特征，科层机制、市场机制和社会机制均会发挥一定作用。

第二节　组织间管理管控的影响因素

基于上面分析，政府购买服务中的组织间管控面对的控制问题要比一般市场交易中的控制问题更加复杂，由于政府购买服务可能会产生相当规模的事后交易成本，这使得组织间关系治理和管理控制问题越来越受到关注（Girth，et al.，2012；Johnston，Girth，2012）。考虑到政府购买服务中的组织间管控需要面对遏制机会主义行为、促进行动协调和保证合法性与问责三个主要控制问题，那么与这三个控制问题有关的因素，会影响政府购买服务中的管控机制的应用及其效果，已有文献提供了初步的经验证据（Amirkhanyan，2010；Brown，Potoski，Vanslyke，2013；Cristofoli，et al.，2010；Marvel，Marvel，2007）。交易主体是否为非营利组织、不确定性、市场竞争水平等因素可以用来解释政府购买服务的组织间管控机制的类型和强度，交易成本理论、制度理论等均能够提供分析其作用机制的理论基础（Brown，Potoski，2003；Van der meer－kooistra，Vosselman，2000）。本节从包括交易成本理论等在内多个理论视角，以问题为导向，从对合作风险、任务协调和实现合法性与问责等关键控制问题有影响的因素入手，分析交易主体、交易自身和交易环境的相关特征对组织间管控问题的影响。

一、影响合作风险的因素

组织间管理控制需要首先解决如何降低交易风险、确保供应方能够尽最大的努力达到购买方所设定的任务目标的问题。从交易成本角度考虑，契约的不完全性和交易主体潜在的机会主义行为意味着需要实施事后治理结构来应对不确定性或者机会主义行为导致的风险，交易风险和影响控制机制需求的因素包括资产专用性、交易规模、交易不确定性、供应商竞争和目标一致性等。

（一）资产专用性

资产专用性是指交易中资产的机会成本（Williamson，1985），如果资产专用性较高，交易双方之间的相互依赖性会提高，交易一方被“锁定”的可能性也会随着上升，如果一方有机会主义倾向，交易风险也会增加。政府购买服务中，资产专用性主要体现为服务承接方为完成公共服务生产而需投入的专用性投资，由于服务承接方与购买方之间并非一体化的科层关系，那么服务承接方所进行的关系专用性投资，一方面意味着可能存在较高的交易风险，另一方面也同时意味着长期合作收益的贴现值会较高。在这种情况下，购买方使用更多类型和更高强度的组织间管控机制的成本收益比会较高，同时，承接方接受和配合管控，并且选择目标一致性行为，来增加建立长期合作关系的概率，对于承接方来说也是理性选择。

（二）交易规模

交易规模也是导致套牢风险的重要因素，因为如果政府购买服务交易规模很大，那么交易失败时的潜在经济损失也会变得更大（Dekker，2008）。此外，政府购买服务交易的失败往往还意味着政治风险，而且政治风险的规模与交易规模之间一般存在显著的相关性，因此，对于规模较大的政府购买服务交易，对交易风险和政治风险的预期使购买方有更强的动机严格控制服务承接方。

（三）不确定性

不确定性是导致交易风险和承接方机会主义行为的重要因素（Williamson，1985），如果影响交易活动的随机因素在事前和事后都难以观察和证实，就会产生不确定性问题，管控机制需要用于解决不确定性带来的信息不对称（Anderson，Dekker，2005；Dekker，2008）。考虑到公共服务需求的信息不完全性特征，以及政治体制、法制环境、公民需求变化等因素的影响，政府购买服务交易的不确定性对组织间管控的影响更加显著。在不确定性较高的交易环境里，政府部门作为购买方，会倾向于采取强度更高、更具有科层控制特征的机制来缓解不确定性带来的影响。

（四）竞争性

政府购买公共服务的初衷之一在于引入竞争机制，但是对于公共服务购买来说，有研究发现，公共服务市场普遍缺乏竞争性，这使得通过引入竞争来提高公共服务供给效率并非必然（Bel et al.，2010），这是购买方在设计和应用管控机制时必须考虑的环境约束。如果购买标的具有较高的市场竞争性，那么对于购买方而言，市场力量能够以相对较低的成本解决承接方目标一致性问题，这是因为承接方在面对同行竞争压力下，往往会采取较高水平的自我控制，采取机会主义行为的概率相对较低，市场竞争、合同等基于市场机制的管控手段能够发挥显著作用（Cristofoli，et al.，2010；杜荣胜，2014）。反之，如果购买标的市场缺乏竞争性，购买者能够选择的潜在服务承接方数量少，则购买方需要更多地依靠科层控制或者社会控制来应对机会主义风险，由于科层控制和社会控制相对于市场控制，对于交易主体关系的稳定性要求较高，因此在这种情况下，交易主体之间稳定的长期合作关系可能会带来较好的控制结果和交易绩效。

二、影响行动协调的因素

组织间控制的根本目标是实现交易的战略目标，因此要解决的根本问题除了防范可能存在的合作风险之外，还要保证交易主体之间行动的协调性，提高交易主体的合作水平，即行动协调问题（Coordination Problem）。Caglio 和 Ditillo（2008）认为，交易主体相互依赖程度、交易特征等因素可以用于解释行动协调问题的重要性（Caglio，Ditillo，2008）。

（一）相互依赖性

主体之间的相互依赖性是管理控制系统设计和运用时需要考虑的重要因素，在政府购买服务中，服务承接方与购买方之间的相互依赖性具体表现为两者之间目标与行动的相互关联性，尤其是与公共服务有关的交易活动，往往带有“软”活动性质（Johansson，Siverbo，2011），交易活动难以标准化，参与交易的决策主体和行动主体众多，购买方和承接方之间需要有更加密切的关系来保持行动的协调性。例如，购买方对公共服务质量和数量的要求决定了承接方的资产专用性投资的水平，反之，承接方专用性投资的水平也会影响购买方专用于交易关系的投资。

此外，从合法性和问责需求考虑，由于与公共服务有关的问责与公共服务的供给和生产两个环节均直接相关，因此外包公共服务满足公共价值目标的要求强化了购买方与承接方之间的利益关联性，双方目标的实现均高度依赖对方的行动。当行动协调问题受主体相互依赖性影响时，双方关系需要规则、行动规范、条例等进行约束，以减少未预期的不确定性和临时行动调整，提高公共服务供给效率和降低成本，因此信息共享机制、利益协同机制、激励机制等能够用于协调双方行动的正式管控机制，在政府购买服务的组织间关系中具有重要地位。除此之外，非正式的社会控制、信任机制等强调遵守规范和价值观的一致性，有可能使得交易主体在处理复杂任务时自动采取合作性行为，使得复杂任务下不同主体的行动协调性更有保障。

（二）产出和行动的可度量性

产出和行动的可度量性是指行为或者活动的产出结果在多大程度上可以被有效、可靠地评价，如果可度量性高，意味着管控关系中被控制方的产出和行动能够为控制方所知和所见，反之，如果行动和产出难以计量和不可观察，那么关系治理和交易各方的行动协调就很难完全依靠正式的产出控制和行为控制来完成（Caglio，Ditillo，2008；Dekker，2004）。

如前所述，政府购买服务交易往往带有“软”活动特征，交易中的主体行动和产出均难以在事前完全预期和标准化，这种认知复杂性决定了关系治理应当建立在交易主体之间存在较高水平的信息共享水平和有效的沟通协商机制的前提下，而非仅仅建立在正式合同的基础上，在这种情况下，交易主体之间的信任关系往往要发挥重要作用（Caglio，Ditillo，2008；Dekker，2004）。

（三）购买方与承接方的关系

有研究认为，在政府外包公共服务的过程中，即使购买方与承接方之间的关系已经通过契约、合同等法律文本加以界定，但政府部门仍然会在购买服务中占据主导地位，并有能力实施单向的权力控制（王向民，2014）。在外包交易中，作为购买方的政府部门有权力和能力采取科层控制，同时承接方往往缺乏反科层控制的能力（王清，2017）。以我国的购买服务实践来看，转型事业单位和公办社会组织在承接购买服务时，承接方与购买方之间关系往往是通过非竞争购买机制形成。即使承接方是社会力量举办的社会组织、非营利机构或者企业，承接方在资金等方面也可能会对政府本部门有较高的依赖性。有研究发现，有社会组织资金主要来源于财政拨款，而非捐赠、会员收费等收入来源（吕纳，张佩国，2012；夏建中，张菊枝，2014；黄剑宇，2016），存在这种依赖关系的政社关系中，服务承接方常见的行动选择是“政府不倡导的事我们是不会去做的，跟着大环境即政府的思路走”（吕纳，张佩国，2012）。如果购买方和承接方之间有长期的历史关系，尤其当购买方有一定强权地位时，基于科层控制的产出控制、行为控制、信息共享等措施就有实施的基础条件，如果双方关系逐步发展为互相依赖、谈判地位对等，则交易主体之间更容易发展出基于市场或者基于信任的控制模式。

三、影响合法性和问责制的因素

政府部门通过购买服务，将一部分公共服务的生产转移给市场主体，并没有改变政府部门是公共服务的法定提供者、对公共服务供给负有最终责任的事实，政府“是代表民众进行购买的”（库珀，2007），政府与公共服务对象之间的政治问责关系，与服务承接方的行动产生直接关联，这种关联性会受到外包公共服务的性质和服务承接方的性质影响。

（一）政府部门剩余责任

当外包的公共服务对象人数越多、受关注程度越高时，政府在购买服务过程中所需要承担的剩余责任越大，购买服务的政府部门对公共服务外包的绩效会更加重视，这会影响购买方采取管控机制的类型和强度，但是政府部门在公共服务供给中所承担的剩余责任与管控机制的类型之间到底存在何种关系，不同的研究给出了不同的经验证据，例如，Cristofoli et al.（2010）研究发现，在这种情况下，购买方更多地选择了基于科层和基于信任的管控机制，来加强对服务承接方的控制，保证服务承接方提供更高质量的公共服务（Cristofoli，et al.，2010）。王清（2016）也发现，在这种情况下，政府部门倾向于寻找具有高度信任关系的服务承接方，如果对潜在服务承接方的信任水平较低，政府部门会倾向于选择自制方式提供公共服务（王清，2016）。但是，Ditillo et al.（2015）的研究发现，当政府外包的公共服务政治影响和政治关注度越高时，政府部门会越多地使用基于市场的管理控制，而对科层控制手段没有显著的影响。考虑到政府购买服务中的管控机制的影响因素众多、影响机制复杂，一国政治体制、政治权利结构、公私部门关系、公共服务对象利益诉求表达机制等都可能对管控机制的选择产生影响，因此，外包公共服务的特征对管控机制的影响可能存在多种传导机制，但政府部门在购买服务过程中对合法性的追求和问责强度会对组织间管控机制的强度产生显著的影响（Ahlgren，Pettersen，2015；Cristofoli，et al.，2010）。

（二）服务承接方特征的影响

对控制问题的讨论，往往来自控制方与被控制方的目标可能是相互冲突的，因此关系一方有动机利用自身优势地位，如信息优势、权力不对等等来损害另一方利益（Brown，Potoski，2003），甚至影响到公共利益目标的实现。政府部门会倾向于选择具有相同价值观的服务承接方，以实现更高水平的目标一致性，例如，有研究发现，当服务承接方是非营利部门时，由于对比追求利润最大化的企业而言，非营利部门没有营利动机，在价值观上与政府部门的一致性相对较高，因此双方的合作风险相对降低，购买方采取的组织间管控机制的强度也会随之降低（Amirkhanyan，2010；Marvel，Marvel，2007）。以我国的情况看，如果服务承接方与购买方之间具有历史渊源，例如承接方是原隶属于购买方的转制事业单位，或者承接方对财政资源具有较强的依赖性，愿意主动“嵌入”国家（陈书洁，张汝立，2016），甚至由于社会组织缺乏独立性和竞争性导致政府对社会组织的“过度体制嵌入”的情况时（王志华，2012），购买方对承接方的管控可能会运用行政力量，基于科层的管控机制会发挥主要作用。

| 第五章 |

政府购买服务与组织间管控：控制机制和控制模式

政府购买公共服务过程中，为了应对机会主义风险、促进主体之间的行动协调、实现合法性和对公共目标的问责，政府应当作为“精明的买方”，采取一系列管控机制来确保外包关系主体间的目标一致性和外包的交易绩效（Anon，2002）。虽然理论上外包关系是基于公平交易形成的市场关系，公共服务的生产活动从政府内部的科层活动转变为市场主体之间的关系，对公共目标的问责也从科层内部的问责制转变为市场功能下的招投标机制、竞价机制、契约约束机制等（萨瓦斯，2002）。但是，由于上文中所分析的各类影响因素的存在，决定了单纯基于市场交易形成的管控机制无法完全解决政府购买公共服务中的控制问题，购买方和承接方之间需要设计更加复杂的管控机制，来降低合作风险、提高行动协调性和完成对公共目标的问责（Caglio，Ditillo，2008；Dekker，2004；Gulati，Singh，1998）。随着政府购买服务实践的推进，有研究发现，政府部门在购买服务过程中，复杂运用多种不同性质的管控机制的趋势越来越明显（Benish，Mattei，2020；Blomqvist，Winblad，2020；Ditillo，et al.，2015）。基于观察对象的复杂性，我们有必要建立对政府购买服务组织间管控机制分析框架，因此，本章首先在管控文献基础上，根据流程观的观点和管控机制的分类，确定政府购买服务中组织间管控机制的分析框架；其次，尝试探讨不同管控机制是否能够组合成具有某些特征的管控模式，以及管控机制（模式）与上一章所讨论的影响因素之间可能存在的关系；最后，探讨管控机制（模式）与影响因素的匹配性对政府购买服务交易绩效的影响，在此基础上提出可用于检验的理论假说，为接下来的案例研究和问卷研究奠定基础。

第一节　分析框架的提出

一、管理控制

管理控制是指控制一方用来影响被控制方行为的机制，用于保持主体之间的目标一致性，并保证个体或者局部行动统一于实现战略目标。在实践中，能够发挥上述作用的管控机制呈现多种表现形式，这对建立管理控制机制的分析框架带来一定的困难，框架的构建需要平衡分析框架的简约性和对不同类型管控机制的覆盖性，研究者根据不同的分类标准建立了不同的分类框架，表 5－1 中列举了典型的管理控制机制分类分析框架。这些分析框架为认识和阐释现实中的管理控制实践提供了理论基础作为概念框架，文献提供的分析框架可能无法对现实的管理控制机制进行准确的描述，所能观察到的管理控制机制的组合可能不能与预定义的管控模式完全吻合（Speklé，2001），但是这些概念结构能够为讨论提供良好的起点。

表 5－1　　管控控制分类框架

文献	管理控制分类框架
Mintzberg（1979，1989）	机械控制：高度正规化、标准化的规则和程序、有限的权力下放、分级的沟通渠道、规划与计划 灵活控制：权力分散，相互协调，非正式沟通，广泛的交流机制 简单控制：高度集权，直接监督，正规化程度低 使命型控制：强调通过选择、社会化和价值观控制，高度非正式和松散的结构，集体权威
Burns and Stalker（1961）	机械控制：科层协调和控制、个人责任制、中央集权、标准化程序、正式和垂直的沟通模式 有机控制：相互调整，权力分散，非正式化，责任共担，横向沟通
Bruns and Waterhouse（1975）；Merchant（1981）	行政管理式控制：明确的科层权力分配，分散决策，垂直沟通，高度标准化的规则和程序，详细的计划和预算系统 人际关系式控制：高度集权，通过直接的个人监督进行协调，非正式化，轻预算制度

续表

文献	管理控制分类框架
Ouchi (1977,1979)；Eisenhardt(1985)；Snell (1992)	产出控制：科层体系，有限的权力下放，预定绩效目标，与绩效相关的激励 行为控制：权力集中、标准化的规则和程序、直接的监督、基于行为合规性的评估 社会控制：强调通过选择、社会化和监督，实现共同价值观和信念内化，高度非正式的结构，最小程度的正式控制
Smith et al. (1995)；Chenhall & Morris (1995)	正式控制：控制机制的要素能够被第三方验证，正式的计划系统、预算、成本控制系统 非正式控制：社会控制和关系治理，靠激发关系主体的自我约束和利用信任关系发挥作用
Speklé (2001)	产出导向的科层控制：科层权力结构、预定目标、严格的个人责任制、基于绩效的奖励 行动导向的科层控制：分级权力结构、标准化的行为、成文的规则和程序、详细的监督 探索型控制：相互调整，非正式控制，长期绩效评估，开放的沟通渠道，广泛共享信息
Vosselman (2002)	弱科层控制：分级权限结构，基于总财务信息的预定目标，垂直信息流 强科层控制：层级权力结构、成文规则和程序、行动前审查、行动问责制、垂直信息流
Chenhall (2003)	机械控制：正式的规则、标准化程序，预算控制、基于客观指标的绩效评价等 有机控制：更多地采用灵活和交互的非正式控制手段，包括人员控制、参与预算、团体控制、非正式沟通机制等

上述分类框架中，应用最广泛的分析框架是 Ouchi（1979）提出的产出控制、行为控制和社会控制的分类框架（Ouchi，1979）。如果被控制主体的行动可以高度被程序化，并且可以被观察，过程与产出结果之间的关系清晰明确，那么控制者可以通过直接观察和评价被控制者的行动来实施管理控制。如果控制者可以掌握清晰、可靠的产出信息，并且有明确的衡量标准，那么可以通过评价产出来实现控制。如果两者都不满足，那么控制者可能只能选择依赖信任关系、非正式沟通、社会网络等社会控制机制。

Malmi 和 Brown（2008）对实证文献中的管理控制构成要素进行梳理，如表 5－2 所示（Malmi，Brown，2008）。其中，战略规划包括建立长期目标、期望和行动方针规划通过预先确定实现预期目标所需的活动和行为来实现目标一致性，规划也可用作一种协调机制，以正式方式向组织成员阐明和传递组织目标。

表 5 - 2　　管理控制的构成要素

管理控制的构成	定义
战略规划	
模式	建立企业长期目标和实现目标的模式（Brews 和 Hunt，1999；Mintzberg，1994）
参与	下属参与战略规划过程（Ketokivi 和 Castaner，2004；Shields 和 Young，1993）
衡量	
诊断	通过偏离预设绩效标准来监控活动（Simons，1995）
交互	管理层定期参与下属活动，以鼓励创造性行为和解决战略不确定性（Bisbe et al.，2007；Simons，1995）
紧度	实现既定绩效目标的个体责任（Merchant，1985；Van der Stede，2001）
成本控制	成本效率和效益的财务绩效衡量（Kober et al.，2007；Simons，1987）
衡量多样性	大范围的非财务绩效指标（Henri，2006；Ittner et al.，2003）
奖惩	
奖金激励	与绩效相关的奖励和激励（Fisher，1995；Shields 和 Young，1993）
主观/客观	奖励的方法：主观到客观（Fisher，1995；Govindarajan 和 Gupta，1985）
短期/长期	奖励的期间：从短期到长期（Fisher，1995；Govindarajan 和 Gupta，1985）
组织结构	
分权	权力中心：集中到分散（Abernethy et al.，2004；Gordon 和 Narayanan，1984）
科层制度	企业结构的垂直科层体系（Scott 和 Tiessen，1999）
沟通	沟通模式的性质、方向和内容——从机械到有机（Burns 和 Stalker，1961；Chenhall 和 Morris，1995）
政策与程序	
自治	在管理层没有直接观察或参与的情况下进行的工作活动（Bruns 和 Waterhouse，1975；Kober et al.，2007 年）
边界	明确界定可接受或不可接受的行为（Simons，1995）
标准化	规定工作活动的规则和程序（Daft 和 Macintosh，1984）
事前审查	活动执行前的审查和授权流程（Merchant 和 Van der Stede，2012；Speklé，2001）
社会意识形态	
选择	根据一系列标准搜索、评估和招聘员工，如价值取向（Chatman 1991）
社会化	个体接受普遍规范和价值观的过程（Chatman，1991；Harrison 和 Carroll，1991）
价值观	传达基本价值观（Schein，2004；Simons，1995）
社会控制	依靠共同的价值观、规范和信念来进行工作活动（Ouchi，1979；Schein，2004）

衡量是指“衡量组织行为和产出的过程”，尤其是获取管理控制主体用来影响被控制一方所需的信息（Malmi，Brown，2008）。传统的会计控制主要关注如何使用预算和标准成本信息来衡量效率（Sharma，et al.，2005），但衡量活动本身对于被控制一方行动的影响也受到研究者的关注（Simons，1995）。嵌入到正式衡量系统的目标对于界定行动主体责任也很重要（Groot，Merchant，2000），而对行动主体责任的严格界定有助于划分职责和限制下属的自由裁量权。

奖惩机制既可以在事前，也可以在事后发挥控制作用，作为事前机制，通过对绩效的预期或期望来为行动主体提供目标，作为事后控制机制，对绩效结果的奖惩可以作为反馈过程的一部分，奖惩资源既可能是有形的经济报酬，也可能是无形的奖惩资源。

组织结构关系到组织内部的角色规范、权威和沟通模式（Chenhall，2003），管理会计研究通常将组织结构视为背景变量，但 Malmi 和 Brown（2008）认为组织结构也能够内化为管理控制的构成要素。组织结构的特征会影响到控制方和被控制方的行为，更多依赖于垂直关系和机械沟通模式的组织结构能够促进行动一致性，而更加扁平和有机的组织结构可能会通过相互协调实现更高的灵活性。

政策和程序是指与如何执行任务有关的控制机制（Malmi，Brown，2008），实现目标所需的行为控制可以通过密切监测行动主体对标准化规则和程序的遵守情况来实现（Ouchi，1979）。但是，当面对非常规任务或环境本身具有不确定性时，管理者可以通过指定可接受行为的界限或实施正式的批准程序来限制个体的自由裁量权。边界控制使被控制方能够在预先确定的范围内自主应对突发事，而事前审查则提供了在事前指导或限制活动的机制（Van der stede，Young，Chen，2005）。

社会意识形态用来发挥控制作用的途径是“说服人们在工作和组织生活中适应某些价值观、规范和关于什么是好的、重要的、值得称赞的想法”（Krreman，2004），社会意识形态控制的重要性一直受到研究者的关注，常见的主要控制机制包括组织价值观和信仰的选择、社会化和非正式交流等（Ouchi，1979）。

二、组织间管理控制

管理控制研究最早着眼于组织内部的管理控制是如何保证组织内部成员的目标一致性的，但随着研究者的视角拓展至组织之间的关系，管理控制研究视野得以拓展至组织间管理控制问题。除了契约机制外，交易主体之间实现目标一致性的机制和手段，还包括正式与非正式的行为控制、产出控制、社会控制等一系列组织间管控机制，这些机制和手段的运用可能有助于降低机会主义行为导致的交易风险，还能够协同不同交易主体的行动来实现更好的交易绩效（Hopwood，1996）。研究者们对组织间管理控制的影响因素、分类、对绩效的影响等进行了诸多研究，得到丰富的实证结论（Abbeele，2010；Anderson，等，2015；Cooper，Slagmulder，2004；Dekker，2004；Mouritsen，Thrane，2006；Van der meer - kooistra，Scapens，2008；Van der meer - kooistra，Vosselman，2000）。在组织间管控研究中，一种思路是在交易费用理论的框架下，以科层、市场和混合治理为标准进行组织间管控模式的划分，将不同管理控制机制组合为管控系统进行讨论，认为不同类型的管控系统应与交易主体、交易自身和交易环境的特征相匹配，匹配性良好的管控系统能够对交易绩效发挥良性作用。另一种思路是按照机制类型的维度来讨论不同的组织间管控机制，如行为控制与产出控制、正式控制与非正式控制、信任机制等，并未将不同组织间管控机制组合在一起作为整体来讨论（何晴，张黎群，2009）。

这里以 Dekker（2004）的两个维度分类框架为基础展开讨论，这两个维度分别是管控阶段与管控内容，其一是根据组织间管控机制发挥作用的阶段分为事前机制和事后机制，前者是在交易关系正式运行之前通过交易主体选择机制等来事前协调交易主体的利益来降低交易过程中的风险和提高合作水平；后者是在关系形成后，通过信息共享、绩效评价、奖惩激励等来协调交易主体的目标（Ouchi，1979）。其二是在 Ouchi（1979）的基础上，根据管控内容分为行为控制、产出控制和社会控制，其中，产出控制以设定产出目标并监督产出目标的完成为基本控制手段，产出目标的设定能够实现明确交易主体各方的预期从而提高目标一致性水平。行为控制以设定关系主体的行动规范并监督其是否按照实现约定的方式行事为基本控制手段，尤其是在交易产出可度量性较低的情况下，如果控制方有能力对被控制一方的行动进行观察、测度和评价，行为控制能够发挥显著作用（Gulati，Singh，1998）。社会控制与前两者不同，是不能事前写入契约，或者不能事后以双方可验证的信息发挥作用的非正式控制机制，例如信任机制、社会网络、伙伴关系构建等，当交易的产出信息和行动信息均无法以可验证的方式作用于契约内或者契约外关系时，控制方和被控制一方之间如果存在长期伙伴关系、信任或者社会网络关系等，这些非正式机制在保障目标一致性上可能会发挥显著作用。

第二节 政府购买服务中组织间管控机制

如前所述，组织间管理控制的分析框架对于讨论政府购买公共服务中的组织间管控问题具有适用性，但是，虽然组织间管控机制的分析框架具有普适性，但与一般市场交易形成的组织间关系相比，政府购买服务所形成的是公私部门之间的交易关系，这种交易关系下组织间治理和组织间管控机制既具有特殊性，又可能蕴含创新的可能性（Miller，Power，2013）。特殊性主要表现为，公私部门之间的交易关系中，主体地位不平等的情况较多。购买的前提是政府作为公权力一方，代表公共服务对象采购公共产品或公共服务。有研究发现，政府购买服务过程中，Busco（2011）认为，虽然政府部门与服务承接方之间已经用正式契约约定了双方的权利义务，双方之间的关系中还存在大量非正式的控制机制，而且政府部门在公私关系中掌握了更多的主动权（Busco，2011）。因此，要分析政府购买服务中的组织间管控机制，除了一般意义上的组织间管控外，还需要考虑政府购买服务交易中控制主体与控制客体之间关系的特殊性，（Kauppi，Van raaij，2015），以及政府购买服务交易自身的特殊性质，如产出的可度量性较低（Hofstede，1981）、资产专用性较高（Speklé，2001）、事前签订完备契约的难度高（Domberger，1998）、受政治因素影响大（Johansson，Siverbo，2011）等。受一般管理控制文献（Ouchi，1979；Dekker，2004；Merchant and Van der Stede，2012）的启发，本书将政府购买服务中的组织间管控机制分为事前的承接方选择机制和事中与事后的行为控制、产出控制和社会控制机制，不同机制可以分别单独或者组合使用，以促进协调和确保合作（Dekker，2004；Kraus and Lind，2007；Caglio and Ditillo，2008）。

一、承接方选择机制

在公共服务的购买方与承接方之间正式形成交易关系之前，政府作为公共服务购买方除了要根据公共服务市场竞争程度、公共服务是否适合外包、是否存在合适的潜在承接方等因素做出外包决策外，还需要进行承接方的选择。承接方选择机制是政府购买服务中的组织间管控的起点，而且，作为最重要的事前管控机制，承接方选择机制及其有效性，会直接影响交易关系形成后的事中和事后管控机制的选择。

一般认为，承接方选择机制大致可以分为两类，如果外包的公共服务存在成熟的竞争性市场，有多个相互竞争的、具有替代性的潜在承接方，那么竞争性招投标机制可以作为最主要的承接方选择机制，根据承接方生产公共服务的质量水平与价格的对比关系来选择合作伙伴，以竞争机制作为降低公共服务外包成本、提高外包绩效的最主要的机制。但是，如果外包的公共服务不具备高度竞争市场条件，承接方选择就很难主要依靠竞价机制来实施，在这种情况下，承接方与购买方之间的长期合作关系、承接方性质（事业单位、非营利组织等）、承接方的市场信誉、承接方与购买方之间的信任关系、社会网络等，都有可能成为重要的承接方选择机制（Bel，Fageda，Warner，2010）。

二、产出控制

产出控制是指购买方以产出和结果作为主要控制工具，要求服务承接方对产出和结果负责，至于如何实现产出和结果，承接方可以自行决策选取恰当的方式来达到产出目标。从组织内管控中，产出控制主要依靠绩效评价系统来完成，控制方通过评价被控制方的产出结果来间接控制其行动，产出目标的设定、目标实现程度的评价、反馈与激励是产出控制的主要组成部分。

产出控制要想发挥作用，关键在于控制方掌握有效的评价工具、合理的度量产出结果，因此，使用产出控制的前提往往是交易产出的可度量性较高，并且存在能够有效提供产出信息的信息系统。

从这一点出发，政府购买服务中，购买方使用产出控制机制的前提是公共服务的产出结果可被度量和评价，并且购买方有相应的会计信息系统或者其他信息系统能够提供评价所需要的信息，因此，产出控制适用于公共服务有清晰的产出结果的情况。如果不满足这一条件，购买方就很难单纯依靠产出控制来评价承接方的目标一致性水平，往往还需要其他类型的管控机制组合使用。

三、行为控制

行为控制是指控制方对被控制一方行动的内容、程序、规范等进行约定，并对实际行为进行观察和测度，及时发现行动的偏差并加以纠正（Dekker，2004），行动规范、操作程序、规则等都可以被用作行为控制工具。行为控制机制对交易主体的行动可观察性有较高要求，一般来说，如果交易主体行动可以被程序化，即实现目标的行动能够划分为明确的步骤和程序用于观察，控制主体能够清晰判断被控制方的哪些行动是可取的，哪些行动是不利于目标达成的，则行为控制机制能够发挥重要作用（Ouchi，1979）。

对于政府购买服务而言，如果服务承接方的行动易于程序化并被观察，则购买方可以事前制定各种程序性规则、质量规范、操作步骤等，对承接方生产公共服务的行动进行规范性约定，并通过定期或者不定期的检查来对承接方实施行为控制。但是如果公共服务承接方的产出难以清晰度量，行动可观察性也较低的情况下，购买方还需要考虑采取产出控制和行为控制之外的非正式控制机制来解决控制风险和提高合作水平的问题（Malmia and Brown，2008）。

四、社会控制

在政府购买服务交易中，产出控制和行为控制所需的信息可以写入显性契约来发挥关系治理作用，显性契约的实施是否能够实现既定目标取决于法律、法规和契约违约成本。但是政府购买服务中往往还存在非正式的隐性契约或者关系契约，购买方与承接方之间通过建立基于远期收益的非正式契约来解决不能事先预见的不确定性，这种机制通过关系主体的自行协调和契约的自执行性来解决管控问题，基于关系契约的控制机制即为社会控制（Dekker，2004）。社会控制一般通过共享的规范、价值观和信念发挥作用，并通过目标的内在化来引导行为主体采取组织期望的行为（Ouchi，1979）。这些控制机制虽然无法显性化，但能够通过相互沟通、会晤、争端协调、行为准则、领导者态度和行事风格、惯例等发挥作用。交易主体之间的信任、长期合作收益、声誉机制、非正式奖惩等可以通过关系契约的自执行性来发挥作用，并有助于形成互惠、信息共享、重视长期合作价值等合作关系，从而形成承接方的自我控制（Dekker，2004）。当交易产出不易加以衡量、合适的行动不易观察时，社会控制往往会发挥更重要的作用。购买方与承接方在长期交易过程中发展合作关系并建立互信、信任关系和相同的价值观取向，能够帮助关系主体按照被控制方的目标自觉行事，从而减少对承接方进行监督和控制的需求（Van slyke，2007）。在关系契约中，管控的特点是交易主体之间交换信息和协商联合解决方案，而不是一方通过正式契约向另一方提出要求（Amirkhanyan，2009；Amirkhanyan，Kim，Lambright，2012；Bertelli，Smith，2010）。

第三节　政府购买服务中的组织间管理控制系统的模式划分

承接方选择机制、产出控制、行为控制、社会控制等组织间管控机制很少会被单独使用在组织间关系治理中，一般情况下，控制方为保证其他关系主体的行动与其战略目标保持一致性，会设计和使用一组管控机制。在理想的状态下，不同管控机制相互协调，形成与交易环境、具有不同特征的交易、交易主体的战略目标相匹配的组织间管控系统，这种匹配性使得不同管理控制机制组合模式之间具有功能差异性，从而实现理想的管控效果。因此有研究认为，从管控模式入手，讨论管控机制组合发挥的作用，并对不同组合模式的差异性进行分析，讨论不同类型的管控机制的特征和功能，以及彼此之间的相互联系（Speklé，2001）。

一、组织间管理控制系统的模式

现有文献对组织间管理控制模式的划分，主要是基于交易成本理论（Williamson，1985；1991），讨论如何选择不同组织间管控机制或者管控机制的组合，令其形成的治理结构能够匹配交易或者契约的性质，从而最大程度地节约事前和事后的交易成本。以这一观点为基础，根据治理基础的不同，对组织间管理控制系统模式的划分可以分为基于市场、基于科层和第三种类型的管理控制模式（Caglio and Ditillo，2008）。

基于市场的组织间管控模式下，管控机制发挥作用的基础是市场竞争机制和市场主体之间基于公平交易的信息交换机制，如竞争性招投标机制、标准化合同、产出控制等。公共服务购买方能够在竞争性较高、存在众多潜在承接方的市场中，以竞价原则为主选择服务承接方，并在事前约定明确的公共服务产出数量和质量标准，购买方能够根据可度量的服务产出来进行支付，兑付奖惩，实现合同约定的激励。一般来说，这种管控模式适合于不确定性和资产专业性水平降低、交易主体的机会主义行为风险水平降低、产出可度量性较高、交易主体之间的谈判地位相当、某一方主体的强权地位不明显的情况，在这些条件下，具有竞争性的公共服务承接方市场中的价格机制和竞争机制能够提供实现组织间管控所需的信息和激励，服务购买方对承接方绩效的计量、评价、奖惩和激励可以主要通过市场机制完成的，对市场控制之外的其他控制机制的需求不高。

基于科层的组织间管控模式强调的是控制方与被控制方之间可以采取类似于科层内部管控的方式来解决目标一致性问题，例如服务承接方与购买方曾有上下级关系，或者服务承接方对政府购买有较强的依赖性，从而导致购买方与承接方之间具有的地位不对等性，政府有条件对承接方的产出和行为实施频繁且严格的监控与评价，甚至对承接方的服务生产活动进行直接的干预，例如规定承接方雇员的资质、人数、工作时间等。除此之外，购买方在承接方选择机制方面，可能采用比一般性竞价机制更加复杂的选择机制，例如承接方与购买方之间的历史关系、承接方对购买方目标的服务性等因素成为更加重要的遴选标准。

第三种类型的组织间管控模式相对更加复杂，Van der Meer - Kooistra 和 Vosselman（2000）认为，组织间关系中的管理控制的基础除了市场机制和科层机制之外，交易主体之间的信任机制也能够发挥关系治理基础作用（Van der meer - kooistra，Vosselman，2000）。基于信任的管控模式往往适合交易不确定性高、交易主体的产出和行动难以观察，但是交易主体之间具有较高水平的信任程度，在不确定性较高的情况下，谈判地位相当的交易主体之间有动机采取合作态度和构建风险共担、利益共享的伙伴关系。在政府购买服务中，购买方与承接方之间的信任关系的构建一般与双方的长期合作、承接方的信誉与能力、特殊历史关系、承接方对未来收益的预期等有关，交易主体间的非正式沟通、开放式承诺、主观绩效评价等管控机制均是基于信任关系形成的非正式管控机制。当交易高度不确定性、交易环境风险程度高、交易主体具有较高的风险分担的态度时，基于信任的非正式控制机制能够作为正式控制机制的替代机制或者补充机制发挥作用。

二、组织间管理控制机制的混合使用

虽然大部分关于私人部门间和公私部门间管控模式的分析在交易费用理论等基础之上将组织间管控模式进行了分类，但也有研究发现，公共部门在购买服务中对承接方的管控机制带有混合特征，如 Jantz 等（2018）发现，公共部门在外包过程中，对承包商的问责机制除了以合同作为市场问责措施之外，还会将公共部门的内部审计系统用于监督承包商，公共部门在外包中的管控机制呈现出“混合问责”的特点（Jantz，et al.，2018）。除了基于市场的管控机制和基于科层的管控机制外，以非正式沟通、跨部门合作等为主要形式的社会控制机制也发挥着重要的辅助作用（Allen，et al.，2016）。即使是对私人部门组织间管控的研究，也由于组织间管理控制系统研究存在的模糊性和不确定性，许多管理会计文献绕开管理控制系统模式，直接讨论具体的管理控制机制及其相互关系。

政府购买服务中组织间管控机制研究开始对以治理基础为标准对组织间管控机制进行模式划分做法的可靠性和实用性提出挑战，有研究者开始讨论组织间管控的演变及其原因（Byrkjeflot, Christensen, Laegreid, 2014; Ditillo, et al., 2015），也有研究不再试图对组织间管控系统进行分类，转而对不同管控机制的混合使用是否有效和如何有效展开讨论（Benish, 2014; Bovens, 2007）。

但是，要想回答组织间管控机制的混合使用是否能够带来更高的绩效这一问题并非易事，基于交易成本理论的匹配性观点认为，管控模式的选择如果与交易、交易主体、交易环境的特征变量相匹配，则管控能够提高关系治理效率从而导致更好的交易绩效（Caglio, Ditillo, 2008; Speklé, 2001; Van der meer - kooistra, Vosselman, 2000），若干研究也能够为这一观点提供经验证据。但是不同管控机制，如正式控制与非正式控制、产出控制与行为控制、信息共享机制与社会控制机制等的混合使用在实践中如何发挥作用，相关研究的观点并不一致。有研究认为，不同管控机制的混合使用不仅不能增强整体问责的有效性，还有可能造成问责的分散和透明度降低，导致不同的管控机制效力相互抵消（Romzek, Johnston, 2002, 2005; Romzek, Leroux, Blackmar, 2012）。但是，也有观点认为，组织间管控机制的混合使用并非同时使用，控制方引入新的管控机制的动机一般是为了补充现有机制的不足，因此混合使用不同管控机制往往能够实现治理水平的上升（Caglio, Ditillo, 2008; Speklé, 2001; Van der meer - kooistra, Vosselman, 2000）。

研究发现，如果从控制问题出发，不同的管控机制会以不同的方式应对同样的管控问题，交易性质、交易主体性质、交易环境等因素通过对控制问题的影响进一步与管控机制的选择发生关联性，这一观点有利于理解在政府购买服务这类复杂交易中，为什么不同的管控机制能够组合在一起使用并实现对交易绩效的改善。例如，Ditillo 等（2015 年）对意大利政府外包服务的观察发现，如果政府外包的服务所涉及的公众人数多，受公众的关注度高，则政府会采用更高水平的科层控制，以保证承包方与政府部门的目标一致性（Ditillo, et al., 2015）。但是，如果外包的服务具有高资产专用性或者服务产出的可度量性较低，单独依靠科层控制解决控制问题也不现实，因此政府会引入基于信任的非正式控制机制来同时发挥作用。Blomqvist 和 Winblad

(2020) 考察了瑞典医疗领域的公共服务外包案例，发现市政当局对私人承包者的管控会使用各类检查、审计、投诉程度和事件报告制度等类科层管控机制，这些管控机制的目的在于对承包方的行为和产出过程加以监控(Blomqvist, Winblad, 2020)。用于追究承包方责任的标准除了合同和相关法律法规外，还会采取专门委员会审查等科层机制，但是，即使采取了大量科层控制和契约机制，仍然有证据表明大量非正式沟通、信任、声誉机制等社会控制机制也发挥着重要作用。

基于这些观察，考虑到政府购买服务交易的复杂性，人们在寻找不同控制机制混合使用的原因时，可以不局限于将控制机制的组合进行分类，而是从控制的目的入手，考虑控制机制选择背后的影响因素，寻找不同管控机制在应对控制问题时的作用机理，考察不同管控机制组合使用后，如何确保公共服务的承接方能够按照政府购买公共服务时的意图行事。如果不同管控机制组合后能够达到管控目的，则可以认为购买方构建了一套“恰当”的管控机制，即“政府能够以最低的管控成本从承包方那里获得最理想的绩效”(叶托，2014)。

| 第六章 |

政府购买服务与组织间管控：探索性案例研究

第一节　研究方法论和案例的选择

一、研究方法论

案例研究是通过对一个或者多个实体在自然状态下的观察，对理论假说进行检验的研究设计，用实证性的探索来检验观点在实际环境中的可靠性（Yin，1989）。管理控制领域的研究者自 20 世纪 70 年代以来开展了广泛的实地案例研究（Ferreira，Otley，2009），政府购买服务管理控制问题研究的文献也不例外，Cristofoli et al.（2010）、Johansson 和 Siverbo（2011）、Ditillo et al.（2015）、Ahlgren 和 Pettersen（2015）等研究均采取案例研究方法，通过对案例的系统描述，对管理控制工具的演变和其所处的情境脉络加以分析，从而获得较为全面和整体的观点（Gummesson，1991）。本书采取探索性案例研究方法来考察政府购买公共服务所形成的组织间关系中组织间管理控制机制的应用，这与研究问题的特征有关，也与案例研究方法本身优势有关。

第一，相比私人部门一般交易关系中的组织间管理控制，政府购买公共服务中的管控机制的应用会受到公私部门谈判地位、公共价值目标实现等因素的影响，管控机制更加复杂和多样化。案例研究由于能够掌握现象的复杂性，能对现象进行厚实的描述（Thick description）（Tsui，2007），而成为恰当的研究方法之一。案例研究对政府购买公共服务中的组织间管控的影响因素、作用机制和后果所进行的探索性观察，能够帮助我们更好地理解公共服务外包中所体现的公共服务供给方式改革的驱动力和现实改革效果。

第二，本书提出的理论假说在很大程度上是基于理论描述和现实观察的基础上提出，鉴于政府购买公共服务在我国的实践时间并不长，对政府购买公共服务中的组织间关系的研究更是处于探索阶段，因此选择适当的案例，在案例研究中理清研究因素，能够为问卷研究提供方法上的支持，如建立变量的衡量标准，提出较为可靠的分类标准，或为假说提出提供基础（Ferreira，Merchant，1992）。

本书选择了F区税务机关购买涉税服务案例，主要考察了案例的公共服务领域中，政府对公共服务承接方的管理控制机制的影响因素和构成要素。主要研究方法是文献分析法和半结构访谈，第一是分析政府购买服务合同的主要文件、程序及报告，收集有关的控制机制和控制决策的影响因素的初步信息；第二是访谈购买方的管理人员，以及政府机构中负责购买的核心部门的管理者。访谈获得的数据与文献分析获得的数据进行比照分析，增加了经验证据的可靠性。

二、案例的选择

F区的经济发展状况位于其所属B市的中游水平，2017年实现各项税费收入174.71亿元，同比增收28.58%。F区税务局设置14个职能科室、1个稽查局、11个税务所和1个机关后勤服务中心。2016年，F区税务局首次购买税务中介从事土地增值税清算项目，税务师利用其专业知识参与到税收管理中，帮助税务机关提高税收征管水平，降低人力资本成本和税收执法风险。F区税务局从购买税务师事务所服务获益取得了满意的成果，2017年继续通过政府购买服务的方式与税务师事务所合作完成土地增值税清算项目。

课题组调研从2016年7月至2017年7月，通过质性访谈、资料收集、问卷调查等手段，对F区税务局向税务中介购买公共服务的背景、过程、组织间激励机制的应用及后果等进行调查，调查对象包括F区税务局土地增值税科室领导、购买服务项目负责人、F区税务局财务部门负责人、税务师事务所负责人、项目负责人、业务经理等，调查了解F区税务局、税务中介的基本情况、税务局对税务中介的监督管理情况，购买过程、合作过程的实施情况，税务机关购买税务中介服务存在的风险、问题等，获取了充分的案例资料。

此外，课题组专门设计问卷，对F区40家税务师事务所开展调查，实际收回有效问卷32份，调查了F区税务局与税收中介的关系，包括F区税务师事务所的基本情况，税务师事务所从业人员的人数、资格要求、学历水平，税务师事务所的主营业务收入额以及来源等；税务机关对税务中介的监督管理措施；税务机关提供的服务，包括服务内容、税务师事务所的满意度等，为案例分析提供了重要的背景资料。

本部分首先建立税务机关的职能、职能外包以及购买服务的双重目标约束的一般性分析框架，并对税务机关购买服务的双重目标约束对组织间管理控制机制的要求进行一般性描述，以此为分析框架，对F区税务局购买土地增值税清算审核服务案例中组织间管理控制机制的应用及后果进行探索性案例研究。

第二节　税务机关购买服务的双重目标约束

税务部门进行的税款征收活动，其主要活动是协助或强制纳税人遵从税法，协助主要是指其为有依法纳税意愿的纳税人提供纳税服务的职能；而强制则是对违反税法的行为进行纠正并实施制裁的职能；为了完成上述职能，税务部门还要进行内部资源和职能的配置，为税款征收提供资源和组织保障，也就是在一定资源约束下提高征管效率，以最大限度地降低纳税人的遵从成本和税务部门的征管成本。

具体来说，从征管流程的角度看，税务部门的职能可以归纳为：纳税主体的认定与登记；为纳税人提供必要的纳税服务并在法定职责内回应纳税人的诉求；接受并处理纳税人的纳税申报；采取信息搜集和比对、资产评估、实地检查与调查等手段对纳税人的纳税义务进行确认；为纳税人缴纳税款提供便捷的渠道并保证应纳税款的及时入库；对未按税法及时足额缴纳税款的纳税人实施行政制裁并处理复议；对符合条件的涉税案件进行移交；参与税收行政诉讼。

为实现上述职能，税务部门需要完成内部的组织机构设置和相关资源配置，包括人力资源管理、财务、业务规划、信息技术、内部审计与调查等诸种内部管理事务。

税务部门作为税款征收的专业化政府部门，其最核心的职能是法律赋予的税收执法权，与税收执法权及其强制执行相关的职能是不能外包给非政府社会力量实施的，具体包括以下两个方面：

一是与确定纳税义务和应纳税额相关的权力，如纳税主体的认定与登记；纳税服务中涉及税法确定性并与基于信赖的法律责任相关的职能①；对纳税人自行申报纳税义务和应纳税额的审核和确认。

二是对纳税人的行政裁决、强制性税款征收和处罚的实施、涉税刑事案件的移交以及由上述活动产生的税务部门按照法定义务需要参与的行政诉讼等。

税务部门履行职能的方式有三种基本模式：

一是采用内设机构等科层体系采用基于行政命令的管理控制方式，这种方式适用于与税收执法权直接相关的核心职能的行使。

二是采用契约的方式面向社会组织采购履行职能所需的资源和服务，除传统的政府采购外，如果这种服务具有很强的通用性并存在着活跃的市场，不确定程度较低，如委托银行收款服务、基本的信息技术服务、人力资源管理服务、第三方满意度调查等，这种模式属于基于市场实施的职能外包。

三是税务部门与特定组织建立起来的基于信任的伙伴关系，这种模式适用于对资产专用性程度较高、交易频率较高且不确定性程度较高的外包活动，属于前文所述科层与市场之外的中间组织形态。这种管理控制模式要求税务部门与职能外包的承担主体建立长期的信任关系以共同应对难以用显性契约进行约束的不确定性，在纳税咨询、税款追征、涉税信息的数据挖掘与

① 在纳税服务中，税务部门回复纳税人咨询时对税法的解释出现偏差导致纳税人未完全遵从税法导致的风险应按照基于信任的法律责任由税务部门承担。

技术服务等领域，这部分服务往往与税务部门行使税收执法权关系密切，税务部门需要对这类职能的外包承担更大的风险；同时这类服务对专业性有很高的要求从而导致较强的资产专用性，这种高度的专业化和资产专用性会产生双向的依赖和机会主义行为；此外，这类服务中的许多产出具有较大的不确定性且进行绩效评价的成本较高。一般认为，税务部门对这类服务倾向于采用科层方式进行内部生产，只有在市场环境和社会力量的条件具备且税务部门有足够的管理控制能力的情况下才会考虑外包方式。

从税务部门实施职能外包的具体业务类型分析，可以分为三种基本业务形态：

一是对内部相关资源配置，包括人力资源管理、财务、业务规划、信息技术、内部审计与调查等诸种内部管理事务的某些业务实施外包。典型的如信息技术基础设施和 IT 服务；数据的处理以及数据分析的软件和相关服务；人力资源招聘、培训及薪酬福利计划的制订与实施；业务规划和相关业务的外部咨询；委托第三方专业机构实施的纳税服务满意度调查和内部审计与调查等；上述业务如果采用外包方式提供属于税务部门内部管理事务的外包，其目的是充分利用社会的专业化优质资源降低税务部门的内部管理活动成本，这部分外包职能并不直接与纳税人发生联系，也不与具体的税收案例发生直接关联。

二是与税务部门履行税收执法权直接相关的辅助性业务，如税务部门实施税收检查活动时委托会计师事务所对纳税人进行审计；税务部门参与行政诉讼时将案件证据的搜集和诉讼相关的部分业务委托律师事务所。这些辅助性业务外包的产出结果会对税务部门具体案件的处理产生直接的影响，外包业务的承担主体也会直接或间接接触具体纳税人及其涉税资料，但税务部门对相关的行政裁决和行政诉讼承担最终的法律责任。税务部门如果对这类辅助性业务实施外包，需要慎重选择外包承担主体，既要充分利用其专业能力提高相关业务的质量和降低成本，又要采取有效措施控制可能带来的风险。

三是将纳税人履行纳税义务的非核心流程外包给其他组织。所谓非核心流程，主要是在税务部门确定纳税人的纳税义务和应纳税额之外的业务流程，如委托符合条件的组织代扣代缴、代收代缴税款；委托银行、便利店等代收税款；委托某些组织进行税款追征等。税务部门在对这类业务实施外包时，要充分利用外包承担主体的信息优势、网络优势和专业化的能力以降低纳税人的遵从成本和税务部门的征管成本，同时也要注意将依法确定纳税义务、应纳税额和行政处罚的核心权力掌握的税务部门手中，防止外包承担主体演变成拥有实际纳税义务决定权的包税人。

税务部门实施职能外包主要面临三个方面的风险：

一是在外包过程中税务部门的具体经办人员与外包承担主体之间进行“共谋”的风险，应对这一风险主要依靠对业务外包全过程的内部监管和绩效评价。

二是对外部组织提供服务的长期依赖导致税务部门专业能力弱化甚至丧失的风险，这种过度依赖会导致通过外包引入市场竞争的机制难以充分发挥作用，同时也带来了机会主义风险。

三是对外包承担主体的组织间控制失效导致的税务部门核心职能被侵蚀的风险，即外包承担主体实际上拥有了部分税收执法权，能够对纳税人的纳税义务产生实质的影响。

因此，在税务机关的外包决策中，税务机构面临双重目标约束，第一，税务机关在进行购买服务决策时，需要考虑所购买服务是否存在专业化的承接方及竞争市场、承接方是否能够在公共服务生产过程中采取合作性行为并保持目标一致性、税务机关是否具备对合作关系治理的能力和相应的机制手段等诸多因素。而根据上述因素，需要以“自己生产”和“外包”以及相互竞争的服务承接方的成本收益比较为依据进行是否进行购买服务以及如何购买服务的动态决策，这是税务机关购买服务时面临的成本效益目标约束。

第二，如果说成本效益目标约束是各政府部门进行购买服务决策时均要考虑的普遍性约束，税务机关购买服务时还需要面对另一重特殊的目标约束。相对于福利性的社会服务，如对特殊群体的帮扶、救助和一般性、通用性公共服务，如技术保障、机关运行，税务机关最核心的职能是履行法律赋予的税收执法权，[①] 包括与确定纳税义务、行政裁决、强制性税款征收和处罚、行政诉讼和涉税刑事案件的移交等相关的权力。由于税收执法权源于立

---

① 与税务机关类似的还有司法、检察、公安、环保、市场监管、海关等以强制力为基础行使公权力的执法部门。

法机关赋予税务机关的公权力，因此，税务部门在税法规定范围内解释和适用税法的权力（责任）和动用行政强制力实施制裁的权力（责任）是不能外包给不拥有公权力的非政府社会力量实施的。因此，一般来说，与税务机关行使税收执法权关系密切的职能，如纳税义务的确定、税务稽查、涉税处罚等，还应主要采用传统的科层管理模式在税务机关内部完成。但与履行核心税收执法权相关的领域，如帮助纳税人自主确定纳税义务的咨询服务，涉税信息的搜集、处理与鉴证，纳税义务确定后税款的追缴等，近年来也出现了外包的趋势。在税务机关资源有限、涉税服务供需矛盾突出，并且社会或市场力量在供给上具有显著的成本效益比较优势的情况下，上述涉税服务的外包有其必要性和可行性。但由于这类服务与税收执法权之间存在高度关联，同时具有高度的专业化和资产专用性特征。因此，税务机关在外包这类服务时，需要具备较高的管理控制能力，设计具有针对性的专门管控措施，以保障税收执法权行使的合法性，这是税务机关购买服务的合法性目标约束。

第三节　税务机关购买服务的双重目标约束对管理控制的要求

政府购买服务过程中形成公共部门与公共服务承接方之间的交易关系，这种交易与私人部门间交易关系一样，需要通过一系列跨组织关系治理机制来实现交易主体之间的目标一致性。税务机关购买涉税服务同样需要设计一系列管控机制来协调税务机关和涉税服务承接主体之间的利益，引导涉税服务承接方采取合作性行为。但是，在双重目标约束下，税务机关所采取的组织间管控机制要更加复杂，涉税服务承接方在提供与税收执法权相关的涉税服务时，其可能采取的机会主义行为会对纳税人权益产生实质性影响，也会削弱税务机关履行法定职责的能力并侵蚀税务机关的核心职能。因此，税务机关购买涉税服务过程中，除了需要实现作为购买方的成本收益目标外，还需要承担公共利益和纳税人利益代表者的责任。因此税务机关购买涉税服务的治理机制除了基于交易的“看不见的手”（市场）之外，还需要“看得见的手”来保证涉税服务承接方能够实现目标一致性和行动协同（Dekker，2004；Caglio and Ditillo，2008），保证承接方在实现交易主体利益的同时，有益于或者至少无损于公共利益（Cristofoli，et al.，2010；Johansson et al.，2011）。

具体来说，从购买服务流程观的角度（库珀，2007），税务机关购买服务包括三个阶段：第一个阶段是作为购买方与企业、税务中介、社会组织等承接方之间形成交易关系，第二个阶段是交易运作阶段，第三个阶段是交易终结阶段，具体可以分为税务机关明确购买需求、制定规划、公开招投标、签订合同、项目实施、监督管理、结果评估、合同终结等环节（吴帆，周镇忠，刘叶，2016；王浦劬，（美）萨拉蒙，2010）。由于双重目标约束的要求贯穿于各环节，因此，税务机关在购买涉税服务时可以采取的组织间管控机制至少包括以下内容：

第一，某项涉税服务内容是由税务机关自己完成，还是通过购买服务方式外包给其他部门或者社会组织完成，一般来说需要运用市场检验法则，按照成本收益进行评估和决策。其中，专业化分工水平、规模经济、市场竞争程度等因素都会影响对成本收益的判断。

税务机关做出购买涉税服务决策后，如何选择涉税服务承接方是购买服务中重要的管控机制之一。一般来说，如果涉税服务的供给市场相对成熟，竞争机制在降低涉税服务购买成本、减少机会主义行为方面能够较好地发挥作用，竞争性招投标可以成为承接方选择的主要机制。但如果考虑涉税服务供给的合法性目标约束，尤其是与纳税义务确定、税务稽查等税务机关核心职能相关的涉税服务购买过程中，税务机关有必要采取更加复杂的选择机制来遴选能够与政府部门保持目标一致性的承接方。在这种情况下，承接方与税务机关的历史关系、税务协会等社团组织的推荐、税务中介的长期信誉等因素将发挥重要作用。这意味着购买不同类型的涉税服务，合法性目标约束在双重目标约束中的相对重要性是不同的，而这直接影响承接方选择的机制。

第二，税务机关做出外包决策并选择了合适的承接方后，双方签订的交易合同中明确列示的涉税服务内容、数量、质量标准、支付条件等第三方可验证信息是税务机关对交易关系进行正式管理控制的主要手段。一般来说，如果所购买的涉税服务存在竞争程度较高的成熟市场、不确定程度较低，比如信息安全测评服务、门户网站建设、人力资源培训、发票递送等，基于市场与契约的正式管控机制能够解决大部分关系治理问题。在正式管控机制中，产出控制和行动控制可以用来应对具有不同特征的涉税服务交易（Ouchi，1979）。如果所购买的涉税服务产出具有较高的可度量性，税务机关可以根据产出结果对承接方进行评价。如果产出结果不容易度量，但承接方的行动可以被观察，税务机关可以通过对承接方的雇员数量、能力、操作规范、程序性规则等提出具体要求，并对承接方进行过程监控等方式来进行评价。[①]但是，如果所购买的涉税服务并不存在成熟的承接方市场、涉税服务产出的可度量性和承接方行动的可观察性较低，交易的不确定性较高，此时正式合同能够发挥的管控作用有限，往往需要税务机关采取非正式的社会控制工具（Malmia and Brown，2008），即通过与承接方之间的高度信任、人际关系、市场声誉、未来合作机会等非正式管控机制，来保证涉税服务承接方与税务机关保持目标上的一致。

第三，税务机关购买涉税服务的交易终结阶段，购买方的管理控制主要体现在对承接方绩效水平进行评价，并根据评价结果进行奖惩，以实现对承接方的激励。根据《政府购买服务管理办法》（财政部令第 102 号）的规定，税务机关作为购买主体，应当对购买涉税服务项目实施绩效管理，并将绩效评价结果作为承接主体选择、预算安排和政策调整的重要依据。

第四节　税务机关购买服务中的管控机制的影响因素

一、税务机关购买土地增值税清算审核服务的背景

根据《中华人民共和国土地增值税暂行条例》和《中华人民共和国土

① 贵州省国税局在购买 12366 热线服务时，除了对业务量提出要求外，还对劳务人员的学历、专业、从业资质和水平等提出要求，而且中标供应商配置的服务人员需要经过税务局岗前培训和考核，合格后方能上岗，并设置了日均话务量、席座人员轮换情况、季度热线话务人工接通率、解答问题准确率等服务验收标准，用以兑现阶段性服务费用（丁萍．贵州省国税局：购买税收服务实现突破性发展［N］．中国税务报，2016－11－30）。

地增值税暂行条例实施细则》，土地增值税是转让国有土地使用权、地上的建筑物及其附着物并取得收入的单位和个人，以转让所取得的收入包括货币收入、实物收入和其他收入为计税依据缴纳的一种税赋，是地方政府税收收入，由地方税务局负责征管。土地增值税清算主要是指根据《中华人民共和国土地增值税暂行条例实施细则》第十六条的规定，纳税人在项目全部竣工结算前转让房地产取得的收入，由于涉及成本确定或其他原因，而无法据以计算土地增值税的，可以预征土地增值税，待该项目全部竣工、办理结算后再进行清算，多退少补。由于一般来说预征率较低，预征的税款只占清算税款很小的比例，大部分的土地增值税都是在清算阶段缴纳的。为了加强土地增值税征收管理，规范土地增值税清算工作，2016 年 5 月，北京市地税局在《国家税务总局关于印发〈土地增值税清算管理规程〉的通知》（国税发〔2009〕91 号）的基础上，出台《北京市地方税务局土地增值税清算管理规程》，适用于房地产开发项目土地增值税清算工作，该规程对于税务机关清算审核的管理、程序、内容进行了更加细致的规范，规范纳税人和税收中介机构的同时也提高了税务机关清算审核的工作要求。

土地增值税清算具有综合性强，核算复杂的特点，涉及增值税、城建税、耕地占用税、契税、印花税等多个税种，由于人员数量和专业能力的限制，在土地增值税清算时，F 区税务机关的基层干部面临比较大的困难，每次进行土地增值税清算时，需要从各个科室抽调业务骨干人员组成临时土地增值税清算小组，负责土地增值税清算工作。由于土地增值税清算资料多、核算复杂，清算人员需要付出大量的时间和精力，而 F 区税务局每次临时组建的清算小组人员流动性比较大，对土地增值税清算的质量以及各个科室的业务均会产生一定的影响。

在土地增值税清算审核工作的压力下，F 区税务局尝试以向税务师事务所等中介机构购买服务的形式，引入专业力量完成土地增值税清算审核工作。一般来说，税务中介机构具有丰富的土地增值税清算经验，能够清晰、准确地把握相关税收政策。税务机关购买税务中介的服务，充分利用税务中介的专业性，在税务中介初步工作的基础上再进行分析、认定，能有效降低税务机关的执法风险。从税务中介的角度，税务机关购买税务中介服务，税务中介能够从中获得经济效益和社会效益。尤其是除了经济利益外，通过参与税务机关购买服务项目，首先是对税务中介执业能力和执业道德的肯定。其次通过与税务机关合作，税务中介能够获得一定的品牌效应，可以借机宣传自身的业务素质，拓展业务。最后，税务中介通过与税务机关合作能够借机扩大业务范围，获得一定的经济效益，推进税务中介行业的发展。

二、税务机关购买服务中的管控机制的影响因素

（一）交易主体的特征

在税务机关向税收中介购买土地增值税清算审核服务的交易中，交易主体是作为购买方的税务机关和作为承接方的税收中介，两者之间除了购买所形成的契约关系外，还存在业务主管部门与被监管方、纳税服务主体与被服务方之间的关系，三者关系交织在一起形成了复杂的交易主体间关系，这种关系特征对于组织间管控机制的应用产生了直接影响。

在 FT 区进行的问卷调查结果显示，在税收征纳过程中，FT 区地税局与辖区内税务师事务所之间存在监管与服务并存的关系。FT 区地税局对税务中介的监管主要包括对涉税中介机构承办的税务代理业务的办理情况进行记录和评价；纳税服务科联合相关科室以抽查方式，对辖区内两家涉税中介机构提交的涉税鉴证报告进行审核，并依照税收法律法规及相关执业准则在纳税评估、税务检查工作中对其开展执业监督。对涉税中介机构违反税收法律法规和相关规定，造成委托人未缴或者少缴税款的，依法予以处罚；对涉税业务开展专项检查工作等。在接受问卷调查的 32 家税务师事务所中，有 12 家税务师事务所反馈在 2015 年 1 月至 2017 年 7 月受到 FT 区税务机关的监管，税务机关对其中 58.33% 的事务所承办的税务代理业务办理情况进行了记录和评价。审核了 50% 的税务师事务所出具的鉴证报告，并且依照税收法律法规及相关的职业准则在纳税评估、税务检查工作中开展执业监督。区级税务机关对其中 41.67% 的税务师事务所进行了专项检查，对 8.33% 的税务师事务所进行实地检查。

同时，FT 区地税局根据《中华人民共和国税收征收管理法》《中华人民共和国税收征收管理法实施细则》《注册税务师管理办法》，国家税务总局等部门所制定的制度文件以及《纳税服务规范》为包括纳税人及代理机构提

供服务。目前，FT 区地税局为涉税中介提供的服务主要有公开税收政策、支持纳税人自愿选择涉税中介机构，受理涉税中介机构承办的代理等事务，受理税务师事务所出具的涉税鉴证报告；定期在报刊或行业网站等公共媒体上公告通过年检的税务师事务所和注册税务师名单，供纳税人和扣缴义务人查询；通过纳税咨询热线、办税服务厅等渠道为注册税务师执业提供便捷化的政策解答等咨询服务；定期组织与涉税中介机构的座谈，了解涉税中介机构的建议和诉求；为纳税信用级别为 A 的涉税中介机构及其代理人提供预约办税服务；在建立税务机关、涉税中介机构、纳税人三方沟通机制的基础上，完成了 FT 区内 40 户中介机构的登记汇总工作，设立三位高等级税务师事务所所长为小组长，并建立两级联动机制等。调查结果显示，65.63% 的税务师事务所与税务机关有定期的交流，其中 47.62% 的税务师事务所与税务机关半年沟通一次，沟通交流的主要方面为税收征收、税务处理中的疑难问题以及时事热点税收问题，分别占 66.67%，52.38%。也有 47.62% 的税务师事务所是就税收政策等向税务机关征求建议。

在购买服务交易过程中，税务机关的身份既是购买方，又同时是税收中介的监管者和提供纳税服务者，税务机关和税收中介的市场地位并不完全平等，这也可以解释 BJ 市针对税务机关购买第三方的服务进行土地增值税清算出台了相关的管理办法之前，当交易收益不足以提供充分激励时，税收中介仍然有动力参与交易，与税务机关合作所带来的额外收益（市场声誉、与税务机关建立更加密切的长期关系等），以及税务机关在合同之外承诺的奖励资源能够发挥激励作用，与税务机关作为特殊购买方的主体特征有关。

（二）交易的特征

在本案例中，税务机关向税收中介购买的是土地增值税清算审核相关的专业服务，这一交易中所涉及的购买标的与一般公共服务不同。土地增值税清算审核是税收征管的具体环节，与税务机构的税收征管职能相关，虽然 FT 区地税局较为严格地设计了整个购买服务流程，税收中介所提供的服务是为税务机关征管提供技术支撑，并没有涉及税收征管权的让渡，但是，交易的这种特殊性对于交易过程中的组织间关系以及管控机制的应用，也会产生影响。税务机关与税务中介合作存在税收执法权的“越位”和“缺位”

的风险。在FT区税务机关与税务中介合作过程中，税务中介没有执法权，一方面，税务中介不能擅自调阅纳税人的账务资料，需要税务机关的配合。税务机关需要根据税务中介审查的需求与纳税人沟通，调阅纳税人的账务资料。另一方面税务中介审核完成后，由于没有税收执法权，需要由税务机关行使权力确定最后的查补税额。如果在这一过程中，税务机关与税务中介没有明确各自的职责范围，税务中介组织擅自调阅纳税人的资料或者直接确定最后的查补税额，是对税务机关税收执法权的侵犯，就产生税收执法权“越位”的风险，相对应的，税务机关会产生税收执法权“缺位”的风险，造成税收管理混乱，损害纳税人的利益。税务机关在合作中要积极配合税务中介，确保税收执法权的正确行使。如果税务中介组织缺乏相应的账务资料，对项目的审查也会造成一定的困难，使项目难以继续，降低税务机关与税务中介组织的合作意义，对双方造成一定的经济损失。在这种交易特征下，协调主体间行动是组织间管控机制需要解决的关键问题，通过设计合理的产出控制和行动控制机制，选择合作意愿和合作能力较高的服务承接方，提高服务承接方与税务机关之间的合作水平，降低其与纳税人之间“勾结”的概率，是组织间管控机制设计和应用需要考虑的重要问题。

第五节　税务机关购买服务中的管控机制及后果

根据上文所建立的税务机关购买服务的双重目标约束和管理控制机制的一般分析框架，在F区税务局购买服务过程中，F区税务局在税务中介的关系治理过程中，所采取的组织间管控机制主要体现为以下方面。

一、服务承接方的选择机制

F区税务局选择承接土地增值税清算审核的税务中介的方式主要有两种：税务师协会推荐和向社会公开招标的方式。税务师协会推荐的方式是指由税务机关向税务师协会发正式的函，列明税务机关对税务师事务所的工作要求和基本条件要求，例如执业税务师的从业人数、有良好的职业道德记录、风险控制方案等。根据税务机关的要求，税务师协会列出约 20 家符合条件的 3A 级以上的税务师事务所。税务机关从税务师协会提供的事务所名单中选择服务承接主体；或者直接由税务师协会推荐名单中合适的承接主体，如果符合税务机关的要求，则采用税务师协会推荐的税务师事务所。

另一种方式是通过向社会公开招标的方式购买税务机关服务。根据财政部 2017 年 7 月 11 日发布的 87 号文《政府采购货物和服务招投标管理办法》，由采购人编制招投标文件，列明采购项目、采购需求以及预算金额等，向社会公开招投标，公告期限为 5 个工作日。社会根据招投标公告中的要求，准备投标文件投标，税务机关采用综合评分法对投标人进行评标，对投标人按照得分进行排序，得分高的投标人中标。评标结束后通过省级以上财政部门规定的媒体公告中标结果，公告期限为 1 个工作日。87 号文中规定：“未纳入集中采购目录的政府采购项目，采购人可以自行招标，也可以委托采购代理机构在委托的范围内代理招标。”这一规定使税务机关采用招投标方式购买未列入政府采购名单的税务中介服务有法可依，因为税务机关购买税务中介服务并不在政府集中采购名单范围内，也没有达到分散采购 100 万元以上的限额标准，因而税务机关购买税务中介所采用的方式不满足采用招投标方式的条件，也没有明确对税务机关购买服务采用的方式进行明确规定。

相比较而言，采用税务师协会推荐的方式确定合作伙伴，相对于采用招投标的方式程序简单，不用编制招投标文件、进行招标、评标等一系列程序，实施简便，成本比较低。但是，市税务师协会推荐符合条件的税务师事务所时，容易产生权力寻租问题。采用公开招标的方式，税务师事务所根据税务机关的要求准备相应的资料进行投标，税务机关按照招投标程序和要求，对税务师事务所的专业胜任能力、专业经验等因素按照综合评分法进行排序，过程更为公平。

F 区税务机关 2016 年开始向税务中介购买服务时，先采用了由税务师协会推荐的方式，市税务师协会根据 F 区税务局的要求，从符合条件的税务中介名单中推荐 3 家 3A 级税务中介，这 3 家税务中介除了符合 F 区税务局提出的承接方要求之外，还均与 F 区税务局有过长期合作，且具有良好的市场信誉。2017 年，F 区税务局在前一年购买服务和与税务中介合作的基础上，开始采用公开招投标方式遴选承接方。从以上过程中可见，F区税务局在购买服务之初并没有直接采取竞争性购买模式，而是采用了比竞价机制更加复杂的承接方选择机制，通过行业协会推荐等对税务师事务所的能力和态度进行判断，这说明，此时的合法性目标约束相对于成本收益目标约束更为重要。而随着税务机关对承接方管控能力的提高，合法性目标达到后，购买服务中的成本收益目标的重要性相对提高。

二、对服务承接方的行为控制机制

F区税务局在购买服务的过程中对税务师事务所采取的管控机制主要是行动控制机制，这主要是由于土地增值税清算审核作为交易内容具有一定程度的不确定性和资产专用性，同时与土地增值税征管职能关联性较高。更重要的是，税务机关与税务师事务所之间的谈判地位不对等，这使税务机关有能力采取类似于科层内的控制手段，对承接方的行动和产出进行控制来保证目标一致性。

具体措施包括F区税务局要求税务师事务所将工作人员派驻至税务局完成土地增值税清算审核工作以直接进行现场的工作流程控制。在土地增值税清算审核过程中，承接方的职责是根据税务机关提供的工作底稿，对纳税人提供的清算报告资料进行审核，及时将审核中发现的问题报告给税务机关，由税务机关对所发现的问题给出具体的处理意见并与纳税人进行沟通，审核完成后，税务机关根据承接方的审核结果出具审核意见并反馈给纳税人。在审核过程中，税务师事务所不直接与纳税人接触，也不能擅自调阅纳税人的账务资料。F区税务局同一时间段会与两家以上事务所形成购买关系，采取交叉审核方式，两家事务所之间形成相互监督与相互制衡的关系。税务局对清算审核工作实施较为频繁的监督和严格的质量考核，保证清算审核工作的质量。这说明，在购买服务过程中，税务机关对事务所除了具体的产出指标外，还采取了更加详尽的行为和过程控制机制来约束事务所的行动，并强调双方之间的信息共享。这些管控机制除了发挥任务协调的作用外，同时也是防止税务机关核心职能侵蚀风险的重要手段。

三、对服务承接方的产出控制和激励机制

产出控制机制约定了跨组织关系所要实现的产出目标，并监督这些业绩目标的实现，目标设定不仅为业绩评价提供了标杆，还能够明确关系各方的预期并提高目标一致性，尤其当激励与目标实现挂钩的情况。土地增值税清算审核业务的直接产出是清算审核发现纳税人错报、漏报事项后追缴的土地增值税款，清算审核的直接产出与承接方的努力水平之间有一定关联性，但努力水平并非唯一影响产出的因素，因此产出控制机制的应用需要与奖惩资源分配相结合，激励承接方提高努力水平的同时，防范承接方为逐利才采取机会主义行为，损害税务机关或者纳税人利益。

F 区税务局用来激励税务师事务所的正式奖惩资源主要体现在双方的结算制度安排中，购买方与承接方之间的结算金额由固定费用和浮动费用组成，固定费用以 10 万元为上限，包括两部分内容，一是按照被审核项目的总建筑面积确定的基本费用；二是按照被审核项目的总扣除项目金额一定比例确定的比例费用。浮动费用则按照项目补缴的土地增值税税额调增部分实际入库税款金额的 2% 计算，以 30 万元为上限。固定费用是对承接方固定投入的补偿，与清算审核的结果没有关系，而浮动费用则是为了激励承接方高质量完成审核任务，查补税额越多，税务师事务所从中获得的收益越多，一定程度上也能避免税务师事务所怠于职责或者与纳税人之间串通，降低审核质量。

除了经济收益外，在访谈过程中发现，与税务机关合作可能获得的声誉、后续的长期合同、建立信任关系等，会对税务师事务所产生重要的非正式激励作用，也是税务机关能够运用的、重要的非正式奖惩资源。成为税务机关购买服务的承接方，对事务所的市场声誉、企业口碑等有重要的正面影响，为了实现这种潜在收益，并且避免审核业务失败所带来的严重负面影响，税务师事务所高度重视与税务机关的约定，明确自身的角色定位，在审核过程中严把质量关，同时也注意保持自身独立性，客观地维护纳税人和税务机关的利益。

在税务机关购买涉税服务过程中，各类管控机制设计和实施是通过引导承接方的行为，实现双重目标约束下的目标和行为一致性。除目标一致外，在购买服务的过程中，还需要双方之间进行任务协调，解决行动一致性的问

题。案例中，税务机关所采用的各种正式和非正式的管控机制的后果，是提高了承接方与税务机关之间的合作水平，进行土地增值税清算审核之前，税务机关与税务师事务所就双方的职责范围、产出结果以及双方的责任进行合同约定，并签署保密协议。合同和保密协议的签署在一定程度上能约束税务师事务所的执业行为。除此之外，税务师事务所考虑到市场声誉、与税务机关的长期关系等隐性奖惩资源，也会在目标和行动上保持与税务机关的一致性。在进行土地增值税清算审核的过程中，税务中介使用税务机关统一编制的工作底稿，工作底稿规定了收入、成本、费用等的核算方法，建筑面积的测量方法等，从而保证业务的规范性和执业质量，并在一定程度上能够对税务师事务所的执业行为进行监督和约束。契约、产出控制、行为控制、非正式激励等不同类型管控机制的选择与优化组合，通过影响税务机关与税务师事务所的合作水平，从而显著改善购买涉税服务的绩效水平，体现在纳税遵从度和征管效率的提升。

第六节　他山之石：跨组织合作与税收协同共治的国际经验

一、跨组织合作与税收协同共治的关系

党的十九届四中全会对“坚持和完善中国特色社会主义制度、推进国家治理体系和治理能力现代化”做出重要部署。税收在国家治理中发挥着基础性、支柱性、保障性作用，决定了税收治理能力在整个国家治理体系中发挥重要作用。围绕国家治理体系和治理能力现代化总目标，国家税务总局提出到 2020 年要基本实现税收现代化，并构建税收治理“六大体系”，提升税收治理“六大能力”，进一步推进税收治理体系和治理能力现代化。[①] 其中，

① 2013 年 12 月 26 日，全国税务工作会议提出到 2020 年基本实现税收现代化的总目标；2020 年 1 月 6 日全国税收工作会议强调，税务部门要认真贯彻落实党的十九届四中全会精神，进一步丰富完善形成坚强有力的党的领导制度体系、成熟完备的税收法治体系、优质便捷的税费服务体系、严密规范的税费征管体系、合作共赢的国际税收体系、高效清廉的队伍组织体系，着力提升政治引领能力、谋划创新能力、科技驱动能力、制度执行能力、协同共治能力和风险防范能力，不断推进新时代税收现代化建设，更好服务国家治理体系和治理能力现代化。

税收协同共治能力是税收治理“六大能力”之一，协同共治要求税务机关与相关主体共同参与税收治理，通过各方之间的合作、协商，实现高效、公平的税收征管。

从这个意义上说，税收协同共治的核心是税务机关基于“共同治理”理念主导的跨组织合作，以及税务机关对跨组织合作关系所实施的一系列管理控制机制或流程，以期实现引导合作主体基于共同目标，采取符合税务机关战略的合作性行动。税收的多元协同共治要求建立税务机关与利益相关方的合作伙伴关系（王秀芝，2016），在这种合作关系中，核心治理力量是税务机关，其他关系主体，包括中介机构、行业协会、纳税人组织、税收志愿者、银行、其他政府部门以及其他能够为税务机关提供涉税信息，或者能够与征纳双方合作以帮助纳税人提高税收遵从度的主体。

在税收征管实践中，税务机关面临的跨组织合作关系复杂性极高，根据关系主体和内容划分，至少包括以下三种类型：

一是税务机关将部分税收征管职能和纳税服务内容交由其他主体为纳税人提供，即第三方提供税收职能（Third Party Service Delivery of Revenue Body Functions/Operations），这类跨组织关系既包括税务机关以政府购买服务的方式将部分职能外包给营利部门或非营利组织，如信息系统的建设与维护、涉税数据分析、税款征缴等；也包括税务机关与其他政府部门合作，将部分职能或履职所需要的内容交由其他部门完成，或者通过与其他部门的分工合作实现税务机关需履行的某一职能，如将人员培训等交由其他政府部门完成等。税务机关是否将某一职能外包给第三方，主要取决于成本收益的评估和决策，专业化分工、规模经济和市场竞争程度等因素。税务机关是否具备能力引导其他主体与自己保持目标一致性，也是影响外包决策成功与否的关键。

二是税务机关与其他主体之间基于信息共享形成的跨组织关系，关系主体同样包括私人部门和其他政府部门两类：前者是指税务机关从私人部门获取涉税信息，并对信息获取的方式、内容、使用范围等进行相应的制度安排，如税务机关与共享经济平台合作，获取平台卖家的交易收入等涉税相关信息。后者是指税务部门与社会保障、市场监管、商务、环保、水利、金融监管等政府部门进行政务信息资源共享。税务机关从有关部门获取涉税信息的同时，其他部门也能够及时获取和使用税收信息，强化社会管理和公共服务。

三是在“整体政府”① 理念下，税务机关与立法机关、司法机关、财政部门、审计部门等政府部门在税收政策与征管的协调、审计监督、涉税行政诉讼、涉税案件的移交与衔接等方面进行合作，强调政府各部门参与税收共治过程，围绕税收征管目标，合理配置各部门权力与职能，引导、控制、管理和协调各部门行政活动，通过部门间合作实现高效税收征管，以共治发挥税收治理在国家治理体系中的重要作用。

二、税务机关跨组织合作的国际实践

税务机关采取跨组织合作的方式，提高税收征管效率，低成本高效筹集财政收入，已经成为各国税务机关普遍采取的税收征管实践形式。从近年来各国税务机关实践来看，税务机关的跨组织合作开始从采取传统的职能外包，向政府部门间合作、信息共享等新型合作形式拓展。根据经济合作与发展组织（OECD）、国际货币基金组织（IMF）等组织对各国税务机关实践的观察和对各国税收征管经验的总结，上文归纳的三种类型的税务机关跨组织合作的国际实践表现出以下特征。

（一）将部分职能外包已经成为各国税务机关普遍采取的做法

自新公共管理运动兴起以来，税务机关将社会力量（企业或者社会组织）引入税收征管和纳税服务等环节，通过外包税务机关的部分职能达到降低征管成本、提高纳税服务质量的目的。近年来，OECD 税收征管系列报告② 和 IMF

---

① “整体政府”是西方国家继新公共管理运动之后于 20 世纪 90 年代中后期开始的第二轮政府改革运动的新举措，1997 年由时任英国首相布莱尔首次提出，是指通过横向和纵向协调的思想与行动实现预期利益的一种政府治理模式。曾维和．当代西方“整体政府”改革：组织创新及方法［J］．上海交通大学学报（哲学社会科学版），2008（5）：22－29．

② OECD 税收政策与管理中心（Centre for Tax Policy and Administration，OECD）自 2004 年起开始出版税收征管：OECD 与其他发达经济体和新兴经济体的比较信息（Tax Administration：Comparative Information on OECD and Other Advanced and Emerging Economies）系列报告，截至 2020 年已经出版八期，报告提供了 58 个发达国家和新兴经济体国家在税收征管上的相关经验和数据，目的在于分享经验，帮助各国税务机关识别有助于改善本国税收制度设计与税收征管体系的可能性。

的理解收入管理系列报告[①]开始对各国税务机关进行职能外包的情况进行专门调查与国别比较。从调查内容来看，职能外包已经成为各国税务机关普遍采用的降低征管成本、提高管理效率的手段之一。在《税收征管 2019：OECD 与其他发达及新兴经济体可比信息》（Tax Administration 2019：Comparative Information on OECD and Other Advanced and Emerging Economies）（以下简称“2019 年 OECD 税收征管”）报告调查的 58 个国家和地区中，只有 6 个国家[②]的税务机关在所有调查的征管职能上未采取外包形式，其余 52 个国家（地区）的税务机关均在税收征管中将部分职能外包。虽然各国税务机关外包的职能数量和内容不同，但在税收征管实践中，由第三方提供税务机关履职所必须的服务或者直接向纳税人提供服务已经成为普遍采取的做法（OCED，2020）。

从整体趋势上看，安全服务、人员培训等是各国税务机关较早采用外包的业务领域，随后税款征收、数据处理和信息技术支持等职能也被逐渐纳入外包范围。根据 2019 年 OECD 税收征管报告，各国税务机关采取外包形式最多的职能是安全服务、代收税款、人员培训和 IT 服务四项内容；其次，约 1/3 的国家将数据处理服务、法律服务、薪资服务、人员招募和采购服务进行外包。值得注意的是，税务机关选择外包的第三方除了私营部门、非营利组织等社会力量外，还包括其他政府部门（见表 6－1）。不同职能外包给第三方的选择存在差异，安全服务、代收税款等职能更多外包给私人部门，而薪酬服务、采购服务等职能则更多外包给其他政府部门。

表 6－1　税务机关外包职能的内容和国家（地区）数量　单位：个

外包职能	仅外包给其他政府部门	仅外包给私营部门	同时外包给其他政府部门或私营部门
安全服务 (Security services)	7	20	15
代收税款服务 (Cash/banking services)	7	17	12

① 国际货币基金组织财政事务部从 2015 年起开始出版“理解收入管理”（Understanding Revenue Administration）系列报告，截至 2020 年已经出版三期，报告提供了调查国家税收和海关的财政收入管理信息，目的在于分析发展趋势，改善财政收入管理绩效。

② 包括法国、德国、立陶宛、南非、泰国和土耳其 6 个国家。

续表

外包职能	仅外包给其他政府部门	仅外包给私营部门	同时外包给其他政府部门或私营部门
分析服务 (Analytical services)	4	2	4
客户服务 (Client services)	0	3	8
数据处理服务 (Data processing services)	7	5	6
债务追收服务 (Debt collection services)	8	3	2
IT 服务 (Information and communication technology services)	4	5	24
人员招募服务 (Personnel recruitment services)	11	1	4
专业技术服务 (Specialised technical services)	0	8	15
审计服务 (Audit services)	6	0	0
人员培训服务 (Training of personnel)	2	0	33
法律服务 (Legal services)	10	0	8
薪资服务 (Payroll services)	21	0	3
采购服务 (Procurement services)	13	1	2
机动车登记 (Motor vehicle registration)	10	3	0
其他服务 (Other services)	0	6	2

数据来源：OECD. Tax Administration 2019：Comparative Information on OECD and Other Advanced and Emerging Economies [EB/OL]. [2020-06-29]. https://doi.org/10.1787/74d162b6-en.

此外，2019 年 IMF 的《理解收入管理》报告指出，税务机关职能外包与收入水平之间存在关联性，与低收入国家相比，高收入国家税务机关使用外包形式的比例更高。高收入国家中，外包信息技术服务的税务机关比例为 72%，外包数据处理服务的比例为 33%，外包客户服务的比例为 30%，均高于低收入国家和小国（见表 6－2）。[①]

表 6－2　　职能外包的税务机关比例（2015 年）　　单位：%

收入划分标准	纳税人服务	数据处理服务	信息技术服务
小国（31 个）	10	19	48
低收入国家（44 个）	11	23	41
高收入国家（60 个）	30	33	72
合计（135 个）	19	27	56

注：按照世界银行 2012 年统计的人均国民总收入划分标准，人均国民总收入小于 1 035（含）美元/年的为低收入国家，在 1 035 ~ 4 085（含）美元/年的为中低收入国家，4 085 ~ 12 615（含）美元/年的为中高收入国家，大于 12 615 美元/年的为高收入国家。

数据来源：Crandall W. J.，Gavin E.，Masters A. R.，ISORA 2016：Understanding Revenue Administration [EB/OL]. [2020－06－29]. https://www.imf.org/en/Publications/Departmental－Papers－Policy－Papers/Issues/2019/03/07/ISORA－2016－Understanding－Revenue－Administration－46337.

随着各国税务机关普遍采取外包方式引入第三方提供税收征管或者纳税服务，税务机关与第三方之间的合作方式也更加多样化。以代收税款为例，英国税务和海关总署（Her Majesty's Revenue and Customs，HMRC）自 2009 年以来，一直通过与私营债务托收机构（Debt Collection Agencies，DCAs）合作来提高税款收缴能力，DCAs 通过电话、信件、短信等方式进行税款催收和对税款欠缴人的经济活动进行分析和监控。2015 年英国内阁组建债务市场整合项目（Debt Market Integrator，DMI），与私营部门进行更加深入的合作，以解决包括税务机关在内的政府部门的欠税（费）委托征收问题。HMRC 与 DCAs 的合作形式也随之拓宽，如对欠缴税款高于一定金额的纳税人，

① IMF 报告将所调查的 135 个国家或地区根据人口规模和收入水平分为三类：小国（small state）是指人口少于 150 万的国家或地区，既包括高收入国家也包括低收入国家，共计 31 个；高收入国家包括高收入和中高收入国家，共计 60 个；低收入国家包括低收入和中低收入国家，共计 44 个。

税务机关执法前委托 DCAs 上门催收欠款，[①] DCAs 所提供的服务严格按照 HMRC 的各项标准，并接受严格审核和监控，以防止税收执法权滥用，HMRC 按照欠缴税款回收额的一定比例支付 DCAs 报酬（OECD，2017）。美国俄亥俄州的奥克港市（Oak Harbor）将代征税款的职能外包给地区所得税机构（Regional Income Tax Agency，RITA），[②] 纳税人可以自由选择通过网络申报纳税或实地办理、线下办税，拓宽了服务渠道，在为纳税人带来便利的同时，也能够降低税收征管成本。日本税务机关则委托分布广泛的便利店承担代收税款的职能，纳税人可以在便利店通过扫描税务局发布的条形码付款单缴纳税款。

传统观点认为，外包通过引入市场竞争、借助规模效应和专业化分工的优势，能够对提高税收征管效率具有积极作用。但是从各国实践来看，职能外包并不一定能够带来税收征管成本下降和效率提升，信息不对称、机会主义行为、第三方市场缺乏竞争等因素会制约外包积极效应的发挥。以坦桑尼亚为例，坦桑尼亚地方政府自 2000 年起陆续进行税收征管体制改革，采用招标方式将财产税、物业税等多项税费的征管职能外包给私人部门，希望借助市场竞争提高税收征管效率。但通过实践发现，外包并没有成为增加地方政府收入的“捷径”，也没有减轻税务机关的行政管理成本。例如，咖啡税是莫西（Moshi）区的重要税收来源，税收收入占农产品总税收收入的 28%，但在税收征管职能外包后，由于缺乏与私人部门的信息共享机制，税务机关无法获取准确的咖啡交易信息，从而导致对私人部门的监管缺位，纳税人偷逃税款情况时有发生，导致税收收入流失。这说明外包并不一定能够带来税收收入的增加和征管效率的提升，税务机关对外包方的管理控制、信息共享、激励兼容的报酬机制等都是外包发挥作用的前提。

（二）税务机关与其他市场主体共享涉税数据成为新的跨组织合作形式

在电子商务和共享经济蓬勃发展的背景下，除了传统的外包形式外，税

---

① 私营债务托收机构（DCAs）对欠缴税款高于一定金额的纳税人采取上门催收方式，上门的目的是让那些过去没有直接与英国税务和海关总署（HMRC）或私营债务托收机构（DCAs）接触的纳税人有机会与托收机构面对面地讨论欠缴税款问题，包括可能的欠税缴纳方式。

② 地区所得税机构是美国俄亥俄州最大的市政所得税征收机构，该机构可以为纳税人提供在线备案、电话咨询、实地办理缴纳税款等服务。其性质是非营利机构，不属于地方政府的组成部门。

务机关跨组织合作还体现在与其他经济主体共享数据方面，即利用第三方数据增强税收合规性、提升纳税服务质量。共享经济的商业模式给税收征管带来新的挑战，纳税主体不清、无纸化交易导致计税依据难以确认、纳税申报意识不强等问题亟待解决。各国税务机关加强与电子商务平台、共享经济平台等平台主体的涉税信息共享，相较于从公开渠道收集信息，税务机关与共享经济平台达成协议，由平台提供平台卖家信息，或者通过立法对平台施加提供涉税信息的义务，以解决共享经济下的税收征管难题。

HMRC 与电子商务平台合作，搜集商户信息，通过分析纳税人实际销量和申报销量之间的差异来识别其潜在违规行为，有力地打击了逃税行为。日本国税局（National Tax Administration，NTA）为了提高电子商务平台个人卖家的税收遵从度，加强与共享经济和加密货币领域行业协会之间的合作，行业协会负责对电子商务平台提供税收指南，要求电子商务平台通过网站、电子邮件等渠道告知平台卖家其所需履行的纳税义务，以提升共享经济交易合规性和平台卖家税收申报意识。澳大利亚税务机关明确了共享经济个人所得的可税性，纳税人取得的共享经济收入同其他收入一样需要缴纳税款。针对共享经济所得难以监管的问题，澳大利亚建立了完善的第三方机构报告制度，要求包括银行、海关、房管局和共享经济平台在内的机构及时报送涉税信息，并对不履行报告义务的机构规定了处罚措施。税银之间的跨组织合作也能够实现税务机关和银行的双赢局面，挪威税务机关与金融部门合作开发了数字贷款申请计划，在获得客户同意的情况下，银行可以从税务机关获得有关申请人的收入信息和纳税申报表等资料，既简化了贷款的申请流程，又提高了银行获取相关信息的效率，这项计划十年内预估可为银行节省 6 亿~13 亿欧元的成本。

（三）“整体政府”理念下税务机关与其他政府部门间合作进一步加强

税务机关跨组织合作不仅体现在与企业、非营利组织之间的合作，同样也体现在“整体政府”概念下的政府部门间合作，这种跨组织合作既包括在税务机关管理部门内部，又使不同管理职能和不同层次的税务部门之间联系日趋紧密，通过共享数据、简化流程等为纳税人提供更好的服务，提高纳税人的满意度。政府间合作还表现在税务机关加强与其他政府部门间的合作，采取“一次收集、多次使用”等方法，将分散在海关、银行、财政、市场监管等不同部门的数据纳入统一的数据平台，增强不同部门之间的信息共享与信息流动，以增强纳税服务的质量和效率。同时，税务机关与其他部门之间的信息共享不仅有助于税务机关获取涉税信息，税务机关所掌握的纳税人信息也有助于其他部门履行职能，因此税务机关与其他部门之间的跨组织合作能够实现双赢。如芬兰税务机关（Finnish Tax Administration）负责维护收入登记系统，该系统负责收集个人收入、退休金、福利金等与收入相关的综合数据，所有雇主和福利支付方均有义务向该系统报告纳税人的相关收入信息。2019 年该系统已经实现与社会保障部门、失业保险基金、养老金中心等相关机构之间的信息共享，2020 年开始该系统计划在特定情况下向更多部门共享纳税人收入信息，以提高信息使用者的决策效率。法国税务机关与经济部、财政部等部门合作，纳税人通过个人账户可以直接访问专门解释政府如何使用税收和介绍当年政府预算收支的网站，以提高公众的纳税意识。

税务机关与其他政府部门的跨组织合作也进一步推动了政府整体行政效率的提升，如法国政府利用 France Connect 平台推行“只告知一次”（Tell – Us – Once）战略，公民可以使用四种方式登录该平台，其中包括公民的纳税人识别号，已经有超过 300 个政府部门参与该计划，目标是实现所有行政程序的无纸化。加拿大政府也将实现“只告知一次”（Tell – Us – Once），将此作为提升行政效率的战略重点，希望通过部门之间的信息共享，提高各政府部门的公共服务效率。

三、启示

跨组织合作是实现税收协同共治的核心机制，税务机关必须与政府其他部门、社会组织等共享公共资源、形成协作网络，在共同分担社会责任的基础上形成多元协同治理机制（周广仁，2014）。

从我国各级税务机关的征管实践来看，随着税收治理现代化进程的不断推进，我国各级税务机关在税收征管中通过向第三方中介机构购买服务、加强政府间信息共享、深化银税互动等方式开展了大量协同治税方面的实践。《国家税务总局关于开展 2020 年“便民办税春风行动”的意见》（税总发

〔2020〕11号）提出，“积极加强与发改、工信、财政、人社、医保、交通、农业等部门的对接，根据其需求主动提供税收数据等方面服务，并结合相关部门提供的信息和情况，积极采取税收措施支持企业复工复产和经济发展。”各级税务机关的协同治税实践表明我国税务机关已经开始高度关注跨组织关系的治理创新，通过构建多层次、多方式的组织间合作关系，提高纳税服务水平和税收征管效率。在这一变革过程中，税务机关跨组织合作的国际经验，为我国税务部门的改革实践提供以下启示：

第一，在数字经济和“互联网+”的背景下，税收征管与互联网的深度融合很大程度上改造了税收信息体系，尤其是税务机关与第三方平台进行的信息合作，对于税务机关实施税源监控、精准识别税收不遵从行为、化解税收风险、进行税收分析预测和为纳税人提供更加优质的纳税服务提供了基础条件，也奠定了现代税收征管模式的技术基础（邓永勤，2016）。借鉴各国税务机关与优步（Uber）、爱彼迎（Airbnb）等共享经济平台的涉税合作经验，我国税务机关也应当与共享经济平台和淘宝、京东等互联网平台企业探索更加密切的涉税合作，利用平台企业在涉税信息采集、税收宣传、纳税服务等方面的优势，发掘其参与税收治理的功能属性，真正实现基于互联网涉税大数据的智能化治理和应用（赵涛，2020）。

第二，税务机关通过政府购买服务等方式，将部分征管职能和税务机关履职所必须的服务内容外包给市场承接主体完成，有利于税务机关以更加合理的成本完成征管任务及为纳税人提供高质量服务，但该目标的实现程度取决于税务机关与参与外包的承接主体之间跨组织关系的治理水平。从各国税收职能外包的实践来看，外包并不是解决税收征管问题的“灵丹妙药”，信息不对称、机会主义行为等有可能导致“外包失灵”现象。因此，我国税务机关在采用政府购买服务方式、引入社会力量提高税收征管效率的同时，需要高度重视外包形成的跨组织关系的治理问题，税务机关有必要建立监督、控制、评价与激励机制，协调各方主体的利益，保证各方协同治税目标的实现。

第三，税收共建共治格局的形成离不开各部门之间的协作，在“整体政府”理念下，政府部门间通过合作为纳税人提供“一体化”纳税服务的国际实践为我国税务机关提供了借鉴。通过推动多元协同的组织间关系持续提升税收治理效能的同时，税务机关与财政、市场监管、经济和信息化局、社保、民政、公安、法院等部门在信息共享、情报互通、协同执政等方面的机制创新，能够推动我国整体行政效率的提高和营商环境的进一步优化，将使税收在提高国家治理体系和治理能力现代化进程中发挥更加积极的作用。

| 第七章 |

政府购买服务与组织间管控：问卷调查研究

第一节　问题描述和研究设计

一、研究框架与研究问题

于增彪和张双才（2004）在行为主义理论基础上提出的管理会计系统研究的基本框架，该框架是由前因变量（Antecedent 或 Determinant）、中间变量（Intervening variable）和后果变量（Consequence）构成的三变量模型，其中的中间变量表示研究选题，即政府购买服务中的管控机制，系统所产生的后果是该系统本身和作为前因变量的环境共同作用的结果。三变量框架可以解决管理会计实证研究中如何构造模型、如何按模型设计分析思路以及如何有效地设计问卷以获取数据等问题，是开展管理会计实证研究的重要基础，也为理解西方文献和总结我国研究成果提供了更加可靠的参照系。

通过理论分析和对案例的探索性分析发现，第一，不同的管控机制可能在政府购买服务中发挥作用；第二，政府购买公共服务的交易特殊性、复杂的购买模式、主体之间关系的各种特征等因素所形成的不同情境下，管控机制的选择与组合对交易绩效会造成不同的影响。基于这些认识，问卷研究所探析的问题主要包括：第一，政府购买服务中发挥作用的管控机制包括哪些类型？第二，管控机制应用与产出可度量性、相互依赖性、竞争性、社会声誉、资产专用性程度、不确定性、交易主体历史关系、承接方独立性等影响因素的匹配性，是否影响管控机制与交易绩效之间的路径关系？本报告通过因子分析、聚类分析和结构方程模型等方法试图寻找上述两个问题的答案。

二、调查目的和问卷设计

本章的调查兼有描述和解释两方面的研究目的，既描述政府购买服务中管控机制的应用现状，又考察管控机制的影响因素和后果。本章采用横截面数据，由于讨论的是组织间关系的问题，因此将分析层次设定为组织层面，问卷从承接方视角开展，问卷发放主要是在 FS 市社会组织中进行，为保证问卷发放、回收与填写质量，问卷发放是通过区级政法委统一向社会组织发放问卷并组织专题培训，问卷填写由社会组织中购买服务相关的负责人进行填写，要求填写者选择近三年负责的一项政府向社会力量购买公共服务的项目，根据该社会组织与政府购买服务的购买主体的合作情况，回答问卷中的问题。

本问卷研究的分析单元是单个政府购买服务项目，每个项目所具有的交易特征、参与主体特征和所面对的环境特征，可能会影响购买方与承接方之间的关系，以及购买方所采取的组织间管控机制，不同管控机制的组合有可能组成组织间管控模式，而政府购买服务项目的绩效也可能与组织间管控机制和管控模式与项目特征的匹配程度有关，因此，政府购买服务项目适用于组织间管控机制和管控模式的问卷研究。

三、样本选择与数据收集

问卷调查的优势是它能够从总体的典型子样本群中收集数据，而这种优势与应用的抽样方法有密切关联，抽样的方法可分为概率抽样与非概率抽样。鉴于概率抽样可能导致极低的回复率，本章的抽样设计选择非概率抽样，因此在减少抽中有偏样本方面做出了力所能及的努力。问卷调查对象为社会组织中与购买服务相关的负责人，问卷采用问卷星发放和回收问卷方式。为了提高调查问卷的回收率，降低未回复偏差，研究者采用电话等方式向调查对象确认是否已经收到调查问卷，敦促对方尽快将调查问卷填妥并返回。本研究共回收有效问卷 204 份，来自 91 家社会组织。通过对回收较早的 20 份问卷与回收较晚的 20 份问卷中认知型变量进行无回复偏差检验（Non－response bias test），结果表明回收时间不同的问卷没有显著差异。为了保证问卷信息质量，研究者全程参与了问卷发放和回收，包括在问卷发放前与问卷填写者进行沟通，讲解研究主题与问卷中涉及的题项含义，保证问卷填写者在填写问卷时正确理解各题项的意义。

第二节　概念的操作化定义和变量测量

本章所设计的变量包括组织间管控的影响因素、组织间管控机制、政府购买服务项目绩效，以及控制变量，下文将对这些变量的可操作化定义和测量方法进行逐一说明。

一、组织间管控的影响因素

根据现有文献，本章提炼了组织间管控的 7 个主要影响因素，具体包括产出可度量性（*Measurability*）、相互依赖性（*Dependence*）、竞争性（*Competition*）、社会声誉（*Reputation*）、资产专用性程度（*Asset_specificity*）、不确定性（*Uncertainty*）、交易主体历史关系（*Relationship*）、承接方独立性（*Supplier_Independence*）变量和信任水平（*Trust*）变量，测量题项如表 7－1 所示。

表 7－1　组织间管控影响因素变量测量

变量	问卷题项	文献依据
产出可度量性（*Measurability*）	在该项目中，购买方很容易判断我单位提供的公共服务的质量和数量是否达到合同要求	Ferris and Graddy（1991）；Van der Meer－Kooistra and Vosselman（2000）；Milward and Provan（2000）；Brown and Potoski（2005）；Langfield－Smith and Smith（2003）；Håkansson and Lind（2004）；Caglio and Ditillo（2008）；Cristofoli，Ditillo，Liguori，Sicilia，Steccolini（2010）；Ditillo et al.（2015）

续表

变量	问卷题项	文献依据
相互依赖性 (*Dependence*)	该项目提供的公共服务，如果购买方改由其他承接方提供，转换成本很高	Anderson and Dekker，2005 Dekker，2008 Johansson and Siverbo，2011
竞争性 (*Competition*)	该项目提供的公共服务，市场中可以承接项目的社会力量众多，有一定的竞争性	Walker and Weber，1984 Anderson and Dekker，2005 Johansson and Siverbo，2011 Cristofoli，Ditillo，Liguori，Sicilia，Steccolini（2010）
社会声誉 (*Reputation*)	在该项目中，购买方选择我单位作为承接方，主要是因为我单位具有专业优势和较高的社会声誉	
资产专用性程度 (*Asset_specificity*)	贵单位为承接该政府购买服务项目，专门投入的资产设备、技术开发、专业人员培训等规模	Fernandez（2007） Ferris and Graddy（1991） Van der Meer - Kooistra and Vosselman（2000） Milward and Provan（2000） Brown and Potoski（2003） Langfield - Smith and Smith（2003） Hakansson and Lind（2004） Caglio and Ditillo（2008） Ditillo et al.（2015）
不确定性 (*Uncertainty*)	该项目在实施过程中，技术条件、公众需求、市场环境等不确定因素对该项目的影响程度	Abernethy and Brownell（1997） Ferris and Graddy（1991） Van der Meer - Kooistra and Vosselman（2000） Milward and Provan（2000） Brown and Potoski（2003） Langfield - Smith and Smith（2003） Håkansson and Lind（2004） Caglio and Ditillo（2008） Ditillo et al.（2015）
交易主体历史关系 (*Relationship*)	我单位曾经是本项目购买方的直属事业单位，或者是由购买方出资组建的社会组织	
承接方独立性 (*Supplier_Independence*)	我单位在该项目之前是独立法人，与购买方之间没有过上下级关系或其他依附关系	
信任水平 (*Trust*)	我单位与购买方之间的信任关系，在该项目中发挥了重要作用	

二、组织间管控机制

根据 Van der Meer－Kooistra 和 Vosselman（2000）、Dekker（2004）对组织间管控机制的分类，组织间管控可以分为形成正式交易关系前（Contact）和形成正式交易关系后（Contract）两个阶段，其中，第一个阶段的任务是自制/购买决策和交易伙伴的选择，一旦政府部门根据公共服务供给成本权衡做出购买决策后，则需要解决如何选择公共服务承接方的问题，如果市场上存在多个潜在服务承接方，则政府部门可以通过鼓励竞争来降低公共服务购买成本并同时减少机会主义行为。此外，由于政府购买服务属于政府采购行为，购买主体需要按照《政府采购法》的规定，采取公开招标、邀请招标、竞争性谈判、单一来源采购等方式确定承接主体，采购限额标准、公开招标数额标准、采购方式、信息公开等需要按照政府采购相关法律制度规定执行。《政府购买服务管理办法》中规定，购买主体应当根据购买内容及市场状况、相关供应商服务能力和信用状况等因素，通过公平竞争择优确定承接主体。在这一规定下，除了市场导向的公开竞争机制外，在市场竞争性较低的领域，长期合作关系、承接方信誉、双方主体间的信任关系等因素也会在承接方主体选择上发挥重要作用。基于这种认识，这里设计了 4 个题项用来度量正式交易关系形成前的组织间管控机制，并作为下一步进行因子分析的基础，如表 7－2 所示。

表 7－2　　承接主体选择机制的测量题项

题项序号	测量题项
CHOICE_1	购买方采取了竞争性招投标方式来选择承接方
CHOICE_2	购买方在竞争性招投标文件中详细说明了选择服务承接方的标准
CHOICE_3	购买方倾向于选择熟悉、有过良好合作历史的承接方
CHOICE_4	购买方倾向于选择在组织文化和价值观等方面与其相一致的承接方

形成交易关系后，组织间管控就开始进入第二个阶段，对交易活动中的组织间关系进行管理控制，Ouchi（1977）将管控机制分为产出控制、行为控制和社会控制三类，这一分析框架被 Langfield－Smith 和 Smith（2003）、

Dekker（2004）等用于组织间管控控制机制的类型划分，其中在交易活动产出具有较高的可度量时，产出控制机制根据结果进行奖惩从而激励交易主体，在产出可度量性较低的情况下，购买方可以对供应方的行为采取控制措施，例如制定详细的程序性规则、对雇员的能力提出具体要求、对雇员/服务比例提出具体要求等，而社会控制机制一般是用于处理交易双方目标不一致的复杂工具，确保供应方具有正确的价值导向，从而实施自我控制，通过非正式的日常沟通建立良好的合作关系。根据调研和案例研究发现，上述三类管理控制机制在我国政府购买服务实践中均发挥了现实作用，因此，问卷研究设计了18个测量题项用于测量交易阶段的组织间管控机制，作为下一步探索性因子分析的基础（见表7-3）。

表7-3　　　　交易管控机制的测量题项

题项序号	测量题项
CONTROL_1	购买方可以从承接方获取关于该项目的会计账目和财务信息
CONTROL_2	购买方可以从承接方获取关于该项目的日常运营信息
CONTROL_3	购买方参与过承接方的年度预算、重大事项决策等工作
CONTROL_4	购买方参与过承接方的日常运营管理工作
CONTROL_5	购买方对承接方所聘用人员的数量和人员素质有基本要求
CONTROL_6	购买方对承接方所提供的公共服务有详细的服务标准和质量要求
CONTROL_7	购买方专门制定了相关文件或者制度，用于规范承接方的日常运营和服务标准
CONTROL_8	购买方对于承接方提供的公共服务的数量和质量，规定了明确的绩效考核指标
CONTROL_9	购买方对承接方所提供服务情况进行定期检查
CONTROL_10	购买方定期进行公共服务对象的满意度调查
CONTROL_11	购买方要求承接方定期提交项目情况报告（月度、季度或者年度）
CONTROL_12	购买方要求承接方提交年度绩效考评报告
CONTROL_13	承接方的主要管理人员曾经有在购买方或相关政府单位工作的经历
CONTROL_14	购买方曾经要求承接方人员参加该部门组织的集中培训
CONTROL_15	如果承接方与购买方有较好的合作，购买方会继续向承接方购买服务，还会考虑采取其他措施进一步巩固合作关系，如出台相应的扶持政策、为社会力量提供场地等方面的支持、组织培训、进行人员交流等
CONTROL_16	承接方与购买方具有相类似的组织价值观，在该项目中发挥了重要作用
CONTROL_17	承接方与购买方之间的长期合作历史，在该项目中发挥了重要作用
CONTROL_18	承接方与购买方之间具有相类似的组织价值观，在该项目中发挥了重要作用

三、政府购买服务的交易绩效

交易绩效是交易主体之间合作结果的最终体现，它通常以客观产出指标来衡量，政府购买服务的交易绩效与一般市场交易相比有其特殊性，政府将公共服务外包的主要目的是在一定成本约束下提高公共服务的供给效率，或者在一定质量约束下降低公共服务的供给成本，不存在对利润和盈余目标的追求。此外，政府向承接方购买公共服务的同时，还履行向社会公众提供公共服务的职责，在政府购买服务交易中，政府承担了对承接方进行管控以保证财政资金绩效和对公共服务的最终消费者负责的双重责任，在双重责任下，公共服务消费者的满意度必然会被纳入政府购买服务交易绩效的范畴。因此，本书选择了4个题项，分别从公共服务质量、及时性、供给成本和公众满意度四个方面来测量政府购买服务项目的交易绩效，作为下一步进行因子分析和聚类分析的基础（见表7-4）。

表7-4　　交易绩效的测量题项

题项序号	测量题项
PERFORMANCE_1	该项目实际完成情况与设定目标相比：公共服务质量达到要求
PERFORMANCE_2	该项目实际完成情况与设定目标相比：提供公共服务服务及时
PERFORMANCE_3	该项目实际完成情况与设定目标相比：降低了公共服务的供给成本
PERFORMANCE_4	该项目实际完成情况与设定目标相比：公众满意度高

此外，考虑到交易型态不同、价值难以评估等因素，对交易绩效的评价，加入适当的主观产出指标是必要的（Anderson和Gerbing，1999），基于这一考虑，本书也引入了主观评价指标，表征关系满意度的变量（*SATISFACTION*）为取值1~7的定距变量（见表7-5）。

表7-5　　交易绩效变量

变量	问卷题项
关系满意度（*SATISFACTION*）	购买方对本项目完成情况满意

四、控制变量

本书所涉及的控制变量包括预算金额（*Budget*）、合作时间（*Length*）和实际服务人数（*Political_visibility*）。其中，预算金额（*Budget*）根据项目的总预算额来度量，为取值 1～4 的定序变量（Ditillo et al.，2015）。合作时间（*Length*）根据项目合同期限来度量，为取值 1～4 的定序变量（Cristofoli et al.，2010；Ditillo et al.，2015）。实际服务人数（*Political_visibility*）根据购买项目服务人群规模，为取值 1～5 的定序变量，该变量可以用来衡量购买服务项目的政治能见度水平（Political visibility）。有研究认为，政治能见度水平对购买方采取组织间管控的类型和强度有显著影响（Cristofoli，et al.，2010；Ditillo，et al.，2015；Hefetz，Warner，2012），控制变量如表 7－6 所示。

表 7－6　　控制变量

变量	问卷题项	文献来源
预算金额（*Budget*）	该项目的总预算金额大约为多少？	Ditillo et al.（2015）
合作时间（*Length*）	截至问卷填写时，您所在的单位与该购买方之间已经合作了多少年？	Cristofoli et al.（2010） Ditillo et al.（2015）
实际服务人数（*Political_visibility*）	该项目所提供的公共服务，实际服务的人群数量大约为多少人？	Cristofoli et al.（2010）；Hefetz and Warner，（2012）；Ditillo et al.（2015）

第三节　描述性统计结果

全部样本的预算金额（*Budget*）、合作期限（*Length*）和服务人数（*Political_visibility*）变量的分布情况。如表 7－7 至表 7－9 所示。表中预算金额在 10 万～50 万的样本占比较高，一半以上的项目购买方与承接方合作时间在 1～3 年，近 80% 的样本项目服务的人群数量在 5 000 人以下。

表 7－7　　样本预算金额（Budget）分布情况

预算金额（*BUDGET*）	样本数	百分比
少于 10 万元	9	4.4%
10 万～50 万元	149	73.0%
50 万～100 万元	27	13.2%
100 万元以上	19	9.3%
总计	204	100.0%

表 7－8　　样本合作时间（Length）分布情况

合作期限（*LONGTH*）	样本数	百分比
不足 1 年	25	12.3%
1～3 年	109	53.4%
3～5 年	48	23.5%
5 年以上	22	10.8%
总计	204	100.0%

表 7－9　　样本服务人数（Political_visibility）分布情况

实际服务人数（*Political_visibility*）	样本数	百分比
少于 1 000 人	71	34.8%
1 000～5 000 人	88	43.1%
5 000～1 万人	10	4.9%
1 万～10 万人	26	12.7%
10 万人以上	9	4.4%
总计	204	100.0%

从组织间管控机制的影响因素变量的描述性统计结果来看，产出可度量性较高，交易主体的相互依赖性也偏高，市场竞争性居中偏高，承接方社会信誉较高，资产专用性和交易不确定性居中，承接主体的独立性较高（见表 7－10 至表 7－12、图 7－1）。

表 7 – 10　　影响因素和主要控制变量一览表

变量名称	变量含义	计算方法或者数据来源
Measurability	产出可度量性	取值 1 ~ 7，来自问卷
Dependence	相互依赖性	取值 1 ~ 7，来自问卷
Competition	竞争性	取值 1 ~ 7，来自问卷
Reputation	社会声誉	取值 1 ~ 7，来自问卷
Asset_specificity	资产专用性	取值 1 ~ 7，来自问卷
Uncertainty	不确定性	取值 1 ~ 7，来自问卷
Trust	信任水平	取值 1 ~ 7，来自问卷
Supplier_Independence	承接方独立性	取值 1 ~ 7，来自问卷
$Budget\_DUMMY_i$	项目预算哑变量	当预算规模小于 10 万元时，$Budget\_DUMMY_1$ 取值为 1，否则为 0；当预算规模为 10 万 ~ 50 万元时，$Budget\_DUMMY_2$ 取值为 1，否则为 0；当预算规模为 50 万 ~ 100 万元时，$Budget\_DUMMY_3$ 取值为 1，否则为 0；当预算规模大于 100 万元时，$Budget\_DUMMY_4$ 取值为 1，否则为 0。
$Length\_DUMMY_i$	合作期限哑变量	当合作时间不足 1 年时，$Length\_DUMMY_1$ 取值为 1，否则为 0；当合作时间为 1 ~ 3 年时，$Length\_DUMMY_2$ 取值为 1，否则为 0；当合作时间为 3 ~ 5 年时，$Length\_DUMMY_3$ 取值为 1，否则为 0；当合作时间大于 5 年时，$Length\_DUMMY_4$ 取值为 1，否则为 0。
$Political\_visibility\_DUMMY_i$	服务人数哑变量	当服务人数在 1 000 人以下时，$Political\_visibility\_DUMMY_1$ 取值为 1，否则为 0；当服务人数在 1 000 ~ 5 000 人时，$Political\_visibility\_DUMMY_2$ 取值为 1，否则为 0；当服务人数在 5 000 ~ 1 万人时，$Political\_visibility\_DUMMY_3$ 取值为 1，否则为 0；当服务人数在 1 万 ~ 10 万人时，$Political\_visibility\_DUMMY_4$ 取值为 1，否则为 0；当服务人数在 10 万人以上时，$Political\_visibility\_DUMMY_5$ 取值为 1，否则为 0。

表 7 – 11　　主要变量的相关性分析

	(1)	(2)	(3)	(4)	(5)	(6)	(7)	(8)
(1) 产出可度量性	1	0.668**	0.730**	0.784**	0.118	0.170*	0.533**	0.709**
(2) 相互依赖性	0.668**	1	0.538**	0.646**	0.268**	0.309**	0.256**	0.707**

续表

	(1)	(2)	(3)	(4)	(5)	(6)	(7)	(8)
(3) 竞争性	0.730**	0.730**	0.730**	0.730**	0.730**	0.730**	0.730**	0.625**
(4) 社会声誉	0.784**	0.646**	0.701**	1	0.315**	0.293**	0.657**	0.842**
(5) 交易资产专用性	0.118	0.268**	0.137	0.315**	1	0.458**	0.214**	0.263**
(6) 不确定性	0.170*	0.309**	0.194**	0.293**	0.458**	1	0.089	0.260**
(7) 承接主体独立性	0.533**	0.256**	0.452**	0.657**	0.214**	0.089	1	0.593**
(8) 信任水平	0.709**	0.707**	0.625**	0.842**	0.263**	0.260**	0.593**	1

注：本表列示主要变量的 Pearson 相关系数，***，**，* 分别表示在 0.01，0.05，0.1 水平上统计显著。

表 7-12　主要变量的描述性统计

变量名称	变量含义	变量类型	取值范围	样本量	平均值	标准差	方差	偏度（统计值）	偏度（标准误差）	峰度（统计值）	峰度（标准误差）
Measurability	产出可度量性	定距	1~7	204	5.485	1.7462	3.049	-1.287	0.170	0.482	0.339
Dependence	相互依赖性	定距	1~7	204	4.971	1.8192	3.309	-0.660	0.170	-0.600	0.339
Competition	竞争性	定距	1~7	204	5.142	1.6799	2.822	-0.831	0.170	-0.233	0.339
Reputation	社会声誉	定距	1~7	204	5.730	1.5602	2.434	-1.406	0.170	1.321	0.339
Asset_specificity	资产专用性	定距	1~7	204	4.328	1.5135	2.291	-0.046	0.170	-0.911	0.339
Uncertainty	不确定性	定距	1~7	204	4.466	1.3551	1.836	0.115	0.170	-0.615	0.339
Supplier_Independence	承接方独立性	定距	1~7	204	5.871	2.0402	4.162	-1.627	0.171	1.013	0.341
Trust	信任水平	定距	1~7	204	5.505	1.7462	3.049	-1.141	0.170	0.278	0.339

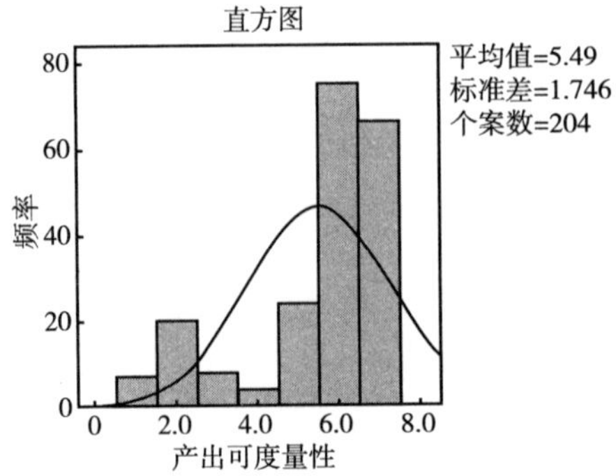

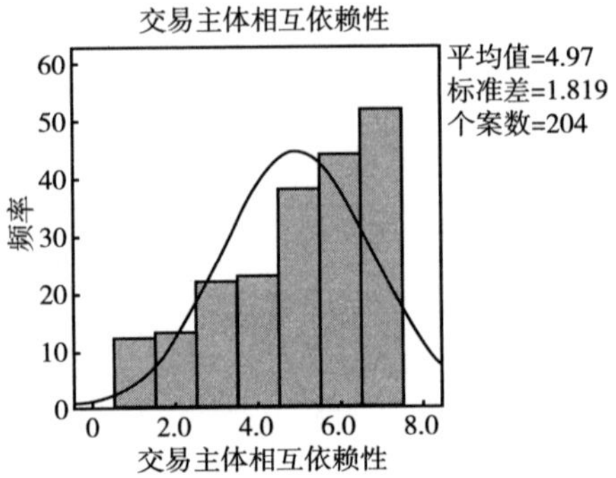

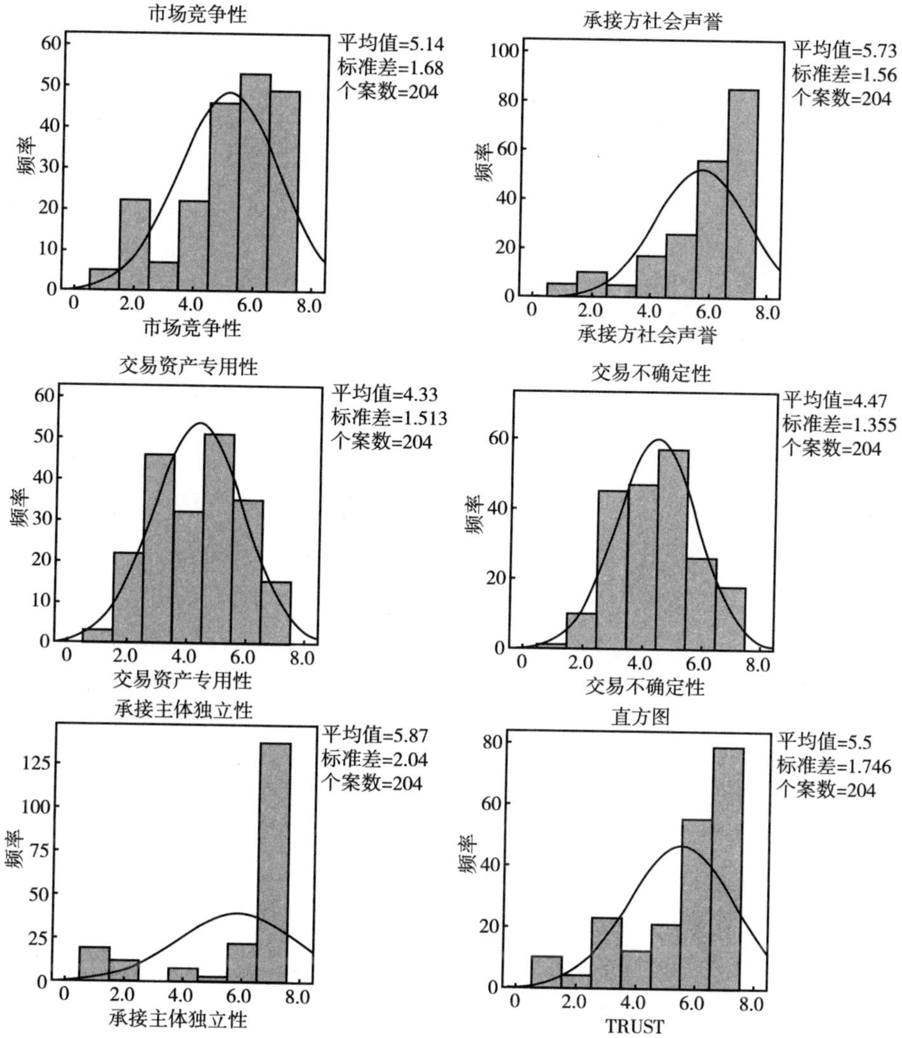

图 7－1　主要变量统计直方图

第四节　因子分析

效度（Validity）是指测量工具在多大程度上能够反映概念的真实含义，即问卷量表在多大程度上反映了研究想要测量的概念的真实含义，效度越高，表示测量结果越能反映所要测量对象的真正特征，即测量的正确性。效度一般包括内容效度（Content validity）、校标关联效度（Criterion－related validity）和建构效度（Construct validity）三方面（吴明隆，2010）。内容效度是指所设计的题项能否代表所要测量的内容或主题，旨在检测衡量内容的合适性。本研究采用逻辑分析方法对内容效度进行评价，研究问卷以理论为基础，参考多数学者的问卷内容及衡量项目，并结合实地调研与案例分析，针对研究对象的特征加以修改，并经由从业人员与专家对其内容加以修订，问卷正式发放之前进行了预填及修正程序，因此本研究所使用的衡量工具应能符合内容效度的要求。

建构效度是指测量工具能够测量出理论概念及其特征的程度，因子分析（Factor analysis）是检验结构效度的常用方法，可以很好地检验研究所设计的变量是否有一套正确的、可操作性的测度（吴明隆，2003）。

信度是指问卷设计或量表的可靠性或一致性（Consistency）（Babbie，2003），是指使用相同研究技术重复测量同一个研究对象时，得到相同研究结果的可能性。信度一般被界定为真实数值与观测数值之间的方差之比，常用的信度检验方法是 Cronbach's α 系数，其中，

$$\alpha = \frac{K}{K+1}\left(1 - \frac{\sum_{i=1}^{K}\sigma_i^2}{\sigma_T^2}\right) \tag{7-1}$$

式中，K 表示测量题项的总数，σ_i^2 表示第 i 个题项得分的方差，σ_T^2 为总题项得分的方差。α 为 0 时，表示量表完全不可靠，1 表示完全可靠，Cronbach's α = 0.70 是一般问卷量表设计信度可接受程度的分界线（Santos，1999）。

本研究以问卷调查的方式收集数据，对政府购买服务实践中提炼的组织间管理控制具体机制进行探索性因子分析（Exploratory factor analysis，EFA），寻找可能的组织间管理控制模式，并进行验证性因子分析（Confirmatory factor analysis，CFA），然后在信度和效度检验的基础上进行聚类分析和结构方程模型检验，研究所使用的分析软件为 SPSS 23.0 和 AMOS 21.0。

一、分析方法

因子分析方法是要通过变量的相关系数矩阵的内部结构，找出能控制所有变量的少数随机变量来描述多个变量之间的相关关系，然后根据相关性的

大小进行分组，让同一组之内的变量之间相关性较高，不同组之间的变量的相关性较低，从而实现变量的降维。探索性因子分析能够将多个变量综合成少数几个核心因子，用于探索多元观测变量的本质关系，本章根据已有文献、调研访谈和对政府购买服务实践的观察，提炼了22项组织间管理控制的具体机制，包括4项交易伙伴选择机制和18项交易中的控制机制，形成了组织间管理控制的测度题项，为了进一步明确组织间管理控制机制的内部结构，寻找可能的组织间管控模式分类，本书先进行探索性因子分析来提炼因子，然后采用主成分分析的因子提取方法和最大方差的旋转方法，按特征根大于1的方式提取因子，探索性因子中各题项因子载荷的最低可接受值为0.5（马庆国，2002）。

本书采用探索性因子分析方法，主要是考虑到，虽然已有文献对组织间管理控制机制及其模式分类进行探索，但是以往文献所得到的结论存在较大的分散性，所界定的组织间管控机制缺乏被不同文献实证结果验证的概念理论结构和测量量表。此外，政府购买服务中的组织间管控问题，由于管控双方的地位不对等、交易内容的目标多元性等特殊性，使得组织间管控在应用于政府购买服务交易时会有其特殊性，组织间管控机制的界定和分类更加复杂，如果再考虑到不同国家的政府购买服务受不同政治体制、财政体制、公共服务供给方式和效率等因素的影响，本书认为，采用探索性因子分析来进行管控模式的探索，而非直接运用以往文献所形成的概念模型进行验证性因子分析是有必要的。探索性因子分析如果形成了与以往文献所提出的概念模型相似的结论，那么接下来采用验证性因子分析来检验探索性因子形成的概念结构是否会按照预期方式产生作用，来增加本书结论的稳健性。

验证性因子检验使用AMOS 21.0模型进行，拟合指数为多数研究常用的卡方统计量、拟合优度指数（Goodness - of - fit index，GFI）、比较拟合指数（Comparative fit index，CFI）、近似误差均方根（Root mean square error of approximation，RMSEA），这些拟合指数的判断准则为：

卡方统计量及显著性数据，一般认为如果显著性大于0.05，则可认定模型与观测数据拟合适度，但值得注意的是，卡方检验会受到观测值规模的影响，当观测值规模增加时，卡方统计量的显著性数据会有接近于0的倾向。有研究认为，卡方准则的显著性水平与样本规模的关系为：$N \leqslant 150$时，显著

性水平 = 0.01；N = 200 时，显著性水平 = 0.001；N = 250 时，显著性水平 = 0.0005；$N \geq 500$ 时，显著性水平 = 0.0001（温忠麟等，2004）。*GFI* 指数一般认为越接近 1 表示模型拟合度越好，通常采取 $GFI > 0.9$（Hu，Bentler，1999）。*RMSEA* 数值越大代表模型拟合越不理想，Hu 和 Bentler（1999）建议，*RMSEA* 指数低于 0.06 可以视为是个好模型，大于 0.1 则表示模型不理想（Hu，Bentler，1999）。

此外，为了验证样本数据各测量题项的内部一致性，本研究计算每个变量的 Cronbach's α 系数，来评价变量测度的信度。

二、交易伙伴选择机制的因子分析

本书先采用探索性因子分析产生关于组织间管控机制内部结构的理论，对于探索性因子分析所需的最低样本容量，一般认为，样本量为变量数的 5 ~ 10 倍，或者样本量达到变量中题项数的 5 ~ 10 倍即可，鉴于本次因子分析中需要处理的最多变量数较大概率不会超过 5，因此，204 份样本用于探索性因子分析可以很好的满足要求。

本研究设计的交易伙伴选择机制题项有 4 项，题项定义、描述性统计结果和相关性分析结果如表 7 – 13 至表 7 – 15 所示。

表 7 – 13　　交易伙伴选择机制的测量题项

题项序号	测量题项
CHOICE_1	购买方采取了竞争性招投标方式来选择承接方
CHOICE_2	购买方在竞争性招投标文件中详细说明了选择服务承接方的标准
CHOICE_3	购买方倾向于选择熟悉、有过良好合作历史的承接方
CHOICE_4	购买方倾向于选择在组织文化和价值观等方面与其相一致的承接方

表 7 – 14　　交易伙伴选择机制测量题项的描述性统计结果

测量题项	变量类型	取值范围	样本量	平均值	标准差	方差	偏度	峰度
CHOICE_1	定距	1 ~ 7	204	4.765	2.2642	5.127	– 0.414	– 1.458
CHOICE_2	定距	1 ~ 7	204	5.176	2.1492	4.619	– 0.839	– 0.874
CHOICE_3	定距	1 ~ 7	204	5.348	1.7081	2.918	– 0.890	– 0.278
CHOICE_4	定距	1 ~ 7	204	5.490	1.5709	2.468	– 1.002	– 0.043

表 7 – 15　　　交易伙伴选择机制测量题项的相关性性分析

		CHOICE_1	CHOICE_2	CHOICE_3	CHOICE_4
CHOICE_1	皮尔逊相关性	1	0.879 **	0.437 **	0.526 **
	显著性（双尾）		0.000	0.000	0.000
	个案数	204	204	204	204
CHOICE_2	皮尔逊相关性	0.879 **	1	0.541 **	0.593 **
	显著性（双尾）	0.000		0.000	0.000
	个案数	204	204	204	204
CHOICE_3	皮尔逊相关性	0.437 **	0.541 **	1	0.854 **
	显著性（双尾）	0.000	0.000		0.000
	个案数	204	204	204	204
CHOICE_4	皮尔逊相关性	0.526 **	0.593 **	0.854 **	1
	显著性（双尾）	0.000	0.000	0.000	
	个案数	204	204	204	204

注：**. 在 0.01 级别（双尾），相关性显著。

因子分析的前提是样本数据的 KMO 值大于 0.7，且 Bartlett 统计值显著易于 0。如表 7 – 16 所示，交易伙伴选择机制的 KMO 样本测度勉强达到标准，Bartlett 球体检验结果符合要求。

表 7 – 16　　交易伙伴选择机制测量题项的 KMO 和巴特利特检验

KMO 取样适切性量数		0.700
巴特利特球形度检验	近似卡方	654.816
	自由度	6
	显著性	0.000

采用主成分分析法进行因子分析，如表 7 – 17 所示，4 个题项的共同性数值均在 0.9 以上，表示每个测量变量对共同因素的影响均十分重要。

用主成分分析法提取了 2 个因子，转轴前 2 个因子的特征值分别为 2.917 和 0.827，采用直交转轴的最大变异法后，2 个因子的特征值分别为 1.879 和 1.865，2 个因子可以解释 4 个测量题项 93.612% 的变异量（见表 7 – 18）。

表 7－17　　交易伙伴选择机制测量题项的公因子方差

	初始	提取
CHOICE_1	1.000	0.949
CHOICE_2	1.000	0.937
CHOICE_3	1.000	0.936
CHOICE_4	1.000	0.922

注：提取方法为主成分分析法。

表 7－18　交易伙伴选择机制测量题项的探索性因子分析结果（N＝204）

成分	提取载荷平方和			旋转载荷平方和		
	总计	方差百分比	累积%	总计	方差百分比	累积%
1	2.917	72.927	72.927	1.879	47.983	47.983
2	0.827	20.686	93.612	1.865	47.630	93.612

如第五章所述，根据组织间管理控制的流程观，交易伙伴选择机制是交易正式开始之前最重要的控制机制之一，Langfield－Smith 和 Smith（2003）等文献将交易伙伴的选择机制按照市场机制导向、科层机制导向和信息机制导向分为不同类型，如在市场导向下，市场中有多个潜在供应方，政府部门通过鼓励竞争来降低公共服务购买成本，减少机会主义行为，竞争性招投标是政府选择承接方的主要机制，政府与承接方签订内容明确的标准化合同（Langfield－smith，Smith，2003）。科层机制导向下，政府采用竞争性招投标机制的同时，也设计尽量详细的承接方选择标准，对承接方能力的判断，以及承接方是否会保持与政府部门的目标一致性，在选择承接方时发挥重要作用。信任机制导向下，往往是公共服务的供给方市场竞争程度降低，政府难以将竞价机制作为交易伙伴选择的主要机制，因此与政府部门的前期合作、良好信誉和信任关系在承接方选择上会发挥主要作用，而竞争性招投标机制居于次要地位，而且，在交易伙伴选择环节建立信任关系，也有可能减少在交易过程中所需要采取的管控手段（Johansson 和 Siverbo，2011）。

但是，值得注意的是，这种划分往往是界限模糊的，例如 Langfield－Smith 和 Smith（2003）认为在基于市场的交易伙伴选择机制下，即使政府高度依赖市场竞争性招投标机制，交易伙伴信誉也会是重要的考虑因素。双方签订内容详细的合同，对承接方的行为规范和标准进行约定等在市场机制导向下和科层机制导向下都有可能成为重要内容。尤其考虑到我国的政府购买服务纳入预算管理范围，受政府采购制度框架和政府购买服务管理办法等一系列制度约束，购买主体除了要根据购买内容及市场状况、承接方服务能力和信用状况等因素，通过公平竞争择优确定承接主体，集中采购目录及标准、采购政策、采购方式和程序、信息公开等均需按照政府采购法律、行政法规和相关制度执行。因此从政府购买服务的实践上，市场机制和科层机制在管控中发挥作用的界限往往是模糊的，这一点在下面交易管控机制的探索性因子分析中也得到印证。

本书的探索性因子分析发现，提炼的两个因子中，第一个因子中包含了购买方采用竞争性招投标方式和详细约定选择承接方标准两个因素，第二个因子包含了购买方倾向于选择熟悉、有过良好合作历史的承接方和购买方倾向于选择在组织文化和价值观等方面与其相一致的承接方两个因素。

根据文献和理论分析，本书将两个因子分别界定为“正式的交易伙伴选择机制”和“非正式的交易伙伴选择机制”（见表 7 – 19）。

表 7 – 19　　　　交易伙伴选择机制因子旋转后的成分矩阵

	成分	
	正式的交易伙伴选择机制	非正式的交易伙伴选择机制
CHOICE_1	0.947	0.228
CHOICE_2	0.904	0.345
CHOICE_3	0.233	0.939
CHOICE_4	0.331	0.902

注：提取方法为主成分分析法，旋转方法为凯撒正态化最大方差法。旋转在 3 次迭代后已收敛。

本书对两个因子进行信度分析，结果如表 7 – 20 所示，所有的题项—总体相关系数均大于 0.8，同时各变量的 Cronbach's 系数均大于 0.9，可见交易伙伴选择机制各变量的题项之间具有较好的内部一致性。综上，本书所确立的交易伙伴选择机制量表具有较好的效度和信度，提取的两个因子的主成分值和因子值用于下一步聚类分析等（见附录三）。

表 7-20　　交易伙伴选择机制变量的信度检验（N=204）

变量名称	题项序号	题项（简写）	题项—总体相关系数	Cronbach's 系数
正式的交易伙伴选择机制	CHOICE_1	竞争性招投标方式	0.879	0.935
	CHOICE_2	详细说明选择服务承接方的标准	0.879	
非正式的交易伙伴选择机制	CHOICE_3	选择熟悉、有过良好合作历史的承接方	0.854	0.920
	CHOICE_4	选择组织文化和价值观相一致的承接方	0.854	

三、交易管控机制的因子分析

在 Anderson 和 Dekker（2005）、Johansson 和 Siverbo（2011），以及实地调研的基础上，本书设计的交易管控机制测量题项有 18 项，题项定义如表 7-21 所示。

表 7-21　　交易管控机制的测量题项

题项序号	测量题项
CONTROL_1	购买方可以从承接方获取关于该项目的会计账目和财务信息
CONTROL_2	购买方可以从承接方获取关于该项目的日常运营信息
CONTROL_3	购买方参与过承接方的年度预算、重大事项决策等工作
CONTROL_4	购买方参与过承接方的日常运营管理工作
CONTROL_5	购买方对承接方所聘用人员的数量和人员素质有基本要求
CONTROL_6	购买方对承接方所提供的公共服务有详细的服务标准和质量要求
CONTROL_7	购买方专门制定了相关文件或者制度，用于规范承接方的日常运营和服务标准
CONTROL_8	购买方对于承接方提供的公共服务的数量和质量，规定了明确的绩效考核指标
CONTROL_9	购买方对承接方所提供服务情况进行定期检查
CONTROL_10	购买方定期进行公共服务对象的满意度调查
CONTROL_11	购买方要求承接方定期提交项目情况报告（月度、季度或者年度）
CONTROL_12	购买方要求承接方提交年度绩效考评报告
CONTROL_13	承接方的主要管理人员曾经有在购买方或相关政府单位工作的经历
CONTROL_14	购买方曾经要求承接方人员参加该部门组织的集中培训
CONTROL_15	如果承接方与购买方有较好的合作，购买方会继续向承接方购买服务，还会考虑采取其他措施进一步巩固合作关系，如出台相应的扶持政策、为社会力量提供场地等方面的支持、组织培训、进行人员交流等

续表

题项序号	测量题项
CONTROL_16	承接方与购买方具有相类似的组织价值观，在该项目中发挥了重要作用
CONTROL_17	承接方与购买方之间的长期合作历史，在该项目中发挥了重要作用
CONTROL_18	承接方与购买方之间具有相类似的组织价值观，在该项目中发挥了重要作用

根据政府购买服务管控机制的流程观，上述 18 项管控机制可以划分为三个部分，其中，第 1 项至第 8 项主要关注交易过程中的信息共享和通过约定标准来控制交易主体的行为，第 9 项至第 12 项主要关注的是购买方使用不同方式掌握和了解交易活动的结果，第 13 项至第 18 项主要关注合作历史、信任、人际关系、组织价值观等非正式的控制机制在交易过程中的作用。对交易管控机制的探索性因子分析建立在这一分类基础上。

第一，对测量题项 CONTROL_1 至 CONTROL_8 进行因子分析，8 个测量题项的描述性统计结果如表 7－22、表 7－23 所示。

表 7－22　　　　测量题项的描述性统计结果

测量题项	变量类型	取值范围	样本量	平均值	标准差	方差	偏度	峰度
CONTROL_1	定距	1～7	204	5.250	2.0562	4.228	－0.791	－0.763
CONTROL_2	定距	1～7	204	5.436	2.0416	4.168	－0.984	－0.482
CONTROL_3	定距	1～7	204	4.132	2.2952	5.268	0.029	－1.582
CONTROL_4	定距	1～7	204	4.108	2.0674	4.274	－0.017	－1.330
CONTROL_5	定距	1～7	204	5.525	1.9537	3.817	－1.282	0.153
CONTROL_6	定距	1～7	204	5.485	1.9488	3.798	－1.236	0.079
CONTROL_7	定距	1～7	204	5.137	1.8625	3.469	－0.766	－0.637
CONTROL_8	定距	1～7	204	5.583	1.8350	3.367	－1.190	0.036

表 7－23　　　　测量题项的相关性分析

	CONTROL_1	CONTROL_2	CONTROL_3	CONTROL_4	CONTROL_5	CONTROL_6	CONTROL_7	CONTROL_8
CONTROL_1	1	0.889 **	0.513 **	0.488 **	0.784 **	0.756 **	0.495 **	0.707 **
		0.000	0.000	0.000	0.000	0.000	0.000	0.000
CONTROL_2	0.889 **	1	0.553 **	0.542 **	0.850 **	0.839 **	0.479 **	0.722 **
	0.000		0.000	0.000	0.000	0.000	0.000	0.000

续表

	CONTROL_1	CONTROL_2	CONTROL_3	CONTROL_4	CONTROL_5	CONTROL_6	CONTROL_7	CONTROL_8
CONTROL_3	0.513**	0.553**	1	0.859**	0.488**	0.481**	0.517**	0.419**
	0.000	0.000		0.000	0.000	0.000	0.000	0.000
CONTROL_4	0.488**	0.542**	0.859**	1	0.464**	0.469**	0.478**	0.369**
	0.000	0.000	0.000		0.000	0.000	0.000	0.000
CONTROL_5	0.784**	0.850**	0.488**	0.464**	1	0.982**	0.530**	0.755**
	0.000	0.000	0.000	0.000		0.000	0.000	0.000
CONTROL_6	0.756**	0.839**	0.481**	0.469**	0.982**	1	0.562**	0.763**
	0.000	0.000	0.000	0.000	0.000		0.000	0.000
CONTROL_7	0.495**	0.479**	0.517**	0.478**	0.530**	0.562**	1	0.699**
	0.000	0.000	0.000	0.000	0.000	0.000		0.000
CONTROL_8	0.707**	0.722**	0.419**	0.369**	0.755**	0.763**	0.699**	1
	0.000	0.000	0.000	0.000	0.000	0.000	0.000	

因子分析的前提是样本数据的 KMO 值大于 0.7，且 Bartlett 统计值满足显著异于 0。如表 7－24 所示，KMO 值为 0.813，Bartlett 球体检验结果符合要求。

表 7－24　　　　KMO 和巴特利特检验

KMO 取样适切性量数		0.813
巴特利特球形度检验	自由度	654.816
	近似卡方	6
	显著性	0.000

采用主成分分析法进行因子分析，如表 7－25 所示，8 个题项的共同性数值均在 0.7 以上，表示每个测量变量对共同因素的影响均十分重要。

表 7－25　　　　测量题项的公因子方差

	初始	提取
CONTROL_1	1.000	0.788
CONTROL_2	1.000	0.851
CONTROL_3	1.000	0.918
CONTROL_4	1.000	0.915
CONTROL_5	1.000	0.901

续表

	初始	提取
CONTROL_6	1.000	0.896
CONTROL_7	1.000	0.518
CONTROL_8	1.000	0.773

注：提取方法为主成分分析法。

用主成分分析法提取了 2 个因子，转轴前 2 个因子的特征值分别为 5.419 和 1.142，采用直交转轴的最大变异法后，2 个因子的特征值分别为 4.268 和 2.293，2 个因子可以解释 4 个测量题项 82.015% 的变异量（见表 7－26）。

表 7－26　　　　探索性因子分析结果（N＝204）

成分	初始特征值			提取载荷平方和			旋转载荷平方和		
	总计	方差百分比	累积%	总计	方差百分比	累积%	总计	方差百分比	累积%
1	5.419	67.741	67.741	5.419	67.741	67.741	4.268	53.348	53.348
2	1.142	14.274	82.015	1.142	14.274	82.015	2.293	28.667	82.015

探索性因子分析的结果显示，提炼的因子 1 对应测量题项 CONTROL_1、CONTROL_2、CONTROL_5、CONTROL_6、CONTROL_7、CONTROL_8，提炼的因子 2 对应 CONTROL_3 和 CONTROL_4，对因子的界定与命名在下文一并进行（见表 7－27）。

表 7－27　　　　因子旋转后的成分矩阵

	成分	
	1	2
CONTROL_5	0.918	0.241
CONTROL_6	0.915	0.245
CONTROL_2	0.857	0.342
CONTROL_8	0.855	0.205
CONTROL_1	0.832	0.309
CONTROL_7	0.547	0.467
CONTROL_4	0.238	0.927
CONTROL_3	0.273	0.919

注：提取方法为主成分分析法，旋转方法为凯撒正态化最大方差法。旋转在 3 次迭代后已收敛。

本研究对两个因子进行信度分析，结果如表 7 - 28 所示，除了 CONTROL_1 与因子 1 的相关系数略低外，其他所有的题项—总体相关系数均大于 0.8，同时各变量的 Cronbach's 系数均大于 0.9，2 个因子的题项之间具有较好的内部一致性。

表 7 - 28　　信度检验（N = 204）

因子	题项序号	题项（简写）	题项—总体相关系数	Cronbach's 系数
1	CONTROL_5	规定人员数量和素质要求	0.829	0.940
	CONTROL_6	规定服务标准和质量要求	0.870	
	CONTROL_2	获取日常运营信息	0.901	
	CONTROL_8	规定绩效考核指标	0.901	
	CONTROL_1	获取财务信息	0.598	
	CONTROL_7	建立制度规范日常运营和服务标准	0.827	
2	CONTROL_4	直接参与日常运营管理	0.859	0.921
	CONTROL_3	直接参与重大事项决策	0.859	

第二，对测量题项 CONTROL_9 ~ CONTROL_12 进行因子分析，4 个测量题项的描述性统计结果如表 7 - 29、表 7 - 30 所示。

表 7 - 29　　测量题项的描述性统计结果

测量题项	变量类型	取值范围	样本量	平均值	标准差	方差	偏度	峰度
CONTROL_9	定距	1 ~ 7	204	5.618	1.8143	3.292	-1.451	1.024
CONTROL_10	定距	1 ~ 7	204	5.172	1.8583	3.453	-0.900	-0.298
CONTROL_11	定距	1 ~ 7	204	5.436	2.0174	4.070	-1.070	-0.260
CONTROL_12	定距	1 ~ 7	204	5.074	2.1241	4.512	-0.664	-1.061

表 7 - 30　　测量题项的相关性分析

	CONTROL_1	CONTROL_2	CONTROL_3	CONTROL_4
CONTROL_1	1	0.823	0.816	0.603
		0.000	0.000	0.000
CONTROL_2	0.823	1	0.787	0.597
	0.000		0.000	0.000

续表

	CONTROL_1	CONTROL_2	CONTROL_3	CONTROL_4
CONTROL_3	0.816	0.787	1	0.722
	0.000	0.000		0.000
CONTROL_4	0.603	0.597	0.722	1
	0.000	0.000	0.000	

因子分析的前提是样本数据的 KMO 值大于 0.7，且 Bartlett 统计值满足显著异于0。如表 7－31 所示，KMO 值为 0.813，Bartlett 球体检验结果符合要求。

表 7－31　　　　KMO 和巴特利特检验

KMO 取样适切性量数		0.813
巴特利特球形度检验	自由度	654.816
	近似卡方	6
	显著性	0.000

采用主成分分析法进行因子分析，如表 7－32 所示，4 个题项的共同性数值均在 0.7 以上，表示每个测量变量对共同因素的影响均十分重要。

表 7－32　　　　测量题项的公因子方差

	初始	提取
CONTROL_9	1.000	0.836
CONTROL_10	1.000	0.816
CONTROL_11	1.000	0.875
CONTROL_12	1.000	0.655

注：提取方法为主成分分析法。

用主成分分析法提取了 1 个因子，因子的特征值分别为 3.182，因子可以解释 4 个测量题项 79.557% 的变异量（见表 7－33）。

表 7－33　　　　探索性因子分析结果（N＝204）

成分	初始特征值			提取载荷平方和		
	总计	方差百分比	累积%	总计	方差百分比	累积%
1	3.182	79.557	79.557	3.182	79.557	79.557

探索性因子分析的成分矩阵如表7－34所示，对因子的界定与命名在下文一并进行。

表7－34　　　　成分矩阵

	成分1
CONTROL_11	0.935
CONTROL_9	0.914
CONTROL_10	0.904
CONTROL_12	0.809

注：提取方法为主成分分析法。

信度分析结果如表7－35所示，除了CONTROL_12与因子的相关系数略低外，其他所有的题项—总体相关系数均大于0.8，Cronbach's系数为0.910，因子的题项之间具有较好的内部一致性。

表7－35　　　　信度检验（N＝204）

因子	题项序号	题项（简写）	题项—总体相关系数	Cronbach's系数
1	CONTROL_9	购买方进行定期检查	0.830	0.910
	CONTROL_10	公众满意度调查	0.812	
	CONTROL_11	定期提交项目运营报告	0.875	
	CONTROL_12	提交年度绩效考评报告	0.689	

第三，对测量题项CONTROL_13～CONTROL_18进行因子分析，8个测量题项的描述性统计结果如表7－36、表7－37所示。

表7－36　　　　测量题项的描述性统计结果

测量题项	变量类型	取值范围	样本量	平均值	标准差	方差	偏度	峰度
CONTROL_13	定距	1～7	204	3.564	2.5308	7.405	0.255	－1.684
CONTROL_14	定距	1～7	204	4.539	2.1799	4.752	－0.438	－1.199
CONTROL_15	定距	1～7	204	5.373	1.6245	2.639	－1.148	0.805
CONTROL_16	定距	1～7	204	5.5049	1.74621	3.049	－1.141	0.278
CONTROL_17	定距	1～7	204	5.3480	1.70812	2.918	－0.890	－0.278
CONTROL_18	定距	1～7	204	5.4902	1.57095	2.468	－1.002	－0.043

表 7 – 37　　　　测量题项的相关性分析

		CONTROL_13	CONTROL_14	CONTROL_15	CONTROL_16	CONTROL_17	CONTROL_18
CONTROL_13		1	0. 386	0. 309	0. 176	0. 071	0. 092
			0. 000	0. 000	0. 012	0. 315	0. 188
CONTROL_14		0. 386	1	0. 608	0. 516	0. 354	0. 378
		0. 000		0. 000	0. 000	0. 000	0. 000
CONTROL_15		0. 309	0. 608	1	0. 762	0. 576	0. 677
		0. 000	0. 000		0. 000	0. 000	0. 000
CONTROL_16		0. 176	0. 516	0. 762	1	0. 560	0. 716
		0. 012	0. 000	0. 000		0. 000	0. 000
CONTROL_17		0. 071	0. 354	0. 576	0. 560	1	0. 854
		0. 315	0. 000	0. 000	0. 000		0. 000
CONTROL_18		0. 092	0. 378	0. 677	0. 716	0. 854	1
		0. 188	0. 000	0. 000	0. 000	0. 000	

因子分析的前提是样本数据的 KMO 值大于 0. 7，且 Bartlett 统计值满足显著异于 0。如表 7 – 38 所示，KMO 值为 0. 763，Bartlett 球体检验结果符合要求。

表 7 – 38　　　　KMO 和巴特利特检验

KMO 取样适切性量数		0. 763
巴特利特球形度检验	近似卡方	654. 816
	自由度	6
	显著性	0. 000

采用主成分分析法进行因子分析，如表 7 – 39 所示，6 个题项的共同性数值均在 0. 7 以上，表示每个测量变量对共同因素的影响均十分重要。

表 7 – 39　　　　测量题项的公因子方差

	初始	提取
CONTROL_13	1. 000	0. 781
CONTROL_14	1. 000	0. 677
CONTROL_15	1. 000	0. 798

续表

	初始	提取
CONTROL_16	1.000	0.746
CONTROL_17	1.000	0.785
CONTROL_18	1.000	0.887

注：提取方法为主成分分析法。

用主成分分析法提取了2个因子，转轴前2个因子的特征值分别为3.509和1.164，采用直交转轴的最大变异法后，2个因子的特征值分别为3.081和1.593，2个因子可以解释4个测量题项77.897%的变异量（见表7－40）。

表7－40　　探索性因子分析结果（N＝204）

成分	初始特征值			提取载荷平方和			旋转载荷平方和		
	总计	方差百分比	累积%	总计	方差百分比	累积%	总计	方差百分比	累积%
1	3.509	58.490	58.490	3.509	58.490	58.490	3.081	51.355	51.355
2	1.164	19.407	77.897	1.164	19.407	77.897	1.593	27.543	77.897

探索性因子分析的结果显示，提炼的第1个因子对应测量题项CONTROL_15、CONTROL_16、CONTROL_17、CONTROL_18，提炼的第2个因子对应CONTROL_13和CONTROL_14，对因子的界定与命名在下文一并进行（见表7－41）。

表7－41　　因子旋转后的成分矩阵

	成分	
	1	2
CONTROL_18	0.940	0.053
CONTROL_17	0.886	－0.004
CONTROL_16	0.807	0.306
CONTROL_15	0.758	0.472
CONTROL_13	－0.052	0.882
CONTROL_14	0.428	0.703

注：提取方法为主成分分析法，旋转方法为凯撒正态化最大方差法。旋转在3次迭代后已收敛。

本书对两个因子进行信度分析，结果如表7－42所示，因子2的

Cronbach's 系数小于 0.7，信度检验未通过。因子 1 的题项—总体相关系数均大于 0.7，同时 Cronbach's 系数均为 0.898，第 1 个因子的题项之间具有较好的内部一致性。

表 7－42　　信度检验（N＝204）

因子	题项序号	题项（简写）	题项—总体相关系数	Cronbach's 系数
1	CONTROL_15	非正式激励机制	0.750	0.898
	CONTROL_16	信任关系	0.756	
	CONTROL_17	合作历史	0.731	
	CONTROL_18	组织价值观	0.863	
2	CONTROL_13	工作经历	0.386	0.552
	CONTROL_14	参加培训	0.386	

综合以上探索性因子分析的分析结果，18 个交易管控机制的测量题项共提炼了 4 个有效因子，因子与测量题项的对应关系如表 7－43 所示。

表 7－43　　管理控制机制的有效因子

因子序号	因子名称	题项序号	题项内容（简写）
1	信息共享与行为控制	CONTROL_5	规定人员数量和素质要求
		CONTROL_6	规定服务标准和质量要求
		CONTROL_2	获取日常运营信息
		CONTROL_8	规定绩效考核指标
		CONTROL_1	获取财务信息
		CONTROL_7	建立制度规范日常运营和服务标准
2	直接控制	CONTROL_4	直接参与日常运营管理
		CONTROL_3	直接参与重大事项决策
3	产出控制	CONTROL_9	购买方进行定期检查
		CONTROL_10	公众满意度调查
		CONTROL_11	定期提交项目运营报告
		CONTROL_12	提交年度绩效考评报告
4	非正式控制	CONTROL_15	非正式激励机制
		CONTROL_16	信任关系
		CONTROL_17	合作历史
		CONTROL_18	组织价值观

四、交易绩效的探索性因子分析

本书选择了4个题项，分别从公共服务质量、及时性、供给成本和公众满意度四个方面来测量政府购买服务项目的交易绩效，作为下一步进行因子分析和聚类分析的基础（见表7-44至表7-46）。

表7-44　　交易绩效的测量题项

题项序号	测量题项
PERFORMANCE_1	该项目实际完成情况与设定目标相比：公共服务质量达到要求
PERFORMANCE_2	该项目实际完成情况与设定目标相比：提供公共服务及时
PERFORMANCE_3	该项目实际完成情况与设定目标相比：降低了公共服务的供给成本
PERFORMANCE_4	该项目实际完成情况与设定目标相比：公众满意度高

表7-45　　交易绩效测量题项的描述性统计结果

测量题项	变量类型	取值范围	样本量	平均值	标准差	方差	偏度	峰度
PERFORMANCE_1	定距	1~7	204	7.078	0.8267	0.683	-0.993	1.150
PERFORMANCE_2	定距	1~7	204	7.054	0.8076	0.652	-1.289	2.729
PERFORMANCE_3	定距	1~7	204	5.877	0.8820	0.778	-1.193	2.237
PERFORMANCE_4	定距	1~7	204	7.196	0.7094	0.503	-0.970	2.179

表7-46　　交易绩效测量题项的相关性分析

		质量	及时	成本	满意度
相关性	质量	1.000	0.842	0.763	0.721
	及时	0.842	1.000	0.791	0.712
	成本	0.763	0.791	1.000	0.676
	满意度	0.721	0.712	0.676	1.000
显著性（单尾）	质量		0.000	0.000	0.000
	及时	0.000		0.000	0.000
	成本	0.000	0.000		0.000
	满意度	0.000	0.000	0.000	

a. 决定因子=0.042

因子分析的前提是样本数据的 KMO 值大于 0.7，且 Bartlett 统计值显著异于 0。如表 7－47 所示，交易绩效的 KMO 值为 0.849，达到标准，Bartlett 球体检验结果符合要求。

表 7－47　　交易绩效测量题项的 KMO 和巴特利特检验

KMO 取样适切性量数		0.849
巴特利特球形度检验	近似卡方	654.816
	自由度	6
	显著性	0.000

采用主成分分析法进行因子分析，如表 7－48 所示，4 个题项的共同性数值均在 0.7 以上，表示每个测量变量对共同因素的影响均十分重要。

表 7－48　　交易绩效测量题项的公因子方差

	初始	提取
质量	1.000	0.854
及时	1.000	0.864
成本	1.000	0.802
满意度	1.000	0.735

注：提取方法为主成分分析法。

用主成分分析法提取了 1 个因子，转轴前和采取直交转轴的最大变异法后，因子的特征值分别为 3.256，因子可以解释 4 个测量题项 81.396% 的变异量（见表 7－49、表 7－50）。

表 7－49　交易绩效测量题项的探索性因子分析结果（N＝204）

成分	提取载荷平方和			旋转载荷平方和		
	总计	方差百分比	累积%	总计	方差百分比	累积%
1	3.256	81.396	81.396	3.256	81.396	81.396

表 7－50　　交易绩效因子旋转后的成分矩阵

	成分交易绩效
PERFORMANCE_2	0.930
PERFORMANCE_1	0.924

续表

	成分交易绩效
PERFORMANCE_3	0.896
PERFORMANCE_4	0.858

注：提取方法为主成分分析法。

本书接下来进行了信度分析，结果如表 7 - 51 所示，所有的题项—总体相关系数均大于 0.8，同时各变量的 Cronbach's 系数均大于 0.9，可见交易伙伴选择机制各变量的题项之间具有较好的内部一致性。综上，本书所确立的交易伙伴选择机制量表具有较好的效度和信度，提取的两个因子的主成分值和因子值用于下一步聚类分析。

表 7 - 51　　　　交易绩效变量的信度检验（N = 204）

变量名称	题项序号	题项（简写）	题项—总体相关系数	Cronbach's 系数
交易绩效	PERFORMANCE_1	质量	0.858	0.922
	PERFORMANCE_2	及时	0.869	
	PERFORMANCE_3	成本	0.813	
	PERFORMANCE_4	满意度	0.755	

此外，考虑到交易型态不同、价值难以评估等原因，对交易绩效的评价，加入适当的主观产出指标是必要的（Anderson & Gerbing，1999），基于这一考虑，本书也引入了主观评价指标，表征关系满意度的变量（*SATISFACTION*）为取值 1 ~ 7 的定距变量。

表 7 - 52　　　　交易绩效变量

变量	问卷题项
关系满意度（*SATISFACTION*）	购买方对本项目完成情况满意

关系满意度变量的描述性统计结果如表 7 - 53、图 7 - 2 所示。

表 7 - 53　关系满意度变量（*SATISFACTION*）的描述性统计结果（N = 204）

项目	数值
平均值	7.025
平均值标准误差	0.0619

续表

项目	数值
中位数	7.000
标准差	0.8847
方差	0.783
偏度	-1.040
偏度标准误差	0.170
峰度	1.268
峰度标准误差	0.339
范围	4.0
最小值	3.0
最大值	7.0

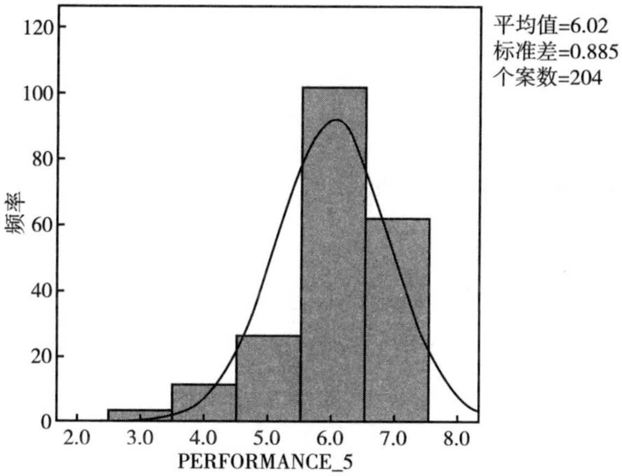

图 7-2　关系满意度变量直方图

第五节　组织间管理控制与影响因素的匹配性研究

一、管控机制的影响因素分析

本节将采用分组比较的研究方法初步考察各影响因素对管控机制应用水平的影响，影响因素分别是产出可度量性（*Measurability*）、相互依赖性

(*Dependence*)、竞争性（*Competition*）、社会声誉（*Reputation*）、资产专用性程度（*Asset_specificity*）、不确定性（*Uncertainty*）、交易主体历史关系（*Relationship*）、承接方独立性（*Supplier_Independence*）变量，同时也考察了在不同信任水平（*Trust*）下各类管控机制应用水平是否存在显著差异。

分组的基本原则是按照各先决变量的取值分为两组，即变量取值小于中位数属于取值低样本组，变量取值≥中位数属于取值高样本组，但前提是两组的样本数量≥50；否则，将视情况适当调整分组要求，然后采用独立样本均值差异 t 检验来分析这些因素下管控机制的选择是否存在显著差异，管控机制应用水平采用主成分分析提取因子的因子值。

从表 7 – 54 可见，产出可度量性、相互依赖性、竞争性、社会声誉、承接方独立性、信任水平等因素对正式机制和非正式机制的影响不存在异质性，产出可度量性较高、相互依赖性越低、竞争性越高、承接方社会声誉越重要、独立性越高、双方信任水平越高的组，正式的和非正式的交易伙伴选择机制都呈现更高的使用水平。可能的解释原因是，上述影响因素与政府购买服务交易的成熟性往往有较为密切的关系，一般来说，随着政府购买服务交易的发展，如果购买方具有较强产出度量能力，服务承接方市场的潜在竞争者较多，声誉机制能够发挥作用，关系主体虽然具有较高的独立性，但在长期合作过程中形成了信任关系的情况下，购买服务交易更容易取得成功，并发育成更加成熟的合作关系，在成熟度更高的政府购买服务交易中，购买方可以更加灵活地组合使用不同类型的承接方选择机制，这能够解释为什么正式的竞价机制和非正式的选择机制均呈现了更高的使用水平。

但是，资产专用性、不确定性和交易主体历史关系三个因素对正式机制和非正式机制的影响存在异质性，三者对正式交易伙伴选择机制均没有显著影响，但对非正式交易伙伴选择机制有显著影响。

资产专用性越高，意味着交易主体合作性行为的重要性越高，管控机制的核心是遏制交易主体的机会主义行为，保证合作性收益在交易主体之间进行分享。在政府购买公共服务过程中，通过一体化解决资产专用性可能带来的机会主义行为的机会微乎其微，而购买方与承接方之间基于长期合作收益预期订立关系契约，在理性假设基础上双方“信任”对方实施机会主义行为可能性小，这可以解释为什么在资产专用性较高的情况下，购买主体在选择承接方时更多地重视双方合作历史、价值观和组织文化一致性等非正式的交易伙伴选择机制，同时，由于政府购买服务在制度设计上属于政府采购的组织部分，对正式交易伙伴选择机制（签订合同、公开招投标程序等）的应用有制度要求，因此资产专用性水平并没有表现出对正式机制的显著影响。

不确定性对组织间管控机制的影响具有复杂性，随着不确定性的提高，事前无法预期的风险因素越多，正式契约机制越难发挥作用，越需要关系契约和非正式控制发挥作用，这可以解释随着不确定性增加，非正式交易伙伴选择机制的应用水平显著提高。

交易主体历史关系因素衡量承接方是否与购买方有长期历史关系，如是否曾经是购买方的直属事业单位或购买方为业务主管部门的社会组织，购买方与承接方之间的历史关系对双方关系契约和非正式谈判会有直接影响，这能够解释其在非正式交易伙伴选择机制应用水平上的显著影响（见表 7-54）。

表 7-54　各影响因素对交易伙伴选择机制的影响：单变量分析

	正式交易伙伴选择机制	非正式交易伙伴选择机制
产出可度量性（*Measurability*）		
取值低样本组均值（N=63）	-0.36	-0.37
取值高样本组均值（N=141）	0.32	0.33
均值差异 t 检验	-5.121 (0.000)***	-5.287 (0.000)***
相互依赖性（*Dependence*）		
取值低样本组均值（N=96）	0.35	0.37
取值高样本组均值（N=108）	-0.31	-0.33
均值差异 t 检验	4.957 (0.000)***	5.259 (0.000)***
竞争性（*Competition*）		
取值低样本组均值（N=102）	-0.17	-0.29
取值高样本组均值（N=102）	0.17	0.29
均值差异 t 检验	-2.478 (0.014)***	-4.34 (0.000)***
社会声誉（*Reputation*）		
取值低样本组均值（N=119）	-0.24	-0.32

续表

	正式交易伙伴选择机制	非正式交易伙伴选择机制
取值高样本组均值（N=85）	0.34	0.45
均值差异 t 检验	-4.228 (0.014)***	-5.905 (0.014)***
资产专用性程度（*Asset_specificity*）		
取值低样本组均值（N=103）	-0.08	-0.25
取值高样本组均值（N=101）	0.08	0.25
均值差异 t 检验	-1.146 (0.253)	-3.662 (0.000)***
不确定性（*Uncertainty*）		
取值低样本组均值（N=103）	-0.09	-0.18
取值高样本组均值（N=101）	0.09	0.19
均值差异 t 检验	-1.233 (0.219)	-2.684 (0.008)**
交易主体历史关系（*Relationship*）		
取值低样本组均值（N=135）	0.07	0.27
取值高样本组均值（N=69）	-0.13	-0.53
均值差异 t 检验	1.443 (0.151)	5.836 (0.000)***
承接方独立性（*Supplier_Independence*）		
取值低样本组均值（N=67）	-0.37	-0.58
取值高样本组均值（N=137）	0.16	0.28
均值差异 t 检验	-3.455 (0.001)***	-7.283 (0.000)***
信任水平（*Trust*）		
取值低样本组均值（N=70）	-0.41	-0.71
取值高样本组均值（N=134）	0.21	0.37
均值差异 t 检验	-4.67 (0.000)***	-8.484 (0.000)***

注：（1）这里的均值检验同时采用独立样本的均值 T 检验，括号内为统计量的 p 值。（2）***，**，*分别表示在 0.01，0.05，0.10 水平上统计显著。

各影响因素对交易管控机制的影响如表 7-55 所示，首先，产出可度量性、竞争性、社会声誉、承接方独立性、交易主体信任水平等因素对四类交易管控机制的影响不存在异质性，产出可度量性越高、竞争性越高、承接方社会声誉越重要、独立性越高、双方信任水平越高，购买方会越多地使用四类管控机制。可能的解释原因与这些因素对承接方选择机制的影响相同，政府购买服务交易的成熟度与上述因素之间存在正相关关系，在成熟度更高的政府购买服务交易中，购买方使用各类管控机制的能力更强，可以更加灵活地组合使用不同类型机制，这能够在一定程度上解释为什么四类管控机制均呈现了更高的使用水平。

表 7－55　　各影响因素对交易管控机制的影响：单变量分析

	信息共享与行为控制	直接控制	产出控制	非正式控制
产出可度量性（*Measurability*）				
取值低样本组均值（N＝96）	－0.55	－0.21	－0.55	－0.49
取值高样本组均值（N＝108）	0.49	0.19	0.49	0.43
均值差异 t 检验	－5.287 （0.000）***	－2.894 （0.004）***	－8.654 （0.000）***	－7.410 （0.000）***
相互依赖性（*Dependence*）				
取值低样本组均值（N＝96）	0.50	0.06	0.49	0.49
取值高样本组均值（N＝108）	－0.45	－0.50	－0.43	－0.43
均值差异 t 检验	7.658 （0.000）***	0.767 （0.444）	7.402 （0.000）***	7.339 （0.000）***
竞争性（*Competition*）				
取值低样本组均值（N＝102）	－0.30	－0.14	－0.37	－0.34
取值高样本组均值（N＝102）	0.30	0.14	0.37	0.34
均值差异 t 检验	－4.526 （0.000）***	－2.040 （0.000）***	－5.744 （0.000）***	－5.220 （0.000）***
社会声誉（*Reputation*）				
取值低样本组均值（N＝119）	－0.44	－0.13	－0.43	－0.43
取值高样本组均值（N＝85）	0.62	0.18	0.61	0.60
均值差异 t 检验	－8.813 （0.000）***	－2.221 （0.000）***	－8.557 （0.000）***	－8.426 （0.000）***

续表

	信息共享与行为控制	直接控制	产出控制	非正式控制
资产专用性程度（*Asset_specificity*）				
取值低样本组均值（N = 103）	-0.11	-0.13	-0.11	-0.22
取值高样本组均值（N = 101）	0.12	0.13	0.11	0.22
均值差异 t 检验	-1.648 (0.101)	-1.901 (0.059)*	-1.536 (0.126)	-3.254 (0.001)***
不确定性（*Uncertainty*）				
取值低样本组均值（N = 103）	-0.12	0.07	-0.08	-0.17
取值高样本组均值（N = 101）	0.12	-0.07	0.09	0.18
均值差异 t 检验	-1.680 (0.094)*	1.034 (0.302)	-1.280 (0.202)	-2.545 (0.012)**
交易主体历史关系（*Relationship*）				
取值低样本组均值（N = 135）	0.33	-0.19	0.22	0.33
取值高样本组均值（N = 69）	-0.65	0.37	-0.42	-0.65
均值差异 t 检验	7.434 (0.000)***	-3.904 (0.000)***	4.534 (0.000)***	7.490 (0.000)***
承接方独立性（*Supplier_Independence*）				
取值低样本组均值（N = 67）	-0.68	-0.07	-0.59	-0.69
取值高样本组均值（N = 137）	0.33	0.03	0.29	0.34
均值差异 t 检验	-7.704 (0.000)***	-0.673 (0.000)***	-7.472 (0.000)***	-7.832 (0.000)***
信任水平（*Trust*）				
取值低样本组均值（N = 70）	-0.95	-0.39	-0.95	-0.97
取值高样本组均值（N = 134）	0.49	0.20	0.50	0.51
均值差异 t 检验	-13.414 (0.000)***	-4.2 (0.000)***	-13.556 (0.000)***	-13.953 (0.000)***

注：（1）这里的均值检验同时采用独立样本的均值 T 检验，括号内为统计量的 p 值。（2）***，**，*分别表示在 0.01，0.05，0.10 水平上统计显著。

相互依赖性对行为控制、产出控制和非正式控制的应用有显著影响，依赖性越强，上述管控机制的应用水平越低，但相互依赖性对直接控制的影响不显著。

资产专用性对直接控制和非正式控制的影响显著，对行为控制和产出控制的应用水平影响不显著。资产专用性较高的情况下，关系主体机会主义行为的风险较高，在政府购买服务中，如果服务本身具有较高的资产专业性，购买方会倾向于用自制或者选择能够直接控制的服务承接方来提供服务，或者选择具有长期历史关系和信任关系、目标一致性水平较高的服务承接方，这能够解释为什么直接控制和非正式控制的应用水平在资产专用性水平较高组显著更高，但是，行为控制和产出控制在两组之间的应用水平没有显著差异。

不确定性的影响与资产专用性因素的影响不同，在不确定性较高组，行为控制和非正式控制的应用水平显著高于不确定水平较低组，但是直接控制和产出控制的应用水平没有在两组之间表现出显著差异。前文提及，考虑到公共服务需求的信息不完全性特征，以及政治体制、法制环境、公民需求变化等因素的影响，在不确定性较高的交易环境里，政府部门作为购买方，会倾向于采取强度更高、更具有科层控制特征的机制来缓解不确定性带来的影响。从结果来看，行为控制和非正式控制两类机制在高不确定性环境下的应用水平显著较高，符合理论假说的方向，但直接控制和产出控制没有表现出相同的趋势。

二、管控机制的后果分析：基于聚类分析

聚类分析是将多个无明显分类特征的对象，按照某种相似性分成多个簇的分析过程，一般包括四个步骤：根据研究目的选择合适的聚类变量、计算相似性测度、选定聚类方法进行聚类、对结果进行解释和验证。具体聚类算法与技术包括 K - means 聚类、凝聚聚类、Cobweb、EM 算法等，其中，K - means 聚类算法简单快速、应用广泛，当结果簇密集、簇与簇之间区别明显时，效果更突出，在管理会计研究中得到比较多的应用（Gerdin，2005；Johansson，Siverbo，2011）。K - means 聚类算法是一种迭代求解的方法，是对 N 个数据对象给出 K 个划分，通过迭代把数据对象划分到不同的集群中，使集群内部对象之间的相似度很大，而集群之间对象的相似度很小，相似度的计算根据一个集群中对象的平均值来进行。如果相邻两次的聚类中心没有任何变化，

说明样本调整结束且聚类平均误差准则函数已经收敛。其步骤如下：第一步，随机选择一个代表簇的总数的 K 值作为输入；第二步，在数据集中随机选择 K 个代表簇中心的实例；第三步；计算簇中心与其他实例的距离，将距离近的实例划分到该簇中后重新计算簇中心；第四步；若簇中心发生变化，则继续重复第三步，若簇中心不发生变化，算法终止。K - means 聚类算法在进行距离度量的时候有多种度量方式，如欧式距离、曼哈顿距离、切比雪夫距离、余弦距离等，在本书中选择余弦距离进行度量，因为余弦距离相比较于欧式距离，在相似性的度量指标上具有更好的解释性，此外，它针对于方向而不是具体的数值来显示区分度，因此更能体现各个类别的差异。

考虑到本书的样本规模超过 200 个，可以采用 K - 均值聚类法进行聚类分析，由于使用 K - 均值聚类法时通常要实现定义集群数目，研究者运用部分样本观察值进行层次聚类法，作为决定集群数的参考。

（一）交易伙伴选择机制的聚类分析：不考虑与影响因素的匹配性

对交易伙伴选择机制提取的 2 个因子：“正式的交易伙伴选择机制”和“非正式的交易伙伴选择机制”进行 K - means 方法进行聚类分析，聚类数为 3 类，聚类结果如表 7 - 56、表 7 - 57 所示。

表 7 - 56　　交易伙伴选择机制 K - means 最终聚类中心

	聚类		
	1	2	3
正式交易伙伴选择机制	-0.43129	0.58799	-1.46933
非正式交易伙伴选择机制	-1.56557	0.34537	0.66201
样本数量	43	124	37

表 7 - 57　　聚类 ANOVA 分析结果

	聚类		误差		F	显著性
	均方	自由度	均方	自由度		
正式交易伙伴选择机制	65.375	2	0.359	201	181.873	0.000
非正式交易伙伴选择机制	68.200	2	0.331	201	205.829	0.000

表 7－57 由于已选择聚类以使不同聚类中个案之间的差异最大化，因此 F 检验只应该用于描述目的。实测显著性水平并未因此进行修正，所以无法解释为针对“聚类平均值相等”这一假设的检验。接下来对两类交易伙伴选择机制在三类样本上的取值进行 ANOVA 检验，结果如表 7－58、表 7－59 所示。

表 7－58　　聚类 ANOVA 分析结果

		平方和	自由度	均方	F	显著性
正式交易伙伴选择机制	组间	130.750	2	65.375	181.873	0.000
	组内	72.250	201	0.359		
	总计	203.000	203			
非正式交易伙伴选择机制	组间	137.400	2	68.200	205.829	0.000
	组内	67.600	201	0.331		
	总计	203.000	203			

表 7－59　　平均值相等性稳健检验

		统计 a	自由度 1	自由度 2	显著性
正式交易伙伴选择机制	韦尔奇	193.191	2	60.645	0.000
	布朗—福塞斯	117.989	2	79.136	0.000
非正式交易伙伴选择机制	韦尔奇	159.707	2	67.409	0.000
	布朗—福塞斯	158.946	2	95.285	0.000

a. 渐近 F 分布。

样本通过方差齐性检验后，选择 LSD 方法进行多重比较，结果如表 7－60 所示。三类样本中，第一类样本的交易伙伴选择机制，非正式机制应用水平最低，正式机制应用水平居中，即“低非正式机制和中正式机制组”；第二类样本的交易伙伴选择机制，正式机制应用水平最高，非正式机制应用水平居中，即“中非正式机制和高正式机制组”；第三类样本的交易伙伴选择机制，非正式机制应用水平最高，正式机制应用水平最低，即“高非正式机制和低正式机制组”，如表 7－60、图 7－3 所示。

表 7-60　　　　LSD 多重比较

因变量			平均值差值（I-J）	标准误差	显著性	95% 置信区间	
						下限	上限
正式交易伙伴选择机制	1	2	-1.010*	0.106	0.000	-1.229	-0.810
		3	1.038*	0.134	0.000	0.773	1.303
	2	1	1.019*	0.106	0.000	0.810	1.229
		3	2.057*	0.112	0.000	1.836	2.279
	3	1	-1.030*	0.134	0.000	-1.303	-0.773
		2	-2.050*	0.112	0.000	-2.279	-1.836
非正式交易伙伴选择机制	1	2	-1.910*	0.102	0.000	-2.112	-1.710
		3	-2.220*	0.129	0.000	-2.482	-1.973
	2	1	1.910*	0.102	0.000	1.710	2.112
		3	-0.316*	0.108	0.004	-0.529	-0.104
	3	1	2.227*	0.129	0.000	1.973	2.482
		2	0.317*	0.108	0.004	0.104	0.529

*. 平均值差值的显著性水平为 0.05。

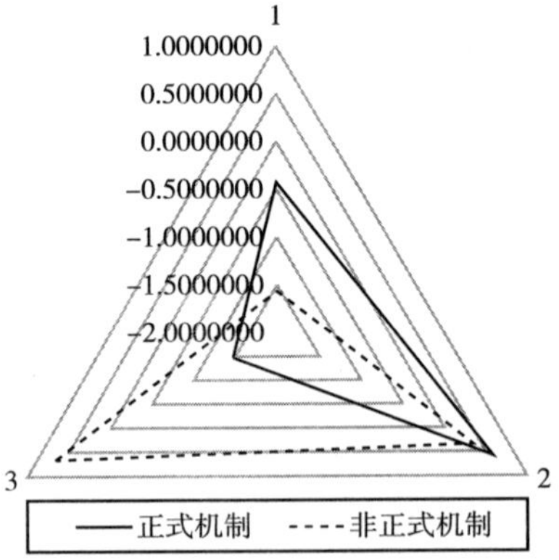

图 7-3　分类交易伙伴选择机制应用水平

接下来对三类样本的交易绩效进行比较，观察在不考虑与影响因素的匹配性的情况下，交易伙伴选择机制应用的不同类之间是否有交易绩效的显著差异。交易绩效的比较运用两个绩效变量：一是因子分析提炼的交易绩效变量，二是关系满意度变量，结果如表 7-61、表 7-62 所示。

表 7-61　　ANOVA 分析：交易绩效变量

变量		平方和	自由度	均方	F	显著性
关系满意度	组间	9.340	2	4.670	7.277	0.002
	组内	149.538	201	0.744		
	总计	158.877	203			
交易绩效因子	组间	7.620	2	3.310	3.388	0.036
	组内	197.380	201	0.977		
	总计	203.000	203			

表 7-62　　平均值相等性稳健检验

		统计 a	自由度 1	自由度 2	显著性
关系满意度	韦尔奇	7.879	2	79.259	0.002
	布朗—福塞斯	7.548	2	118.918	0.002
交易绩效因子	韦尔奇	3.118	2	75.408	0.050
	布朗—福塞斯	3.274	2	111.189	0.042

a. 渐近 F 分布。

由于方差齐性检验未通过，因此选择塔姆黑泥 T2 进行多重检验。如表 7-63 所示，在平均值差值显著性水平设为 0.10 的情况下，第一类与第三类、第二类与第三类平均值差值显著，第一类与第二类的平均值差值不显著，即“高非正式机制和低正式机制组”的交易绩效因子变量和关系满意度变量均显著高于“低非正式机制和中正式机制组”和“中非正式机制和高正式机制组”，“低非正式机制和中正式机制组”和“中非正式机制和高正式机制组”之间的交易绩效没有显著差异。从这一结果来看，如果购买方采取了高水平的非正式选择机制，同时采用低水平的正式选择机制，交易绩效和关系满意度均高于其他组合类型，当两类选择机制是其他水平组合时，并没有发现交易绩效和关系满意度上存在显著差异。根据前文分析，非正式选择机制往往是在关系主体之间存在较强的信任关系、长期合作关系或者服务承接方具有较高的信誉水平的情况下会更多地使用，并且与正式选择机制之间具有一定的相互替代性，高水平非正式机制和低水平正式机制组合说明购买方有条件用非正式选择机制替代正式选择机制，这往往意味着两者之间可能存在高水平的信任关系，从而带来较高水平的行动协调和合作，可以在一定程度上解释为什么交易绩效会有更好的表现，同时由于通过公开竞价等进行的正式选择机制应用水平较低，关系主体之间的关系黏性强，可以在一定程度上解释为什么关系满意度有更好的表现（见图 7 - 4）。

表 7 - 63　　多重比较

因变量	(I) 个案聚类编号	(J) 个案聚类编号	平均值差值 (I - J)	标准误差	显著性	90% 置信区间	
						下限	上限
交易绩效因子	1	2	-0.103	0.174	0.913	-0.478	0.272
		3	-0.532*	0.227	0.065	-1.022	-0.042
	2	1	0.103	0.174	0.913	-0.272	0.478
		3	-0.429*	0.192	0.085	-0.844	-0.014
	3	1	0.532*	0.227	0.065	0.042	1.022
		2	0.429*	0.192	0.085	0.014	0.844
关系满意度	1	2	-0.295	0.159	0.190	-0.638	0.048
		3	-0.685*	0.187	0.001	-1.086	-0.283
	2	1	0.295	0.159	0.190	-0.048	0.638
		3	-0.389*	0.148	0.031	-0.708	-0.070
	3	1	0.685*	0.187	0.001	0.283	1.086
		2	0.389*	0.148	0.031	0.070	0.708

*. 平均值差值的显著性水平为 0.1。

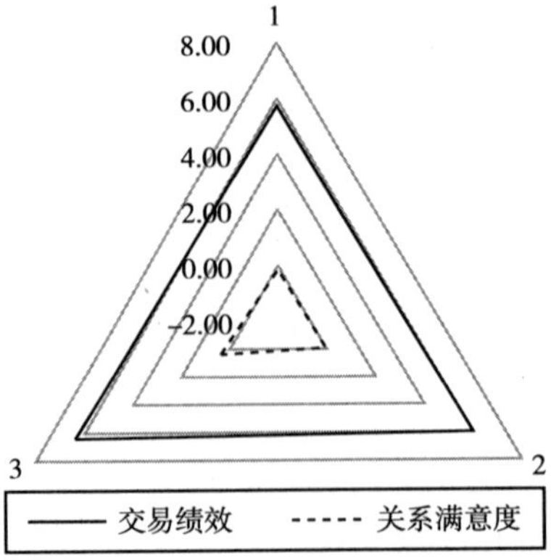

图 7 - 4　交易绩效变量雷达图

（二）交易管控机制的聚类分析：不考虑与影响因素的匹配性

对交易管控机制提取的 4 个因子："信息共享与行为控制""直接控制""产出控制"和"非正式控制"进行 K－means 方法进行聚类分析，聚类数为 3 类，聚类结果如表 7－64 至表 7－71、图 7－5 所示。

表 7－64　　交易管控机制最终聚类中心

	聚类		
	1	2	3
信息共享与行为控制	－2.125	0.389	0.240
直接控制	－0.400	－1.111	0.770
产出控制	－2.109	0.052	0.443
非正式控制	－2.066	0.267	0.302

表 7－65　　交易管控机制聚类 ANOVA 分析

	聚类		误差		F	显著性
	均方	自由度	均方	自由度		
信息共享与行为控制	64.815	2	0.365	201	177.566	0.000
直接控制	77.882	2	0.245	201	313.866	0.000
产出控制	67.588	2	0.347	201	191.681	0.000
非正式控制	60.828	2	0.405	201	150.304	0.000

表 7－66　　交易管控机制聚类描述性统计结果

管控机制	聚类	个案数	平均值	标准差	标准误差
信息共享与行为控制	1	25	－2.125	0.164	0.033
	2	68	0.389	0.796	0.097
	3	111	0.240	0.524	0.050
直接控制	1	25	－0.400	0.371	0.074
	2	68	－1.111	0.568	0.069
	3	111	0.770	0.470	0.045
产出控制	1	25	－2.109	0.323	0.065
	2	68	0.052	0.620	0.075
	3	111	0.443	0.615	0.058

续表

管控机制	聚类	个案数	平均值	标准差	标准误差
非正式控制	1	25	-2.066	0.343	0.069
	2	68	0.267	0.727	0.088
	3	111	0.302	0.626	0.059

表 7-67　　交易管控机制聚类方差齐性检验

	莱文统计	自由度 1	自由度 2	显著性
信息共享与行为控制	19.183	2	201	0.000
直接控制	3.046	2	201	0.050
产出控制	5.943	2	201	0.003
非正式控制	5.107	2	201	0.007

表 7-68　　ANOVA 分析

		平方和	自由度	均方	F	显著性
信息共享与行为控制	组间	129.631	2	64.815	177.566	0.000
	组内	73.369	201	0.365		
	总计	203.000	203			
直接控制	组间	153.765	2	77.882	313.866	0.000
	组内	49.235	201	0.245		
	总计	203.000	203			
产出控制	组间	133.175	2	67.588	191.681	0.000
	组内	69.825	201	0.347		
	总计	203.000	203			
非正式控制	组间	121.655	2	60.828	150.304	0.000
	组内	81.345	201	0.405		
	总计	203.000	203			

表 7-69　　平均值相等性稳健检验

		统计 a	自由度 1	自由度 2	显著性
信息共享与行为控制	韦尔奇	940.710	2	117.190	0.000
	布朗—福塞斯	227.750	2	115.420	0.000
直接控制	韦尔奇	287.344	2	72.220	0.000
	布朗—福塞斯	352.250	2	137.153	0.000

续表

		统计 a	自由度 1	自由度 2	显著性
产出控制	韦尔奇	464.244	2	89.393	0.000
	布朗—福塞斯	257.168	2	169.233	0.000
非正式控制	韦尔奇	387.407	2	88.132	0.000
	布朗—福塞斯	191.790	2	155.459	0.000

a. 渐近 F 分布。

表 7－70　LSD 多重比较

因变量			平均值差值（I－J）	标准误差	显著性	95% 置信区间	
						下限	上限
信息共享与行为控制	1	2	－2.514*	0.141	0.000	－2.793	－2.236
		3	－2.365*	0.134	0.000	－2.630	－2.102
	2	1	2.514*	0.141	0.000	2.236	2.793
		3	0.148*	0.093	0.112	－0.035	0.332
	3	1	2.365*	0.134	0.000	2.102	2.630
		2	－0.148*	0.093	0.112	－0.332	0.035
直接控制	1	2	0.71*	0.116	0.000	0.482	0.938
		3	－1.17*	0.110	0.000	－1.387	－0.955
	2	1	－0.71*	0.116	0.000	－0.938	－0.482
		3	－1.881*	0.076	0.000	－2.031	－1.731
	3	1	1.171*	0.110	0.000	0.955	1.387
		2	1.881*	0.076	0.000	1.731	2.031
产出控制	1	2	－2.16*	0.138	0.000	－2.432	－1.889
		3	－2.552*	0.130	0.000	－2.809	－2.295
	2	1	2.161*	0.138	0.000	1.889	2.432
		3	－0.391*	0.091	0.000	－0.570	－0.213
	3	1	2.552*	0.130	0.000	2.295	2.809
		2	0.391*	0.091	0.000	0.213	0.570

续表

因变量			平均值差值（I－J）	标准误差	显著性	95% 置信区间	
						下限	上限
非正式控制	1	2	－2.332*	0.149	0.000	－2.626	－2.039
		3	－2.367*	0.141	0.000	－2.646	－2.090
	2	1	2.332*	0.149	0.000	2.039	2.626
		3	－0.035	0.098	0.717	－0.229	0.158
	3	1	2.368*	0.141	0.000	2.090	2.646
		2	0.035	0.098	0.717	－0.158	0.229

*. 平均值差值的显著性水平为 0.05。

表 7－71　　不同聚类管控机制应用水平

管控机制	1	2	3
信息共享与行为控制	低	高	中
直接控制	中	低	高
产出控制	低	中	高
非正式控制	低	高	高

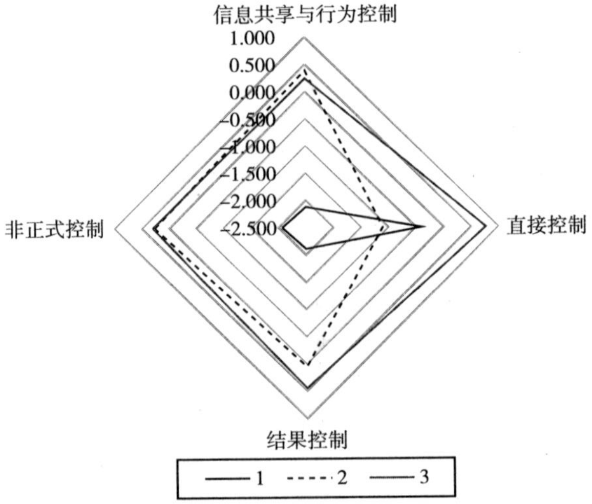

图 7－5　不同聚类管控机制应用水平

接下来对三类样本的交易绩效进行比较，观察在不考虑与影响因素的匹配性的情况下，交易管控机制应用的不同类之间是否有交易绩效的显著差异。交易绩效的比较运用两个绩效变量：一是因子分析提炼的交易绩效变量，二是关系满意度变量，结果如表 7－72、表 7－73 所示。

表 7－72　　ANOVA 分析：交易绩效变量

变量		平方和	自由度	均方	F	显著性
关系满意度	组间	20.087	2	10.044	14.545	0.000
	组内	138.790	201	0.690		
	总计	158.877	203			
交易绩效因子	组间	14.198	2	7.099	7.558	0.001
	组内	188.802	201	0.939		
	总计	203.000	203			

表 7－73　　平均值相等性稳健检验

		统计 a	自由度 1	自由度 2	显著性
关系满意度	韦尔奇	17.258	2	67.440	0.000
	布朗—福塞斯	14.853	2	112.582	0.000
交易绩效因子	韦尔奇	10.072	2	71.132	0.000
	布朗—福塞斯	8.641	2	127.136	0.000

a. 渐近 F 分布。

由于方差齐性检验未通过，因此选择塔姆黑泥 T2 进行多重检验。如表 7－74 所示，在平均值差值显著性水平设为 0.05 的情况下，第一类样本与第二类和第三类样本在两个交易绩效变量上均存在显著差异，第二类和第三类的交易绩效不存在显著差异，即第一类样本（直接管控机制应用水平居中，其他三个管控机制应用水平均居于最低水平）的交易绩效显著低于其他样本。这一结论与假说的方向比较一致，即组织间管控机制的应用会显著影响到交易绩效水平，即使在不考虑与影响因素的匹配性的情况下，如果管控机制的应用水平普遍较低，能够反映出购买方应用管控的能力相对较弱，交易风险的防范和协调合作的水平相对较低，从而导致较低的交易绩效。

表 7 - 74　　多重比较

因变量	(I) 个案聚类编号	(J) 个案聚类编号	平均值差值 (I - J)	标准误差	显著性	90% 置信区间	
						下限	上限
交易绩效因子	1	2	-0.861*	0.199	0.000	-1.352	-0.369
		3	-0.744*	0.189	0.001	-1.213	-0.275
	2	1	0.861*	0.199	0.000	0.369	1.352
		3	0.117	0.150	0.820	-0.244	0.479
	3	1	0.744*	0.189	0.001	0.275	1.213
		2	-0.117	0.150	0.820	-0.479	0.244
关系满意度	1	2	-1.021*	0.189	0.000	-1.486	-0.555
		3	-0.890*	0.170	0.000	-1.316	-0.464
	2	1	1.021*	0.189	0.000	0.555	1.486
		3	0.131	0.134	0.701	-0.193	0.454
	3	1	0.890*	0.170	0.000	0.464	1.316
		2	-0.131	0.134	0.701	-0.454	0.193

*. 平均值差值的显著性水平为 0.05。

（三）交易管控机制聚类与影响因素的匹配性分析

为了考察交易管控机制与影响因素的匹配性是否会影响交易绩效，本研究对四类交易管控机制聚类分析形成的三类样本的影响因素水平进行方差分析，观察三类样本的交易特征、主体特征和环境特征等是否存在显著差异，以及影响因素与交易管控机制选择之间的匹配性水平是否与交易绩效之间存在相关性。影响因素的描述性统计结果如表 7 - 75 至表 7 - 79 所示。

表 7 - 75　　描述性统计结果

		个案数	平均值	标准差	标准误差	平均值的 95% 置信区间		最小值	最大值
						下限	上限		
产出可度量性 (*Measurability*)	1	25	1.800	0.4082	0.0816	1.631	1.969	1.0	2.0
	2	68	5.809	1.1623	0.1410	5.527	7.090	3.0	7.0
	3	111	7.117	1.1016	0.1046	5.910	7.324	1.0	7.0
	总计	204	5.485	1.7462	0.1223	5.244	5.726	1.0	7.0

续表

		个案数	平均值	标准差	标准误差	平均值的 95% 置信区间		最小值	最大值
						下限	上限		
相互依赖性(*Dependence*)	1	25	2.600	1.0408	0.2082	2.170	3.030	1.0	4.0
	2	68	5.088	1.8906	0.2293	4.631	5.546	1.0	7.0
	3	111	5.432	1.4809	0.1406	5.154	5.711	1.0	7.0
	总计	204	4.971	1.8192	0.1274	4.719	5.222	1.0	7.0
竞争性(*Competition*)	1	25	1.800	0.4082	0.0816	1.631	1.969	1.0	2.0
	2	68	5.559	1.0704	0.1298	5.300	5.818	3.0	7.0
	3	111	5.640	1.2562	0.1192	5.403	5.876	2.0	7.0
	总计	204	5.142	1.6799	0.1176	4.910	5.374	1.0	7.0
社会声誉(*Reputation*)	1	25	2.400	1.0408	0.2082	1.970	2.830	1.0	4.0
	2	68	7.029	0.9459	0.1147	5.800	7.258	4.0	7.0
	3	111	7.297	0.9005	0.0855	7.128	7.467	4.0	7.0
	总计	204	5.730	1.5602	0.1092	5.515	5.946	1.0	7.0
资产专用性(*Asset_specificity*)	1	25	3.800	1.0000	0.2000	3.387	4.213	3.0	5.0
	2	68	4.221	1.5047	0.1825	3.856	4.585	1.0	7.0
	3	111	4.514	1.5890	0.1508	4.215	4.812	1.0	7.0
	总计	204	4.328	1.5135	0.1060	4.119	4.537	1.0	7.0
不确定性(*Uncertainty*)	1	25	4.000	0.9129	0.1826	3.623	4.377	3.0	5.0
	2	68	4.544	1.4704	0.1783	4.188	4.900	1.0	7.0
	3	111	4.523	1.3541	0.1285	4.268	4.777	2.0	7.0
	总计	204	4.466	1.3551	0.0949	4.279	4.653	1.0	7.0
交易主体历史关系(*Relationship*)	1	25	5.00	2.500	0.500	3.97	7.03	2	7
	2	68	1.24	0.979	0.119	1.00	1.47	1	6
	3	111	2.48	2.227	0.211	2.06	2.90	1	7
	总计	204	2.37	2.243	0.157	2.06	2.68	1	7
承接方独立性(*Supplier_Independence*)	1	25	2.600	2.2913	0.4583	1.654	3.546	1.0	7.0
	2	68	7.059	1.9230	0.2332	5.593	7.524	1.0	7.0
	3	109	7.505	1.1756	0.1126	7.281	7.728	1.0	7.0
	总计	202	5.871	2.0402	0.1435	5.588	7.154	1.0	7.0

表 7-76　　方差齐性检验结果

	莱文统计	自由度 1	自由度 2	显著性
产出可度量性（*Measurability*）	4.378	2	201	0.014
相互依赖性（*Dependence*）	5.867	2	201	0.003
竞争性（*Competition*）	13.938	2	201	0.000
社会声誉（*Reputation*）	0.891	2	201	0.412
资产专用性（*Asset_specificity*）	2.736	2	201	0.067
不确定性（*Uncertainty*）	3.031	2	201	0.050
交易主体历史关系（*Relationship*）	57.920	2	201	0.000
承接方独立性（*Supplier_Independence*）	11.735	2	199	0.000

表 7-77　　ANOVA 结果

		平方和	自由度	均方	F	显著性
产出可度量性（*Measurability*）	组间	390.964	2	195.482	172.339	0.000
	组内	227.992	201	1.134		
	总计	618.956	203			
相互依赖性（*Dependence*）	组间	165.110	2	82.555	32.747	0.000
	组内	507.714	201	2.521		
	总计	671.824	203			
竞争性（*Competition*）	组间	318.527	2	159.264	125.858	0.000
	组内	254.350	201	1.265		
	总计	572.877	203			
社会声誉（*Reputation*）	组间	319.041	2	159.521	183.084	0.000
	组内	175.130	201	0.871		
	总计	494.172	203			
资产专用性（*Asset_specificity*）	组间	11.574	2	5.787	2.565	0.079
	组内	453.421	201	2.256		
	总计	464.995	203			
不确定性（*Uncertainty*）	组间	7.198	2	3.099	1.699	0.185
	组内	367.561	201	1.824		
	总计	372.760	203			

续表

		平方和	自由度	均方	F	显著性
交易主体历史关系 (*Relationship*)	组间	261.757	2	130.879	34.617	0.000
	组内	759.929	201	3.781		
	总计	1021.686	203			
承接方独立性 (*Supplier_ Independence*)	组间	313.641	2	157.821	59.668	0.000
	组内	523.012	199	2.628		
	总计	837.653	201			

表 7－78　　　　平均值相等性稳健检验结果

		统计 a	自由度 1	自由度 2	显著性
产出可度量性 (*Measurability*)	韦尔奇	642.922	2	109.535	0.000
	布朗—福塞斯	244.342	2	162.246	0.000
相互依赖性 (*Dependence*)	韦尔奇	65.240	2	77.608	0.000
	布朗—福塞斯	38.104	2	142.809	0.000
竞争性 (*Competition*)	韦尔奇	500.071	2	114.375	0.000
	布朗—福塞斯	195.478	2	185.625	0.000
社会声誉 (*Reputation*)	韦尔奇	150.612	2	62.926	0.000
	布朗—福塞斯	167.459	2	83.109	0.000
资产专用性 (*Asset_specificity*)	韦尔奇	4.035	2	80.003	0.021
	布朗—福塞斯	3.272	2	160.205	0.040
不确定性 (*Uncertainty*)	韦尔奇	3.154	2	77.925	0.048
	布朗—福塞斯	2.060	2	151.764	0.131
交易主体历史关系 (*Relationship*)	韦尔奇	35.772	2	59.526	0.000
	布朗—福塞斯	31.218	2	53.844	0.000
	布朗—福塞斯	40.788	2	60.626	0.000
承接方独立性 (*Supplier_Independence*)	韦尔奇	34.196	2	55.125	0.000
	布朗—福塞斯	40.788	2	60.626	0.000

a. 渐近 F 分布。

表 7－79　　LSD 多重比较结果

因变量	(I) 个案聚类编号	(J) 个案聚类编号	平均值差值 (I－J)	标准误差	显著性	95%置信区间	
						下限	上限
产出可度量性 (*Measurability*)	1	2	－4.0088*	0.2491	0.000	－4.500	－3.518
		3	－4.3171*	0.2358	0.000	－4.782	－3.852
	2	1	4.0088*	0.2491	0.000	3.518	4.500
		3	－0.3083	0.1640	0.062	－0.632	0.015
	3	1	4.3171*	0.2358	0.000	3.852	4.782
		2	0.3083	0.1640	0.062	－0.015	0.632
相互依赖性 (*Dependence*)	1	2	－2.4882*	0.3714	0.000	－3.221	－1.756
		3	－2.8324*	0.3515	0.000	－3.526	－2.139
	2	1	2.4882*	0.3714	0.000	1.756	3.221
		3	－0.3442	0.2445	0.161	－0.826	0.138
	3	1	2.8324*	0.3515	0.000	2.139	3.526
		2	0.3442	0.2445	0.161	－0.138	0.826
竞争性 (*Competition*)	1	2	－3.7588*	0.2631	0.000	－4.278	－3.240
		3	－3.8396*	0.2490	0.000	－4.331	－3.349
	2	1	3.7588*	0.2631	0.000	3.240	4.278
		3	－0.0808	0.1732	0.641	－0.422	0.261
	3	1	3.8396*	0.2490	0.000	3.349	4.331
		2	0.0808	0.1732	0.641	－0.261	0.422
社会声誉 (*Reputation*)	1	2	－3.6294*	0.2183	0.000	－4.060	－3.199
		3	－3.8973*	0.2066	0.000	－4.305	－3.490
	2	1	3.6294*	0.2183	0.000	3.199	4.060
		3	－0.2679	0.1437	0.064	－0.551	0.016
	3	1	3.8973*	0.2066	0.000	3.490	4.305
		2	0.2679	0.1437	0.064	－0.016	0.551
资产专用性 (*Asset_specificity*)	1	2	－0.4206	0.3513	0.233	－1.113	0.272
		3	－0.7135*	0.3325	0.033	－1.369	－0.058
	2	1	0.4206	0.3513	0.233	－0.272	1.113
		3	－0.2929	0.2313	0.207	－0.749	0.163
	3	1	0.7135*	0.3325	0.033	0.058	1.369
		2	0.2929	0.2313	0.207	－0.163	0.749

续表

因变量	(I) 个案聚类编号	(J) 个案聚类编号	平均值差值 (I-J)	标准误差	显著性	95%置信区间	
						下限	上限
不确定性 (*Uncertainty*)	1	2	-0.5441	0.3159	0.086	-1.167	0.079
		3	-0.5225	0.2990	0.082	-1.112	0.067
	2	1	0.5441	0.3159	0.086	-0.079	1.167
		3	0.0216	0.2080	0.917	-0.388	0.432
	3	1	0.5225	0.2990	0.082	-0.067	1.112
		2	-0.0216	0.2080	0.917	-0.432	0.388
交易主体历史关系 (*Relationship*)	1	2	3.765*	0.455	0.000	2.87	4.66
		3	2.523*	0.430	0.000	1.67	3.37
	2	1	-3.765*	0.455	0.000	-4.66	-2.87
		3	-1.242*	0.299	0.000	-1.83	-0.65
	3	1	-2.523*	0.430	0.000	-3.37	-1.67
		2	1.242*	0.299	0.000	0.65	1.83
承接方独立性 (*Supplier_Independence*)	1	2	-3.4588*	0.3792	0.000	-4.207	-2.711
		3	-3.9046*	0.3595	0.000	-4.614	-3.196
	2	1	3.4588*	0.3792	0.000	2.711	4.207
		3	-0.4458	0.2505	0.077	-0.940	0.048
	3	1	3.9046*	0.3595	0.000	3.196	4.614
		2	0.4458	0.2505	0.077	-0.048	0.940

*. 平均值差值的显著性水平为 0.05。

通过对影响因素的方差分析，可以将三类样本管控机制的应用水平与影响因素水平总结如表 7-80 所示。

表 7-80 影响因素和交易管控机制匹配性

聚类	1	2	3
信息共享与行为控制	低	高	中
直接控制	中	低	高
产出控制	低	中	高
非正式控制	低	高	高
产出可度量性 (*Measurability*)	最低	中到高	中到高

续表

聚类	1	2	3
相互依赖性（*Dependence*）	最低	中到高	中到高
竞争性（*Competition*）	最低	中到高	中到高
社会声誉（*Reputation*）	最低	中到高	中到高
交易主体历史关系（*Relationship*）	最高	最低	中等
承接方独立性（*Supplier_Independence*）	最低	中到高	中到高
交易绩效因子	最低	中到高	中到高
关系满意度	最低	中到高	中到高

从表 7－80 可见，第一类样本的交易绩效和关系满意度水平显著低于其他两类样本，这类样本的影响因素特征是产出可度量性和竞争性较低，交易主体之间有较深的历史关系（承接方曾经是购买方的直属事业单位，或者是由购买方出资组建的社会组织），承接方的独立性低，与购买方之间存在依附关系，这些交易特征下，购买方采取产出控制的难度较大，应当采用较高水平的非正式控制机制或者基于科层的直接控制等，但样本采取了低水平的行为控制、产出控制和非正式控制，中等水平的直接控制、交易特征与管控机制之间不匹配性是使得交易绩效水平显著低于其他两组的原因。这一结论与 Johansson 和 Siverbo（2011）的观点一致，即组织间管控模式与影响因素的不匹配（misfit）是使得交易绩效表现差的主要原因。

对交易伙伴选择机制与影响因素匹配性分析能够得到相似的结论。以交易伙伴选择机制聚类分析形成的结果为基础，三类样本影响因素的描述性统计结果如表 7－81 所示。

表 7－81　　描述性统计

影响因素		个案数	平均值	标准差	标准误差	平均值的 95% 置信区间		最小值	最大值
						下限	上限		
产出可度量性（*Measurability*）	1	43	3.465	2.0511	0.3128	2.834	4.096	1.0	7.0
	2	124	7.129	1.1892	0.1068	5.918	7.340	1.0	7.0
	3	37	5.676	1.0555	0.1735	5.324	7.028	3.0	7.0
	总计	204	5.485	1.7462	0.1223	5.244	5.726	1.0	7.0

续表

影响因素		个案数	平均值	标准差	标准误差	平均值的 95% 置信区间		最小值	最大值
						下限	上限		
相互依赖性 (*Dependence*)	1	43	3.605	1.8405	0.2807	3.038	4.171	1.0	7.0
	2	124	5.605	1.5292	0.1373	5.333	5.877	1.0	7.0
	3	37	4.432	1.6757	0.2755	3.874	4.991	1.0	7.0
	总计	204	4.971	1.8192	0.1274	4.719	5.222	1.0	7.0
竞争性 (*Competition*)	1	43	3.465	2.1641	0.3300	2.799	4.131	1.0	7.0
	2	124	5.702	1.1115	0.0998	5.504	5.899	3.0	7.0
	3	37	5.216	1.3361	0.2197	4.771	5.662	2.0	7.0
	总计	204	5.142	1.6799	0.1176	4.910	5.374	1.0	7.0
社会声誉 (*Reputation*)	1	43	3.860	1.9710	0.3006	3.254	4.467	1.0	7.0
	2	124	7.339	0.8638	0.0776	7.185	7.492	4.0	7.0
	3	37	5.865	1.0843	0.1783	5.503	7.226	4.0	7.0
	总计	204	5.730	1.5602	0.1092	5.515	5.946	1.0	7.0
资产专用性 (*Asset_specificity*)	1	43	3.558	1.2966	0.1977	3.159	3.957	1.0	7.0
	2	124	4.661	1.4865	0.1335	4.397	4.926	2.0	7.0
	3	37	4.108	1.5052	0.2475	3.606	4.610	1.0	7.0
	总计	204	4.328	1.5135	0.1060	4.119	4.537	1.0	7.0
不确定性 (*Uncertainty*)	1	43	3.721	0.9838	0.1500	3.418	4.024	2.0	5.0
	2	124	4.839	1.2712	0.1142	4.613	5.065	2.0	7.0
	3	37	4.081	1.5524	0.2552	3.563	4.599	1.0	7.0
	总计	204	4.466	1.3551	0.0949	4.279	4.653	1.0	7.0
交易主体历史关系 (*Relationship*)	1	43	4.16	2.618	0.399	3.36	4.97	1	7
	2	124	2.06	2.039	0.183	1.70	2.43	1	7
	3	37	1.32	0.944	0.155	1.01	1.64	1	4
	总计	204	2.37	2.243	0.157	2.06	2.68	1	7
承接方独立性 (*Supplier_Independence*)	1	43	3.930	2.5764	0.3929	3.137	4.723	1.0	7.0
	2	124	7.565	1.1773	0.1057	7.355	7.774	1.0	7.0
	3	35	5.800	2.2069	0.3730	5.042	7.558	1.0	7.0
	总计	202	5.871	2.0402	0.1435	5.588	7.154	1.0	7.0

相互依赖性和资产专用性两个变量的方差齐性检验未通过，多重比较选择塔

姆黑尼 T2 方法，其他变量的多重比较选择 LSD 方法（见表 7－82 至表 7－87）。

表 7－82　　方差齐性检验

影响因素	莱文统计	自由度 1	自由度 2	显著性
产出可度量性（*Measurability*）	35.420	2	201	0.000
相互依赖性（*Dependence*）	2.237	2	201	0.109
竞争性（*Competition*）	38.713	2	201	0.000
社会声誉（*Reputation*）	44.089	2	201	0.000
资产专用性（*Asset_specificity*）	0.807	2	201	0.448
不确定性（*Uncertainty*）	4.820	2	201	0.009
交易主体历史关系（*Relationship*）	30.284	2	201	0.000
承接方独立性（*Supplier_Independence*）	57.951	2	199	0.000

表 7－83　　ANOVA 检验

		平方和	自由度	均方	F	显著性
产出可度量性（*Measurability*）	组间	228.215	2	114.107	58.698	0.000
	组内	390.741	201	1.944		
	总计	618.956	203			
相互依赖性（*Dependence*）	组间	140.826	2	70.413	27.654	0.000
	组内	530.997	201	2.642		
	总计	671.824	203			
竞争性（*Competition*）	组间	159.950	2	79.975	38.929	0.000
	组内	412.928	201	2.054		
	总计	572.877	203			
社会声誉（*Reputation*）	组间	197.910	2	98.455	67.573	0.000
	组内	297.261	201	1.479		
	总计	494.172	203			
资产专用性（*Asset_specificity*）	组间	41.049	2	20.524	9.731	0.000
	组内	423.946	201	2.109		
	总计	464.995	203			
不确定性（*Uncertainty*）	组间	47.578	2	23.289	14.351	0.000
	组内	327.182	201	1.623		
	总计	372.760	203			

续表

		平方和	自由度	均方	F	显著性
交易主体历史关系 (*Relationship*)	组间	190.234	2	95.117	22.994	0.000
	组内	831.452	201	4.137		
	总计	1 021.686	203			
承接方独立性 (*Supplier_Independence*)	组间	221.779	2	110.889	35.889	0.000
	组内	614.875	199	3.090		
	总计	837.653	201			

表 7-84　　平均值相等性稳健检验

		统计 a	自由度 1	自由度 2	显著性
产出可度量性 (*Measurability*)	韦尔奇	32.563	2	72.815	0.000
	布朗—福塞斯	47.675	2	79.538	0.000
相互依赖性 (*Dependence*)	韦尔奇	23.660	2	72.243	0.000
	布朗—福塞斯	23.913	2	107.115	0.000
竞争性 (*Competition*)	韦尔奇	21.592	2	65.612	0.000
	布朗—福塞斯	28.349	2	82.361	0.000
社会声誉（*Reputation*）	韦尔奇	32.885	2	63.915	0.000
	布朗—福塞斯	45.570	2	74.613	0.000
资产专用性 (*Asset_specificity*)	韦尔奇	10.893	2	78.930	0.000
	布朗—福塞斯	10.140	2	114.129	0.000
不确定性 (*Uncertainty*)	韦尔奇	18.245	2	77.805	0.000
	布朗—福塞斯	13.819	2	90.683	0.000
交易主体历史关系 (*Relationship*)	韦尔奇	23.024	2	91.299	0.000
	布朗—福塞斯	24.483	2	82.357	0.000
承接方独立性 (*Supplier_Independence*)	韦尔奇	21.855	2	57.335	0.000
	布朗—福塞斯	22.661	2	84.822	0.000

a. 渐近 F 分布。

表 7－85 **LSD 多重比较**

因变量	(I) 交易伙伴选择个案聚类编号	(J) 交易伙伴选择个案聚类编号	平均值差值（I－J）	标准误差	显著性
产出可度量性（*Measurability*）	1	2	－2.6639*	0.2468	0.000
		3	－2.2106*	0.3126	0.000
	2	1	2.6639*	0.2468	0.000
		3	0.4534	0.2612	0.084
	3	1	2.2106*	0.3126	0.000
		2	－0.4534	0.2612	0.084
竞争性（*Competition*）	1	2	－2.2365*	0.2537	0.000
		3	－1.7511*	0.3214	0.000
	2	1	2.2365*	0.2537	0.000
		3	0.4854	0.2685	0.072
	3	1	1.7511*	0.3214	0.000
		2	－0.4854	0.2685	0.072
社会声誉（*Reputation*）	1	2	－2.4782*	0.2152	0.000
		3	－2.0044*	0.2727	0.000
	2	1	2.4782*	0.2152	0.000
		3	0.4738*	0.2278	0.039
	3	1	2.0044*	0.2727	0.000
		2	－0.4738*	0.2278	0.039
不确定性（*Uncertainty*）	1	2	－1.1178*	0.2254	0.000
		3	－0.3602	0.2857	0.209
	2	1	1.1178*	0.2254	0.000
		3	0.7576*	0.2386	0.002
	3	1	0.3602	0.2857	0.209
		2	－0.7576*	0.2386	0.002
交易主体历史关系（*Relationship*）	1	2	2.098*	0.360	0.000
		3	2.838*	0.456	0.000
	2	1	－2.098*	0.360	0.000
		3	0.740	0.381	0.053
	3	1	－2.838*	0.456	0.000
		2	－0.740	0.381	0.053

续表

因变量	(I) 交易伙伴选择个案聚类编号	(J) 交易伙伴选择个案聚类编号	平均值差值 (I-J)	标准误差	显著性
承接方独立性 (*Supplier_Independence*)	1	2	-2.6343*	0.3111	0.000
		3	-1.8698*	0.4002	0.000
	2	1	2.6343*	0.3111	0.000
		3	0.7645*	0.3364	0.024
	3	1	1.8698*	0.4002	0.000
		2	-0.7645*	0.3364	0.024

*. 平均值差值的显著性水平为 0.05。

表 7-86　　塔姆黑尼多重比较

因变量	(I) 交易伙伴选择个案聚类编号	(J) 交易伙伴选择个案聚类编号	平均值差值 (I-J)	标准误差	显著性
相互依赖性 (*Dependence*)	1	2	-2.0002*	0.3125	0.000
		3	-0.8278	0.3933	0.111
	2	1	2.0002*	0.3125	0.000
		3	1.1724*	0.3078	0.001
	3	1	0.8278	0.3933	0.111
		2	-1.1724*	0.3078	0.001
资产专用性 (*Asset_specificity*)	1	2	-1.1032*	0.2386	0.000
		3	-0.5500	0.3168	0.238
	2	1	1.1032*	0.2386	0.000
		3	0.5532	0.2812	0.153
	3	1	0.5500	0.3168	0.238
		2	-0.5532	0.2812	0.153

表 7-87　　影响因素和交易伙伴选择机制匹配性

变量	1	2	3
正式选择机制	中	高	低
非正式选择机制	低	中	高
产出可度量性 (*Measurability*)	最低	中到高	中到高
相互依赖性 (*Dependence*)	低到中	最高	低到中
竞争性 (*Competition*)	最低	中到高	中到高

续表

变量	1	2	3
社会声誉（*Reputation*）	最低	最高	中
资产专用性（*Asset_specificity*）	显著低于 2	显著高于 1	与 1 或 2 的差异不显著
不确定性（*Uncertainty*）	低到中	最高	低到中
交易主体历史关系（*Relationship*）	最高	低到中	低到中
承接方独立性（*Supplier_Independence*）	最低	最高	中
交易绩效因子	低到中	低到中	最高
关系满意度	低到中	低到中	最高

从以上表格总结的内容来看，第一类样本所面对的交易环境和交易的特征体现为产出可度量性、竞争性和声誉作用最低。但是交易主体之间有最高水平的历史关系，承接方的独立性最低，根据理论分析，这类样本应当采取最高水平的非正式选择机制和较低水平的正式选择机制，但这类样本实际选择的是中等水平的正式选择机制和低水平的非正式选择机制，这种不匹配性的结果是较低水平的交易绩效和关系满意度，结论与 Johansson 和 Siverbo（2011）的观点一致，即不匹配性（misfit）导致交易绩效表现差。与此相对比的是，对于第三类样本，交易伙伴选择机制的选择与影响因素之间同样并不具有理论上的匹配性，产出可度量性和竞争性较高，交易主体的相互依赖性和不确定性较低，承接方的独立性中等水平，根据理论分析应当选择较高水平的正式选择机制，但第三类样本选择了高水平的非正式选择机制和低水平的正式选择机制，但是并没有导致较低水平的交易绩效，反而交易绩效显著高于其他两类样本，可能的解释理由是非正式选择机制替代了正式选择机制并且发挥了作用。在聚类分析的基础上，接下来本书采用结构方程模型方法对管控机制发挥作用的路径关系展开分析，希望能够得到关于管控机制如何发挥作用的相关经验证据。

三、管控机制的后果分析：基于结构方程模型分析

（一）伙伴选择机制与交易绩效的路径关系

由于涉及中间变量的影响和潜变量的测量，本节的统计分析主要运用结

构方程模型来展开，结构方程模型综合了因子分析、路径分析和多元回归技术，同时处理了潜变量的测量问题和变量间关系的结构问题。

1. 直接效应

假说 H1a：正式交易伙伴选择机制的使用会提高交易绩效。

假说 H1b：非正式交易伙伴选择机制的使用会提高交易绩效。

模型整体拟合情况如表 7－88 所示，从总体样本模型拟合情况来看，模型拟合良好，卡方自由度比为 1.879，GFI、AGFI、TLI、NFI、RFI、CFI 均大于界限值 0.90，属于拟合度极好，RMR 和 RMSEA 指标大于 0.5，属于拟合良好范围，PGFI 和 PNFI 指标分别为拟合度极好和良好范围。

表 7－88　　模型拟合情况

拟合指标	指标值	临界值	拟合情况
卡方值	31.951（p＝0.336）		
自由度	17		
卡方自由度比	1.879	1－3	excellent fit
GFI	0.964	＞0.90	excellent fit
AGFI	0.923	＞0.90	excellent fit
TLI	0.981	＞0.90	excellent fit
NFI	0.976	＞0.90	excellent fit
RFI	0.961	＞0.90	excellent fit
CFI	0.989	＞0.90	excellent fit
RMR	0.054	＜0.05	moderate fit
RMSEA	0.066	＜0.05	moderate fit
PGFI	0.455	＞0.50	moderate fit
PNFI	0.593	＞0.50	excellent fit

从结构模型系数来看，正式交易伙伴选择机制与交易绩效之间并不存在直接的正相关关系，假说 H1a 不成立，非正式交易伙伴选择机制与交易绩效之间存在直接正相关关系，假说 H1b 成立（见表 7－89、图 7－6）。

表 7 - 89　　　　模型参数估计结果

	路径	估计值	S. E.	C. R.
交易绩效	<---正式交易伙伴选择机制	-0.009 (0.785)	0.034	-0.272
交易绩效	<---非正式交易伙伴选择机制	0.117 (0.012)**	0.047	2.511
CHOICE_1	<---正式交易伙伴选择机制	1.000 (0.000)***		
CHOICE_2	<---正式交易伙伴选择机制	1.087 (0.000)***	0.070	15.581
CHOICE_4	<---非正式交易伙伴选择机制	1.000 (0.000)***		
CHOICE_3	<---非正式交易伙伴选择机制	0.987 (0.000)***	0.065	15.084
PERFORMANCE_1	<---交易绩效	1.000 (0.000)***		
PERFORMANCE_2	<---交易绩效	0.995 (0.000)***	0.048	20.895
PERFORMANCE_3	<---交易绩效	0.995 (0.000)***	0.057	17.336
PERFORMANCE_4	<---交易绩效	0.738 (0.000)***	0.050	14.750

注：(1) 估计值后的括号里为 p 值。(2) ***，**，* 分别表示在 0.01，0.05，0.10 水平上统计显著。

2. 间接效应

假说 H2a：正式交易伙伴选择机制的使用会提高交易主体之间的信任水平，进而提高交易绩效。

假说 H2b：非正式交易伙伴选择机制的使用会提高交易主体之间的信任水平，进而提高交易绩效。

模型整体拟合情况如表 7 - 90 所示，从总体样本模型拟合情况来看，模型拟合良好，卡方自由度比为 1.731，GFI、AGFI、TLI、NFI、RFI、CFI 均大于界限值 0.90，属于拟合度极好，RMR 和 RMSEA 指标大于 0.5 但小于 1，属于拟合良好范围，PNFI 和 PGFI 指标分别为拟合度极好和良好范围。

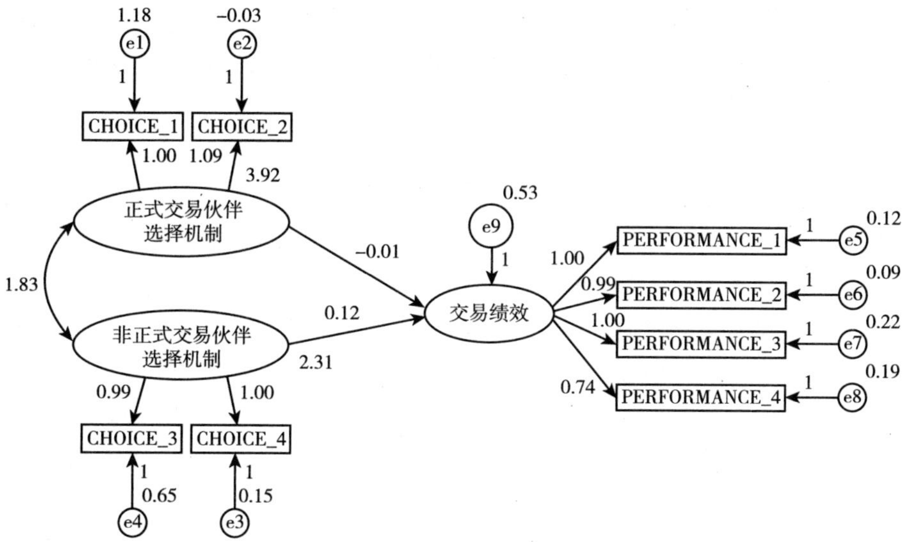

图 7－6　模型的参数估计结果图

表 7－90　　模型拟合情况

拟合指标	指标值	临界值	拟合情况
卡方值	39. 814（p＝0. 236）		
自由度	23		
卡方自由度比	1. 731	1－3	excellent fit
GFI	0. 961	＞0. 90	excellent fit
AGFI	0. 923	＞0. 90	excellent fit
TLI	0. 982	＞0. 90	excellent fit
NFI	0. 973	＞0. 90	excellent fit
RFI	0. 958	＞0. 90	excellent fit
CFI	0. 988	＞0. 90	excellent fit
RMR	0. 063	＜0. 05	moderate fit
RMSEA	0. 060	＜0. 05	moderate fit
PGFI	0. 491	＞0. 50	excellent fit
PNFI	0. 622	＞0. 50	moderate fit

从结构模型系数来看，正式交易伙伴选择机制和非正式交易伙伴选择机制均与交易主体信任水平之间存在显著的正相关关系，但是信任与交易绩效

之间的相关性不显著，因此，H2a 与 H2b 均不成立，信任并没有发挥显著的中介作用。此外，非正式交易伙伴选择机制与交易绩效之间的直接效应仍然显著（见表 7－91、图 7－7）。

表 7－91　　　　　　　　模型参数估计结果

	路径	估计值	S. E.	C. R.
信任	<---正式交易伙伴选择机制	125 (0.027)**	0.056	2.217
信任	<---非正式交易伙伴选择机制	0.675 (0.000)***	0.077	8.794
交易绩效	<---信任	0.037 (0.391)	0.043	0.857
交易绩效	<---正式交易伙伴选择机制	－0.011 (0.742)	0.033	－0.330
交易绩效	<---非正式交易伙伴选择机制	0.080 (0.099)**	0.049	1.651
CHOICE_1	<---正式交易伙伴选择机制	1.000		
CHOICE_2	<---正式交易伙伴选择机制	1.041 (0.000)***	0.064	17.214
CHOICE_4	<---非正式交易伙伴选择机制	1.000		
CHOICE_3	<---非正式交易伙伴选择机制	0.892 (0.000)***	0.052	17.236
PERFORMANCE_1	<---交易绩效	1.000		
PERFORMANCE_2	<---交易绩效	0.995 (0.000)***	0.048	20.890
PERFORMANCE_3	<---交易绩效	0.995 (0.000)***	0.057	17.325
PERFORMANCE_4	<---交易绩效	0.739 (0.000)***	0.050	14.752

注：（1）估计值后的括号里为 p 值。（2）***，**，* 分别表示在 0.01，0.05，0.10 水平上统计显著。

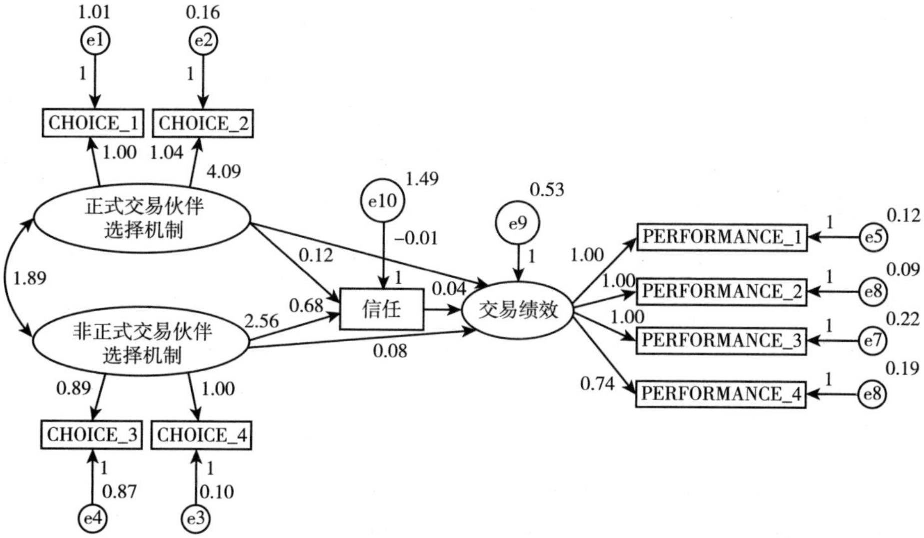

图 7-7　模型的参数估计结果图

（二）伙伴选择机制与交易绩效的路径关系：考虑影响因素的匹配性

本书对影响因素匹配性的考察主要通过多群组分析来考察影响因素是否在管控机制和交易绩效的关系上发挥调节作用，即观察当影响因素处于不同水平的时候，管控机制与交易绩效之间的关系是否存在显著差异，如果存在显著差异，则观察管控机制在什么情况下会对交易绩效发挥显著作用。多群组分析方法是评估某个适配于某一样本群组的模式是否也适配于其他不同的样本群组，即理论模型在不同的样本群组之间是否相同或者参数是否具有不变性，本书分别以产出可度量性（*Measurability*）、相互依赖性（*Dependence*）、竞争性（*Competition*）、社会声誉（*Reputation*）、资产专用性程度（*Asset_specificity*）、不确定性（*Uncertainty*）、交易主体历史关系（*Relationship*）、承接方独立性（*Supplier_Independence*）变量为调节变量，根据前文第四章的分析，提出假说：

假说 H3a：产出度量性较高时，正式伙伴选择机制对交易绩效有显著正向作用。产出度量性较低时，非正式伙伴选择机制对交易绩效有显著正向作用。

假说 H3b：交易主体相互依赖性较高时，非正式伙伴选择机制对交易绩效有显著正向作用。相互依赖性较低时，正式伙伴选择机制对交易绩效有显著正向作用。

假说 H3c：竞争性较高时，正式伙伴选择机制对交易绩效有显著正向作用。竞争性较低时，非正式伙伴选择机制对交易绩效有显著正向作用。

假说 H3d：社会声誉重要性较高时，非正式伙伴选择机制对交易绩效有显著正向作用。社会声誉重要性较低时，正式伙伴选择机制对交易绩效有显著正向作用。

假说 H3e：资产专用性较高时，非正式伙伴选择机制对交易绩效有显著正向作用。资产专用性较低时，正式伙伴选择机制对交易绩效有显著正向作用。

假说 H3f：不确定性较高时，非正式伙伴选择机制对交易绩效有显著正向作用。不确定性较低时，正式伙伴选择机制对交易绩效有显著正向作用。

假说 H3g：交易主体历史关系较长时，非正式伙伴选择机制对交易绩效有显著正向作用。交易主体历史关系较短时，正式伙伴选择机制对交易绩效有显著正向作用。

假说 H3h：承接方独立性较低时，非正式伙伴选择机制对交易绩效有显著正向作用。承接方独立性较高时，正式伙伴选择机制对交易绩效有显著正向作用。

在进行多群组分析时，进行各种参数限制，通过对预设模型（即对模型不做任何参数限制）、协方差相等模型、方差相等模型、路径系数相等模型和模型不变性五个模型输出结果适配度的比较分析，对不变性进行检验。

分组的基本原则是按照影响因素的取值分为两组，即变量取值小于中位数属于取值低样本组，变量取值大于等于中位数属于取值高样本组，但前提是两组的样本数量均大于 50 个。首先对伙伴选择机制与交易绩效的直接路径关系进行多群组分析，多群组分析模型 CFI 值和 GFI 值均高于 0.90 的标准值，RMSEA 值均小于 0.08 的适配临界，多群组结构方程模型与观察数据的适配情况良好，根据 AIC 和 ECVI 指标选择适配度最小的预设模型作为多群组分析模型，结果如表 7 – 92 所示。

表 7－92　　多群组分析参数检验表

			正式选择机制	非正式选择机制
产出可度量性 (*Measurability*)	高	影响系数	0.077***	－0.011
		C. R.	－2.788	－0.343
	低	影响系数	0.096	0.04
		C. R.	1.356	0.467
相互依赖性 (*Dependence*)	高	影响系数	－0.065	－0.035
		C. R.	－1.543	－1.008
	低	影响系数	－0.015	0.144***
		C. R.	－0.312	2.055
竞争性 (*Competition*)	高	影响系数	－0.076	0.278***
		C. R.	－1.314	3.355
	低	影响系数	0.001	－0.069
		C. R.	0.032	－1.783
社会声誉 (*Reputation*)	高	影响系数	－0.01	0.13**
		C. R.	－0.204	1.96
	低	影响系数	－0.036	－0.004
		C. R.	－1.345	－0.123
资产专用性 (*Asset_specificity*)	高	影响系数	0.032	0.108**
		C. R.	0.838	2.179
	低	影响系数	－0.035	0.190*
		C. R.	－0.63	1.955
不确定性 (*Uncertainty*)	高	影响系数	－0.009	0.074**
		C. R.	－0.22	2.169
	低	影响系数	－0.011	0.157
		C. R.	－0.177	1.373
交易主体历史关系 (*Relationship*)	高	影响系数	－0.022	0.077
		C. R.	－0.565	0.813
	低	影响系数	0.025	0.089
		C. R.	0.392	1.431

续表

			正式选择机制	非正式选择机制
承接方独立性（*Supplier_Independence*）	高	影响系数	0.078	0.07
		C. R.	1.086	1.228
	低	影响系数	-0.05	0.034
		C. R.	-1.341	0.389

第一，从路径参数来看，正式选择机制与产出可度量性的匹配性对选择机制与交易绩效的路径关系有显著影响，在产出可度量性较高的群组中，正式选择机制的应用对交易绩效有显著正作用，非正式选择机制的影响不显著；在产出可度量性较低的群组中，两类选择机制的影响均不显著，假说 H3a 部分得到支持。非正式选择机制与相互依赖性、竞争性、社会声誉重要性和不确定性因素的匹配性，均会对路径关系发生显著影响，其中，社会声誉重要性和不确定性因素的影响与假说方向一致，即假说 H3d 和假说 H3f 得到支持。社会声誉重要性高、不确定性高的样本群组，非正式选择机制对交易绩效有显著正向作用，在社会声誉重要性和不确定性较低的样本中没有发现显著的路径关系。相互依赖性和竞争性因素的影响与理论假说方向不一致，非正式选择机制对交易绩效的显著影响，发生在相互依赖性较低和竞争性较高的组，而非理论假说 H3b 和 H3c 提出的相互依赖性较高、竞争性较低的情况。

第二，对交易伙伴选择机制与交易绩效的间接路径关系进行多群组分析，多群组分析模型 CFI 值和 GFI 值均高于 0.90 的标准值，RMSEA 值均小于 0.08 的适配临界，多群组结构方程模型与观察数据的适配情况良好，根据 AIC 和 ECVI 指标选择适配度最小的预设模型作为多群组分析模型，结果如表 7-93 所示。从参数情况看，选择机制通过影响信任水平进而影响交易绩效的路径，在不确定性较高的情况和承接方独立性较低的情况下，是显著成立的。在不确定性较高的样本中，正式选择机制和非正式选择机制均对信任机制产生显著正向影响，并进而影响了交易绩效。当承接方独立性较低时，非正式选择机制对信任产生显著正向作用，并进而影响交易绩效，正式选择机制与信任和交易绩效之间没有发现同样的路径关系。

表 7 – 93　　多群组分析参数检验表

	路径	产出可度量性		相互依赖性	
		高	低	高	低
间接效应	正式选择机制→信任	0.135 *	0.182 ***	0.218 ***	-0.043 ***
	非正式选择机制→信任	0.763 ***	0.162 *	0.091	0.85 ***
	信任→交易绩效	0.071	-0.139	-0.083	0.028
直接效应	正式选择机制→交易绩效	0.067	-0.024	-0.022 ***	-0.007 ***
	非正式选择机制→交易绩效	0.06	-0.029	-0.041	0.105

	路径	竞争性		社会声誉	
		高	低	高	低
间接效应	正式选择机制→信任	-0.103	0.317 ***	0.003	0.004
	非正式选择机制→信任	1.021 ***	0.078	0.742 ***	-0.001
	信任→交易绩效	0.039	-0.093	0.022	-0.211
直接效应	正式选择机制→交易绩效	-0.057	0.018	-0.009	-0.034
	非正式选择机制→交易绩效	0.207 *	-0.055	0.113 *	-0.004

	路径	资产专用性		不确定性	
		高	低	高	低
间接效应	正式选择机制→信任	0.084	0.205 ***	0.387 ***	-0.242
	非正式选择机制→信任	0.72 ***	0.576 ***	0.363 ***	1.307 ***
	信任→交易绩效	0.063	0.02	0.126 **	-0.129
直接效应	正式选择机制→交易绩效	0.033	-0.043	-0.059	-0.028
	非正式选择机制→交易绩效	0.051	0.169 *	0.047	0.309 *

	路径	交易主体历史关系		承接方独立性	
		高	低	高	低
间接效应	正式选择机制→信任	0.075	0.449 ***	0.249	0.071
	非正式选择机制→信任	0.39 ***	0.502 ***	0.531 ***	0.712 ***
	信任→交易绩效	0.036	0.036	-0.062	0.132 **
直接效应	正式选择机制→交易绩效	-0.03	0.016	0.102	0.062
	非正式选择机制→交易绩效	0.034	0.064	0.095	-0.064

（三）交易管控机制的后果分析：管控机制与交易绩效之间的路径关系

本书首先对信任共享和行为控制、直接控制、产出控制和正式控制四类控制机制对交易绩效的直接效应进行检验。

假说 H4a：信息共享与行为控制机制的使用会提高交易绩效。

假说 H4b：直接控制机制的使用会提高交易绩效。

假说 H4c：产出控制机制的使用会提高交易绩效。

假说 H4d：非正式控制机制的使用会提高交易绩效。

如图 7－8 所示。模型整体拟合情况如表 7－94 所示，从总体样本模型拟合情况来看，模型拟合不佳，除 PGFI 和 PNFI 指标拟合较好之外，其他拟合指标均表现不佳，假说 H4a～H4d 未得到验证。

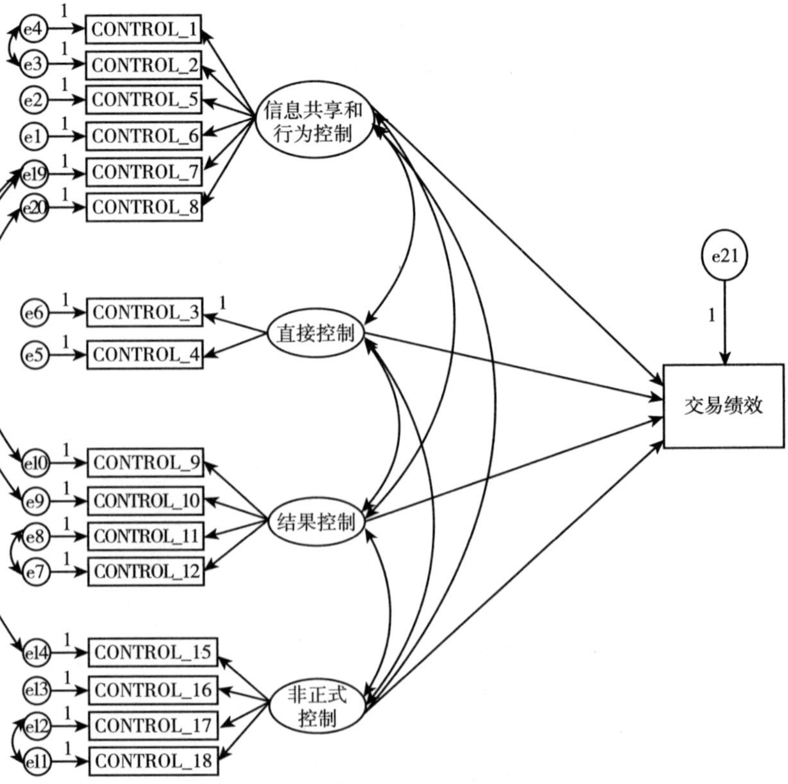

图 7－8　模型路径图

表 7－94　　模型拟合情况

拟合指标	指标值	临界值	拟合情况
卡方值	583.562（p＝0.212）		
自由度	104		
卡方自由度比	5.611	1－3	poor fit
GFI	0.783	>0.90	poor fit
AGFI	0.680	>0.90	poor fit
TLI	0.860	>0.90	poor fit
NFI	0.874	>0.90	poor fit
RFI	0.835	>0.90	poor fit
CFI	0.893	>0.90	poor fit
RMR	0.245	<0.05	poor fit
RMSEA	0.151	<0.05	poor fit
PGFI	0.683	>0.50	excellent fit
PNFI	0.668	>0.50	excellent fit

进而本书考察四类管控机制通过影响关系满意度进行影响交易绩效的间接路径是否显著。

假说 H5a：信息共享与行为控制机制的使用会通过提高关系满意度，进而提高交易绩效。

假说 H5b：直接控制机制的使用会通过提高关系满意度，进而提高交易绩效。

假说 H5c：产出控制机制的使用会通过提高关系满意度，进而提高交易绩效。

假说 H5d：非正式控制机制的使用会通过提高关系满意度，进而提高交易绩效。

考虑到图 7－8 的整体模型拟合度不佳，进而采取对四类管控机制分别进行结果方程模型检验的方式。

第一，信息共享与行为控制机制的模型拟合情况一般，其中，卡方自由度比和 RMSEA 指标的拟合情况不佳，但 GFI、TLI、NFL 和 RFI 指标均在 0.9 以上，拟合情况良好。从模型系数来看，信息共享与行为控制对交易绩效的直接效应不显著，但其通过影响关系满意度进而影响交易绩效的间接效应显著，假说 H5a 得到验证（见表 7－95、表 7－96）。

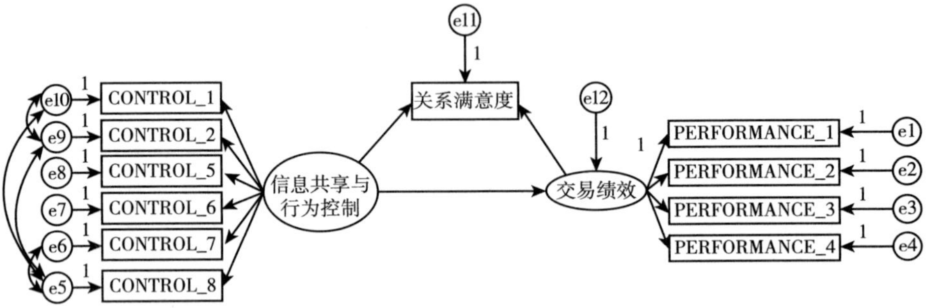

图 7－9　模型路径图

表 7－95　模型拟合情况

拟合指标	指标值	临界值	拟合情况
卡方值	138.869		
自由度	36		
卡方自由度比	3.654	1－3	poor fit
GFI	0.904	>0.90	excellent fit
AGFI	0.834	>0.90	moderate fit
TLI	0.945	>0.90	excellent fit
NFI	0.948	>0.90	excellent fit
RFI	0.925	>0.90	excellent fit
CFI	0.962	>0.90	excellent fit
RMR	0.077	<0.05	moderate fit
RMSEA	0.114	<0.05	poor fit
PGFI	0.664	>0.50	moderate fit
PNFI	0.655	>0.50	moderate fit

表 7－96　模型参数估计结果

	路径	估计值	S. E.	C. R.
关系满意度	<---信息共享与行为控制	0.177 (0.000)***	0.044	4.044
交易绩效	<---关系满意度	0.752 (0.000)***	0.039	19.327

续表

	路径	估计值	S. E.	C. R.
交易绩效	<---信息共享与行为控制	-0.001 (0.949)	0.018	-0.064
PERFORMANCE_1	<---交易绩效	1.000		
PERFORMANCE_2	<---交易绩效	1.065 (0.000)***	0.050	21.461
PERFORMANCE_3	<---交易绩效	1.015 (0.000)***	0.063	17.044
PERFORMANCE_4	<---交易绩效	0.771 (0.000)***	0.053	14.461
CONTROL_8	<---信息共享与行为控制	1.000		
CONTROL_7	<---信息共享与行为控制	0.726 (0.000)***	0.068	10.723
CONTROL_6	<---信息共享与行为控制	1.372 (0.000)***	0.082	17.754
CONTROL_5	<---信息共享与行为控制	1.382 (0.000)***	0.082	17.833
CONTROL_2	<---信息共享与行为控制	1.241 (0.000)***	0.082	15.219
CONTROL_1	<---信息共享与行为控制	1.143 (0.000)***	0.083	13.811

注：(1) 估计值后的括号里为 p 值。(2) ***，**，* 分别表示在 0.01，0.05，0.10 水平上统计显著。

第二，直接控制机制的模型拟合情况一般（见图 7－10），其中，卡方自由度比和 RMSEA 指标的拟合情况不佳，但 GFI、TLI、NFL 和 RFI 指标均在 0.9 以上，拟合情况良好。从模型系数来看，直接控制对交易绩效的直接效应不显著，但其通过影响关系满意度进而影响交易绩效的间接效应也不显著，假说 H5b 未得到验证（见表 7－97、表 7－98）。

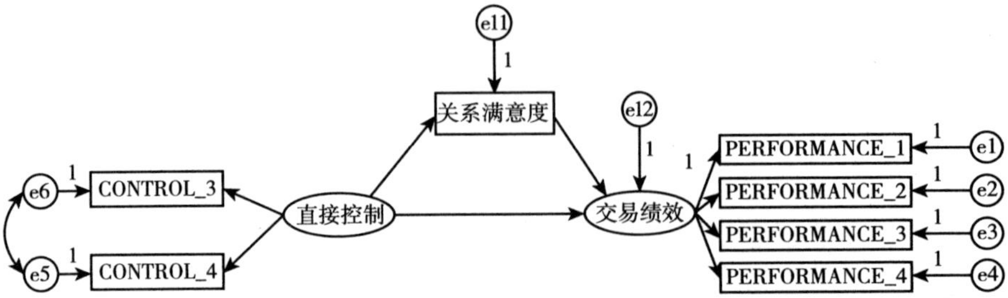

图 7-10　模型路径图

表 7-97　　模型拟合情况

拟合指标	指标值	临界值	拟合情况
卡方值	47.825		
自由度	11		
卡方自由度比	4.257	1-3	poor fit
GFI	0.945	>0.90	excellent fit
AGFI	0.860	>0.90	moderate fit
TLI	0.946	>0.90	excellent fit
NFI	0.963	>0.90	excellent fit
RFI	0.930	>0.90	excellent fit
CFI	0.972	>0.90	excellent fit
RMR	0.060	<0.05	moderate fit
RMSEA	0.127	<0.05	poor fit
PGFI	0.371	>0.50	excellent fit
PNFI	0.505	>0.50	moderate fit

表 7-98　　模型参数估计结果

	路径	估计值	S.E.	C.R.
关系满意度	<---直接控制	0.020 (0.405)	0.024	0.833
交易绩效	<---关系满意度	0.744 (0.000)***	0.039	19.302
交易绩效	<---直接控制	0.016 (0.188)	0.012	1.316
PERFORMANCE_1	<---交易绩效	1.000		

续表

	路径	估计值	S. E.	C. R.
PERFORMANCE_2	<---交易绩效	1.082 (0.000) ***	0.052	20.906
PERFORMANCE_3	<---交易绩效	1.010 (0.000) ***	0.060	17.958
PERFORMANCE_4	<---交易绩效	0.773 (0.000) ***	0.055	14.075
CONTROL_4	<---直接控制	1.000		
CONTROL_3	<---直接控制	0.722 (0.014) **	0.294	2.452

注：（1）估计值后的括号里为 p 值。（2） ***， **， * 分别表示在 0.01，0.05，0.10 水平上统计显著。

第三，产出控制机制的模型拟合情况一般（见图 7－11），其中，卡方自由度比和 RMSEA 指标的拟合情况不佳，但 GFI、TLI、NFL 和 RFI 指标均在 0.9 以上，拟合情况良好。从模型系数来看，产出控制对交易绩效的直接效应不显著，但其通过影响关系满意度进而影响交易绩效的间接效应显著，假说 H5c 得到验证（见表 7－99、表 7－100）。

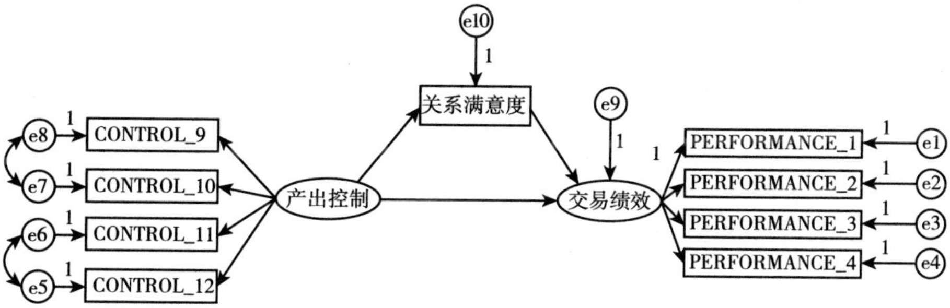

图 7－11　模型路径图

表 7－99　　　　模型拟合情况

拟合指标	指标值	临界值	拟合情况
卡方值	95.889		
自由度	23		
卡方自由度比	4.169	1－3	poor fit

续表

拟合指标	指标值	临界值	拟合情况
GFI	0.906	>0.90	excellent fit
AGFI	0.816	>0.90	moderate fit
TLI	0.931	>0.90	excellent fit
NFI	0.944	>0.90	excellent fit
RFI	0.912	>0.90	excellent fit
CFI	0.956	>0.90	excellent fit
RMR	0.059	<0.05	moderate fit
RMSEA	0.125	<0.05	poor fit
PGFI	0.463	>0.50	excellent fit
PNFI	0.603	>0.50	moderate fit

表 7-100　　模型参数估计结果

	路径	估计值	S.E.	C.R.
关系满意度	<---产出控制	0.194 (0.000)***	0.048	4.060
交易绩效	<---产出控制	-0.001 (0.938)	0.018	-0.078
交易绩效	<---关系满意度	0.752 (0.000)***	0.039	19.310
PERFORMANCE_1	<---交易绩效	1.000		
PERFORMANCE_2	<---交易绩效	1.064 (0.000)***	0.050	21.461
PERFORMANCE_3	<---交易绩效	1.014 (0.000)***	0.063	17.046
PERFORMANCE_4	<---交易绩效	0.771 (0.000)***	0.053	14.464
CONTROL_12	<---产出控制	1.000		
CONTROL_11	<---产出控制	1.272 (0.000)***	0.099	12.917

续表

	路径	估计值	S. E.	C. R.
CONTROL_10	<---产出控制	1.302 (0.000)***	0.229	5.679
CONTROL_9	<---产出控制	1.338 (0.000)***	0.233	5.752

注：(1) 估计值后的括号里为 p 值。(2) ***，**，* 分别表示在 0.01，0.05，0.10 水平上统计显著。

第四，非正式控制机制的模型拟合情况良好（见图 7－12），其中，卡方自由度比在 1－3 的理想区域内，RMR、RMSEA 指标均小于 0.05，GFI、TLI、NFL 和 RFI 指标均在 0.9 以上，拟合情况良好。从模型系数来看，非正式控制对交易绩效的直接效应不显著，但其通过影响关系满意度进而影响交易绩效的间接效应显著，假说 H5d 得到验证（见表 7－101、表 7－102）。

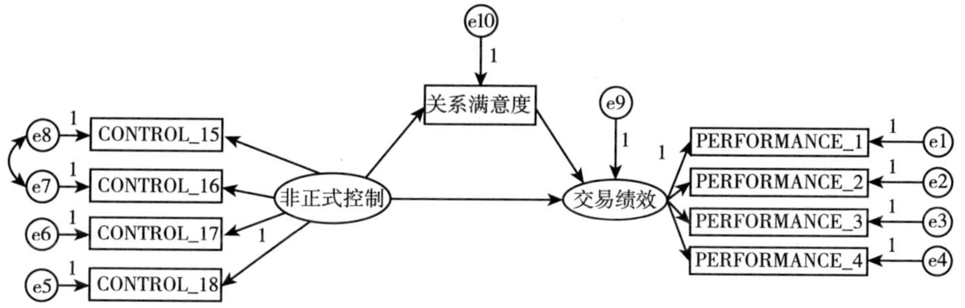

图 7－12　模型路径图

表 7－101　模型拟合情况

拟合指标	指标值	临界值	拟合情况
卡方值	70.999		
自由度	24		
卡方自由度比	2.958	1－3	excellent fit
GFI	0.937	>0.90	excellent fit
AGFI	0.882	>0.90	moderate fit
TLI	0.956	>0.90	excellent fit
NFI	0.957	>0.90	excellent fit

续表

拟合指标	指标值	临界值	拟合情况
RFI	0. 935	>0. 90	excellent fit
CFI	0. 971	>0. 90	excellent fit
RMR	0. 042	<0. 05	excellent fit
RMSEA	0. 098	<0. 05	moderate fit
PGFI	0. 500	>0. 50	excellent fit
PNFI	0. 638	>0. 50	moderate fit

表 7 - 102　　模型参数估计结果

	路径	估计值	S. E.	C. R.
关系满意度	<---非正式控制	0. 121 (0. 001) ***	0. 037	3. 279
交易绩效	<---非正式控制	0. 006 (0. 686)	0. 015	0. 404
交易绩效	<---关系满意度	0. 749 (0. 000) ***	0. 038	19. 475
PERFORMANCE_1	<---交易绩效	1. 000		
PERFORMANCE_2	<---交易绩效	1. 065 (0. 000) ***	0. 050	21. 486
PERFORMANCE_3	<---交易绩效	1. 014 (0. 000) ***	0. 063	17. 030
PERFORMANCE_4	<---交易绩效	0. 770 (0. 000) ***	0. 053	14. 448
CONTROL_18	<---非正式控制	1. 000		
CONTROL_17	<---非正式控制	0. 884 (0. 000) ***	0. 053	17. 822
CONTROL_16	<---非正式控制	0. 760 (0. 000) ***	0. 061	12. 379
CONTROL_15	<---非正式控制	0. 662 (0. 000) ***	0. 059	11. 277

注：(1) 估计值后的括号里为 p 值。(2) ***，**，* 分别表示在 0. 01，0. 05，0. 10 水平上统计显著。

综合来看，信息共享与行为控制、直接控制、产出控制和非正式控制机制四项管理控制机制中，除了直接控制之外，其他三项管理控制机制虽然与交易绩效之间没有显著的直接路径关系，但是均通过影响关系满意度，进而影响交易绩效指标。可以认为，有效的管控机制有助于降低交易主体机会主义风险，提高关系主体之间的合作协调程度，主体对关系的满意度提高，关系主体会更愿意提高合作水平和降低采取机会主义行为的可能性，进而实现较高的交易绩效。

（四）管控机制与交易绩效的路径关系：考虑影响因素的匹配性

在管控机制与交易绩效路径关系的结构方程模型分析的基础上，本报告接下来考察影响因素的匹配性是否会影响这一路径关系，即通过多群组分析来考察影响因素是否在管控机制和交易绩效的关系上发挥调节作用，即观察当影响因素处于不同水平的时候，管控机制与交易绩效之间的关系是否存在显著差异，如果存在显著差异，则观察管控机制在什么情况下会对交易绩效发挥显著作用。多群组分析方法是评估某个适配于某一样本群组的模式是否也适配于其他不同的样本群组，即理论模型在不同的样本群组之间是否相同或者参数是否具有不变性，本报告分别以产出可度量性（*Measurability*）、相互依赖性（*Dependence*）、竞争性（*Competition*）、社会声誉（*Reputation*）、资产专用性程度（*Asset_specificity*）、不确定性（*Uncertainty*）、交易主体历史关系（*Relationship*）、承接方独立性（*Supplier_Independence*）变量为调节变量。根据本书第四章的分析，提出假说：

假说 H6a：产出度量性较高时，产出控制机制直接或者间接对交易绩效有显著正向作用。产出度量性较低时，信息共享机制和非正式控制机制直接或者间接对交易绩效有显著正向作用。

假说 H6b：交易主体相互依赖性较高时，信息共享和非正式控制机制直接或者间接对交易绩效有显著正向作用。

假说 H6c：竞争性较低时，非正式控制机制直接或者间接对交易绩效有显著正向作用。

假说 H6d：社会声誉重要性较高时，非正式控制机制直接或者间接对交易绩效有显著正向作用。

假说 H6e：资产专用性较高时，多种类型控制机制直接或者间接对交易绩效同时有显著正向作用。

假说 H6f：不确定性较高时，直接控制机制直接或者间接对交易绩效有显著正向作用。

假说 H6g：交易主体历史关系较长时，多种类型控制机制直接或者间接对交易绩效同时有显著正向作用。

假说 H6h：承接方独立性较低时，直接控制机制、信息共享和行为控制、产出控制对交易绩效直接或者间接有显著正向作用，承接方独立性较高时，非正式控制对交易绩效直接或者间接有显著正向作用。

在进行多群组分析时，进行各种参数限制，通过对预设模型（即对模型不做任何参数限制）、协方差相等模型、方差相等模型、路径系数相等模型和模型不变性五个模型输出结果适配度的比较分析，对不变性进行检验。

分组的基本原则是按照影响因素的取值分为两组，即变量取值小于中位数属于取值低样本组，变量取值大于等于中位数属于取值高样本组，但前提是两组的样本数量均大于 50 个。首先对伙伴选择机制与交易绩效的直接路径关系进行多群组分析，多群组分析模型 CFI 值和 GFI 值均高于 0.90 的标准值，RMSEA 值均小于 0.08 的适配临界，多群组结构方程模型与观察数据的适配情况良好，根据 AIC 和 ECVI 指标选择适配度最小的预设模型作为多群组分析模型。

根据表 7－103、表 7－104 中多群组分析参数的情况，四类管控机制对交易绩效的直接影响和通过影响关系满意度进而影响交易绩效的间接影响是否显著，与各影响因素的匹配性之间存在关系。综合来看：

产出度量性的高低，不影响产出控制机制通过影响关系满意度进一步影响交易绩效，信息共享机制和非正式控制机制对交易绩效的间接影响只在产出度量性高的情况下显著，假说 H6a 没有得到验证。

交易主体相互依赖性较低时，信息共享和非正式控制机制对交易绩效的间接影响是显著的，与假说 H6b 的方向相反。

竞争性较低时，非正式控制机制通过影响关系满意度，进一步对交易绩效有显著正向作用，假说 H6c 得到验证。

社会声誉重要性较高时，非正式控制机制间接对交易绩效有显著正向作用，但是这种影响在社会声誉重要性较低的情况下也存在，假说 H6d 部分得到验证。

资产专用性较高的情况下，信息共享与行为控制、直接控制和产出控制对交易绩效的直接影响均为显著，信息共享与行为控制、产出控制和非正式控制对交易绩效的间接影响也均同时显著，假说 H6e 得到验证。

不确定性，直接控制机制间接对交易绩效有显著正向作用，假说 H6f 得到验证。

交易主体历史关系较长时，四类控制机制直接或者间接对交易绩效均没有发现显著的正向作用，假说 H6g 没有得到验证。

承接方独立性较低时，产出控制、信息共享和行为控制对交易绩效间接有显著正向作用，承接方独立性较高时，非正式控制对交易绩效直接或者间接均有显著正向作用，假说 H6h 得到验证。

表 7 – 103　　多群组分析参数检验表

	路径	产出可度量性		相互依赖性	
		高	低	高	低
信息共享与行为控制	信息共享与行为控制→关系满意度	0.236***	-0.393	-0.382	0.231***
	信息共享与行为控制→交易绩效	-0.022	-0.078	-0.064	-0.022
	关系满意度→交易绩效	0.786***	0.713***	0.734***	0.753***
直接控制	直接控制→关系满意度	0.122*	-0.087	-0.077	0.069
	直接控制→交易绩效	0.012	-0.006	-0.003	0.029
	关系满意度→交易绩效	0.766***	0.716***	0.733***	0.723***
产出控制	产出控制→关系满意度	0.29***	0.243*	0.242*	0.272***
	产出控制→交易绩效	-0.049	0.007	-0.001	-0.038
	关系满意度→交易绩效	0.795***	0.724***	0.739***	0.76***
非正式控制	非正式控制→关系满意度	0.204***	-0.086	-0.053	0.181***
	非正式控制→交易绩效	-0.006	-0.022	-0.006	-0.007
	关系满意度→交易绩效	0.775***	0.719***	0.738***	0.742***
	路径	竞争性		社会声誉	
		高	低	高	低
信息共享与行为控制	信息共享与行为控制→关系满意度	0.25***	-0.37	0.192***	-0.329
	信息共享与行为控制→交易绩效	-0.002	-0.019	-0.012	0.033
	关系满意度→交易绩效	0.74***	0.796***	0.764***	0.807***

续表

	路径	竞争性		社会声誉	
		高	低	高	低
直接控制	直接控制→关系满意度	0.135**	-0.081	0.096*	-0.133
	直接控制→交易绩效	0.026	0.008	0.033*	-0.008
	关系满意度→交易绩效	0.722***	0.801***	0.746***	0.796***
产出控制	产出控制→关系满意度	0.249***	-0.128	0.271***	-0.263
	产出控制→交易绩效	-0.04	0.053	-0.026	0.035
	关系满意度→交易绩效	0.758***	0.804***	0.768***	0.809***
非正式控制	非正式控制→关系满意度	-0.069	0.181***	0.121***	0.176*
	非正式控制→交易绩效	-0.025	-0.007	0.006	0.029
	关系满意度→交易绩效	0.791***	0.742***	0.749***	0.805***

表 7-104　多群组分析参数检验表

	路径	资产专用性		不确定性	
		高	低	高	低
信息共享与行为控制	信息共享与行为控制→关系满意度	0.182***	0.206***	0.248***	0.1
	信息共享与行为控制→交易绩效	0.687***	0.799**	-0.01	0.028
	关系满意度→交易绩效	0.044***	-0.051	0.651***	0.835***
直接控制	直接控制→关系满意度	0.01	0.015	0.082*	-0.08
	直接控制→交易绩效	0.037*	0.001	0.018	0.008
	关系满意度→交易绩效	0.693***	0.776***	0.631***	0.838***
产出控制	产出控制→关系满意度	0.106**	0.288***	0.202***	0.184**
	产出控制→交易绩效	0.064***	-0.064	-0.016	0.044
	关系满意度→交易绩效	0.687***	0.812***	0.653***	0.826***
非正式控制	非正式控制→关系满意度	0.126***	0.231***	0.144***	0.108
	非正式控制→交易绩效	0.028	-0.035	0.008	0.04
	关系满意度→交易绩效	0.702***	0.793***	0.639***	0.832***

	路径	交易主体历史关系		承接方独立性	
		高	低	高	低
信息共享与行为控制	信息共享与行为控制→关系满意度	0.232	0.132***	0.071	0.291***
	信息共享与行为控制→交易绩效	0.001	0.019	0.045**	-0.074
	关系满意度→交易绩效	0.757***	0.766***	0.817***	0.744***

续表

	路径	交易主体历史关系		承接方独立性	
		高	低	高	低
直接控制	直接控制→关系满意度	0.004	0.097	-0.035	-0.008
	直接控制→交易绩效	0.005	0.039	0.05	-0.011
	关系满意度→交易绩效	0.753***	0.731**	0.825***	0.706***
产出控制	产出控制→关系满意度	0.114	0.128***	0.077***	0.156**
	产出控制→交易绩效	0.071	-0.004	0.046***	-0.115
	关系满意度→交易绩效	0.748***	0.799***	0.803***	0.743***
非正式控制	非正式控制→关系满意度	0.045	0.082	0.102*	0.077
	非正式控制→交易绩效	-0.001	0.037	0.036***	-0.065
	关系满意度→交易绩效	0.757***	0.762***	0.811***	0.727***

| 第八章 |

政府购买服务与组织间管理控制：结论与建议

从 1994 年地方政府开始探索政府购买服务的实践至今，政府购买服务制度已在我国得到了较为全面的应用和推广，尤其是党的十八届三中全会之后，政府购买服务无论是制度建设还是实践推进，都进入了高质量发展的快车道进程。十九届四中全会提出，要健全国家基本公共服务制度体系，满足人民多层次多样化需求，使改革发展成果更多、更公平惠及全体人民。政府购买服务作为现代财政制度的重要内容，是满足人民公共服务需求、提高公共服务供给质量和水平、提高财政资金使用效率的关键制度，也对于推动国家治理体系和治理能力现代化进程发挥着不可忽视的作用。但是政府购买服务制度本身并不保证公共服务的供给效率一定会得到改善，制度的“善用”需要匹配相应的治理能力和技术手段。从这一角度出发，本研究探索了组织间管理控制与政府购买服务之间的逻辑线条，讨论了政府购买服务中组织间管理控制的控制目的、影响因素和具体管控机制，以及管控机制与影响因素之间的匹配性是否影响政府购买服务绩效，得到如下结论：

第一，从 1994 年地方政府开展探索至今，政府购买服务制度已在我国得到了较为全面的应用和推广，这得益于中央和各级地方政府在政策制定和引导方面所做的努力，政策沿革大致可被划分为孕育探索、正式确立、迅速发展和优化完善四个阶段，中央和地方政府不断在实践中总结经验教训，完善政府购买服务的体制机制和政策体系，使得政府购买服务的制度框架逐步走向成熟。2020 年《政府购买服务管理办法》颁布以后，政府购买服务的政策呈现出较新的发展趋势，包括强调发挥全面预算绩效管理在政府购买服务中的作用、注重政府购买服务中的风险防范、注重各个部门及各项改革举措间的协调配合、强调做好信息公开，这些良好趋势有利于我国进一步推进政府购买服务制度，提高公共服务的供给质量和水平，推动国家治理体系和治理能力的现代化进程。

第二，根据对《中国政府采购报》自 2011—2020 年关于政府购买公共服务的相关报道的文本分析，本研究发现我国政府购买服务实践推进所体现的特征包括：地方政府购买服务的购买主体涵盖从省级政府到街乡各地方政府级次；政府购买公共服务的购买内容以养老、公共文化体育服务、助残服务等为主；社会组织是政府购买公共服务的主要承接方；政府购买公共服务的监管问题日益受到关注，因此促进政府购买公共服务的区域均衡发展、明确各级政府购买职责分工、注重培育公共服务承接主体，以及完善各项监管机制是政府购买服务实践所面临的主要问题。

第三，本书从组织间管控的逻辑起点出发，提出对于政府购买服务来说，组织管理控制的目的包括遏制交易主体采取机会主义行为带来的风险、协调各交易主体的合作性行为和实现政府所代表的公共利益，由于不同的控制目的所需要解决的问题不同，因此相应影响控制问题的因素也不相同。控制目的的多元性和影响因素的差异性，决定了发挥控制作用的机制的复杂性，本研究基于以往研究，将政府购买服务中的组织间管控机制分为事前的承接方选择机制和事中与事后的行为控制、产出控制和社会控制机制，不同机制可以分别单独或者组合使用，以促进协调和确保合作，在理想的状态下，不同管控机制相互协调，形成与交易环境、具有不同特征的交易、交易主体的战略目标相匹配的组织间管控系统，从而实现理想的管控效果。

第四，以 F 区税务局购买涉税服务为案例进行的探索性研究发现，税务机关通过政府购买服务等方式，将部分职能和税务机关履职所必须的服务内容外包给市场承接主体完成，有利于税务机关以更加合理的成本完成征管任务和为纳税人提供高质量服务，但该目标的实现程度取决于税务机关与参与外包的承接主体之间跨组织关系的治理水平。税务机关在采用政府购买服务方式，引入社会力量提高税收征管效率的同时，高度重视外包形成的跨组织关系的治理问题，通过综合运用承接方选择机制、承接方行为控制和产出控制、跨组织激励等组织间管理控制机制，协调各方主体的利益，保证各方协同治税目标的实现。

第五，问卷研究的发现更加丰富，根据问卷数据进行的因子分析，将政府购买服务中的组织间管控机制提炼为交易伙伴正式选择机制和非正式选择机制、信息共享与行为控制、直接控制、产出控制、非正式控制机制，与理论分析中所提出的分析框架基本一致，说明我国政府购买服务中所应用的组织间管控机制与基础文献的发现具有一致性。对各影响因素的T检验发现资产专用性、不确定性和交易主体历史关系三个影响因素对正式选择机制和非正式选择机制的影响存在异质性，交易主体相互依赖性对行为控制、产出控制和非正式控制的应用有显著影响，相互依赖性越强，上述管控机制的应用水平越低，资产专用性对直接控制和非正式控制的影响显著，不确定性对行为控制和非正式控制有显著影响。

第六，对管控机制的聚类分析发现，如果购买方采取了高水平的非正式选择机制，同时采用低水平的正式选择机制，交易绩效和关系满意度均高于其他组合类型，当两类选择机制是其他水平组合时，并没有发现交易绩效和关系满意度上存在显著差异。非正式选择机制往往是在关系主体之间存在较强的信任关系、长期合作关系或者服务承接方具有较高的信誉水平的情况下会更多地使用，并且与正式选择机制之间具有一定的相互替代性，高水平非正式机制和低水平正式机制组合说明购买方有条件用非正式选择机制替代正式选择机制，这往往意味着两者之间可能存在高水平的信任关系，从而带来较高水平的行动协调和合作，同时由于通过公开竞价等进行的正式选择机制应用水平较低，关系主体之间的关系黏性强，可以一定程度上解释为什么关系满意度有更好的表现。其他四类管控机制与交易绩效的关系更加单纯，如果不考虑管控机制与影响因素的匹配性，则低水平的应用管控机制会带来低水平的交易绩效。

第七，如果考虑了影响因素与管控机制的匹配性，则结论会更加复杂，例如，聚类分析发现产出可度量性和竞争性较低，交易主体之间有较深的历史关系，承接方独立性低的时候，如果购买方选择低水平的行为控制、产出控制和非正式控制机制，则管控机制选择与影响因素之间存在理论上的不匹配性，而这种不匹配性导致降低的交易绩效表现，这一结论与 Johansson 和 Siverbo（2011）的观点一致，即组织间管控与影响因素的不匹配（misfit）

是使交易绩效表现差的主要原因。

第八，结构方程模型分析发现，正式交易伙伴选择机制与交易绩效之间并不存在直接的正相关关系，但是非正式交易伙伴选择机制与交易绩效之间存在直接正相关关系。正式交易伙伴选择机制和非正式交易伙伴选择机制均与交易主体信任水平之间存在显著的正相关关系，但是信任与交易绩效之间的相关性不显著，信任并没有发挥显著的中介作用。如果考虑了与影响因素的匹配性，则发现在产出可度量性较高的群组中，正式选择机制的应用对交易绩效发挥显著正作用，而社会声誉重要性越高、不确定性越高，非正式选择机制对交易绩效的正向作用越显著，这与理论分析的方向保持了一致，但同时相互依赖性和竞争性因素的影响与理论假说方向不一致，说明现实中组织间管控机制发挥作用的机制要比理论分析更加复杂。分析还发现，选择机制通过影响信任水平进而影响交易绩效的路径，在不确定性较高和承接方独立性较低的情况下，是显著成立的。

第九，结构方程模型分析还发现，信息共享与行为控制、直接控制、产出控制和非正式控制机制四项管理控制机制中，除了直接控制之外，其他三项管理控制机制虽然与交易绩效之间没有显著的直接路径关系，但是均通过影响关系满意度，进而影响交易绩效指标。可以认为，有效的管控机制有助于降低交易主体机会主义风险，提高关系主体之间的合作协调程度，主体对关系的满意度提高，关系主体会更愿意提高合作水平和降低采取机会主义行为的可能性，进而实现较高的交易绩效。如果考虑了与影响因素的匹配性，发现产出可度量性、交易主体相互依赖性、资产专用性等因素均会影响信息共享和行为控制机制、关系满意度和交易绩效之间的路径关系，社会声誉重要性和不确定性对直接控制机制的后果有影响，竞争性和社会声誉重要性的高低会影响产出控制的后果，产出可度量性、交易主体依赖性、竞争性、不确定性和承接方独立性的高低均会影响非正式机制与关系满意度和交易绩效之间的路径关系。这些结论均指向同一个方向：即购买方在考虑运用什么类型、什么水平的管控机制时，不仅要考虑管控机制本身的作用机制，还需要考虑管控机制与交易特征、交易主体特征、交易环境特征等影响因素之间的匹配性。

2020 年《政府购买服务管理办法》颁布以后，随着政府购买服务政策和实践趋于成熟化，全面预算绩效管理和风险管理的重要性日益突出。在政府购买服务形成的组织间关系链条中，政府作为购买方和关系治理的主导方，能否善用组织间关系治理工具和提升组织间关系治理能力，是保证政府购买服务合规性和绩效的关键。从本书所得到的结论可见，政府在运用组织间管理控制工具时，除了考虑控制机会主义风险和提高合作水平的目的外，还需要考虑公共价值的实现。这些控制目的受到政府购买服务的交易主体、交易环境和交易本身的诸多特征影响，例如交易的资产专用性、交易环境的不确定性、承接方与购买方的历史关系等，这些影响因素与控制机制之间的匹配性，在一定程度上会影响到政府购买服务的交易绩效，因此应当纳入到政府选择管控机制的考虑之内，基于这一结论，本书就组织间管控机制在政府购买服务中的应用提出如下建议：

第一，政府购买服务既是我国公共服务供给方式的创新，也是现代财政制度的组成部分，从长远来看，政府购买服务改革的推进势必会影响到国家治理方式、政社关系构建和全面预算绩效管理等重要改革任务。随着改革的推进，需要关注的重点应当从“谁来买”“买什么”“怎么买”等基本问题，深化至监管工具运用、购买绩效评价、激励追责机制等层面的创新。地方政府在购买服务实践中，在绩效治理目标的驱动下有动力成为“精明”买家，这需要政府有能力运用各种监管工具，对政府购买服务交易所形成的组织间关系进行有效治理，保证参与到公共服务供给中来的社会力量能够按照公共利益目标行事。这是观察和研究组织间管控机制在政府购买服务中的应用的出发点，也是政府在购买服务实践中需要高度关注的问题。

第二，重视组织间管理控制工具与影响因素的匹配性。从本研究的结论来看，政府购买服务中的组织间管控工具的选择受到交易特征、主体特征、环境特征的影响，更值得关注的是，组织间管控对交易绩效的影响受到管控机制选择与影响因素的匹配性的影响，这意味着购买方在选择管控机制或者管控机制的组合时，需要对所购买的公共服务、潜在承接方、承接方市场等的特征进行具体分析，在此基础上选择适当的管控机制，以期实现满意的管控效果。但是，从本研究的结论来看，管控机制与各影响因素之间的关系，以及两者匹配性对交易绩效的影响的理论假说并未全部得到经验证据的支持，这说明政府购买服务中的管控问题的复杂性比以往文献的观察更甚，购买方想要实现“有的放矢”的选择组织间管理控制工具并非易事。

第三，组织间管控机制的运用需要充分考虑政府购买服务与一般市场交易的差异性，从税务机关购买涉税服务的案例可见，虽然绩效目标约束是政府部门进行购买服务决策时要考虑的普遍性约束，但是公权力履行的合法性和公共服务供给的最终责任是政府外包服务时需要考虑的另一重目标约束，这就要求政府要比一般的控制者拥有更高的管控能力，设计专门的管控机制来保障合法性目标和公共利益目标的实现。在政府购买服务的地方实践中，将党建情况纳入政府购买社会组织服务项目评估标准、党建引领社会组织（社会企业）提供服务等地方创新，对于探索实现目标一致性的特殊管控机制具有非常重要的现实意义。

参考文献

1. Abbeele A V D. Organizational Learning and Interfirm Control: the Effects of Partner Search and Prior Exchange Experiences [J]. Organization Science, 2010 (6): 1233 - 1250.

2. Ahlgren P C, Pettersen I J. Local government and management control in inter - organizational settings [J]. Public Money & Management, 2015, 35 (5): 383 - 389.

3. Aldónio Ferreira a, B D O. The design and use of performance management systems: An extended framework for analysis [J]. Management Accounting Research, 2009, 20 (4): 263 - 282.

4. Allen P, Hughes D, Vincent - jones P, et al. Public Contracts as Accountability Mechanisms Assuring Quality in Public Health Care in England and Wales [J]. Public Management Review, 2016, 18 (1): 20 - 39.

5. Amirkhanyan A A. Collaborative Performance Measurement: Examining and Explaining the Prevalence of Collaboration in State and Local Government Contracts [J]. Journal of Public Administration Research and Theory, 2009, 19 (3): 523 - 554.

6. Amirkhanyan AA. Monitoring Across Sectors: Examining the Effect of Nonprofit and For - profit Contractor Ownership on Performance Monitoring in State and Local Contracts [J]. Public Administration Review, 2010, 70 (5): 742 - 755.

7. Amirkhanyan AA. What Is the Effect of Performance Measurement on Perceived Accountability Effectiveness in State and Local Government Contracts? [J]. Public Performance & Management Review, 2011, 35 (2): 303 - 339.

8. Amirkhanyan AA, Kim HJ, Lambright KT. Closer Than "arms Length":

Understanding the Factors Associated with Collaborative Contracting [J]. American Review of Public Administration, 2012, 42 (3): 341 - 366.

9. Anderson SW, Dekker HC. Management Control for Market Transactions: the Relation Between Transaction Characteristics, Incomplete Contract Design, and Subsequent Performance [J]. Management Science, 2005 (12): 1734 - 1752.

10. Anderson Shannon - W., Christ Margaret - H., Dekker Henri - C. Do extant management control frameworks fit the alliance setting? A descriptive analysis [J]. Industrial Marketing Management, 2015: 36 - 53.

11. Anderson S, Dekker H. Management Control for Market Transactions: the Relation Between Transaction Characteristics, Incomplete Contract Design, and Subsequent Performance [J]. Management Science, 2005, 51 (12): 1734 - 1752.

12. Barretta A, Busco C. Technologies of government in public sector's networks: In search of cooperation through management control innovations [J]. Management Accounting Research, 2011, 22 (4): 211 - 219.

13. Bel G, Costas A. Do Public Sector Reforms Get Rusty? Local Privatization in Spain [J]. Journal of Policy Reform, 2006, 9 (1): 1 - 24.

14. Bel G, Fageda X. Factors Explaining Local Privatization: a Meta - regression Analysis [J]. Public Choice, 2009, 139 (1): 105 - 119.

15. Bel G, Fageda X, Warner ME. Is Private Production of Public Services Cheaper Than Public Production? a Meta - regression Analysis of Solid Waste and Water Services [J]. Journal of Policy Analysis and Management, 2010, 29 (3): 553 - 577.

16. Benish A. The Public Accountability of Privatized Activation - the Case of Israel [J]. Social Policy & Administration, 2014, 48 (2): 262 - 277.

17. Benish A, Mattei P. Accountability and Hybridity in Welfare Governance [J]. Public Administration, 2020, 98 (2): 281 - 290.

18. Bertelli A M, Smith C R. Relational Contracting and Network Management [J]. Journal of Public Administration Research and Theory, 2010, 20 (Supplement 1): i21 - i40.

19. Blomqvist P, Winblad U. Contracting out welfare services: how are pri-

vate contractors held accountable? [J]. Public Management Review, 2020 (1): 1 -22.

20. Botsman Rachel, Rogers Roo. What's Mine Is Yours: The Rise of Collaborative Consumption [J]. Harper Collins, 2010.

21. Bovens M. Analysing and Assessing Accountability: a Conceptual Framework [J]. European Law Journal, 2007, 13 (4): 447 -468.

22. Brignall S. An Institutional Perspective on Performance Measurement and Management in the ‘new Public Sector’ [J]. Management Accounting Research, 2000 (3): 281 -306.

23. Brown TL, Potoski M, Vanslyke DM. Complex Contracting: Government Purchasing in the Wake of the Us Coast Guard's Deepwater Program [M]. 2013: 1 -259.

24. Brown T, Potoski M. Managing Contract Performance: a Transaction Costs Approach [J]. Journal of Policy Analysis and Management, 2003, 22 (2): 275 -297.

25. Brown T, Potoski M. Transaction Costs and Institutional Explanations for Government Service Production Decisions [J]. Journal of Public Administration Research and Theory, 2003, 13 (4): 441 -468.

26. Brown TL, Potoski M, Van slyke DM. Managing Public Service Contracts: Aligning Values, Institutions, and Markets [J]. Public Administration Review, 2006 (3): 323 -331.

27. Brown TL, Potoski M, Van slyke DM. Trust and Contract Completeness in the Public Sector [J]. Local Government Studies, 2007, 33 (4): 607 -623.

28. Byrkjeflot H, Christensen T, Laegreid P. The Many Faces of Accountability: Comparing Reforms in Welfare, Hospitals and Migration [J]. Scandinavian Political Studies, 2014, 37 (2): 171 -195.

29. Caglio A, Ditillo A. A Review and Discussion of Management Control in Inter - firm Relationships: Achievements and Future Directions [J]. Accounting Organizations and Society, 2008 (7): 865 -898.

30. Caglio Ariela, Ditillo Angelo. Opening the black box of management ac-

counting information exchanges in buyer – supplier relationships [J]. Management Accounting Research, 2012 (2): 61 – 78.

31. Chen Dong, Park Seung – Ho, Newburry William. Parent contribution and organizational control in international joint ventures [J]. Strategic Management Journal, 2009 (11): 1133 – 1156.

32. Chenhall R. Management Control Systems Design Within Its Organizational Context: Findings From Contingency – based Research and Directions for the Future [J]. Accounting Organizations and Society, 2003, 28 (2): 127 – 168.

33. Crandall W. J., Gavin E., Masters A. R. ISORA 2016: Understanding Revenue Administration [EB/OL]. [2020 – 06 – 29]. https://www.imf.org/en/Publications/Departmental – Papers – Policy – Papers/Issues/2019/03/07/ISORA – 2016 – Understanding – Revenue – Administration – 46337.

34. Cristofoli D, Ditillo A, Liguori M, et al. Do Environmental and Task Characteristics Matter in the Control of Externalized Local Public Services? Unveiling the Relevance of Party Characteristics and Citizens' Offstage Voice [J]. Accounting, Auditing & Accountability Journal, 2010 (3): 350 – 372.

35. Davis J H, Schoorman F D, Donaldson L. Toward a Stewardship Theory of Management [J]. The Academy of Management Review, 1997, 22 (1): 20 – 47.

36. Dehoog. Evaluating Human Services Contracting: Managers, Professionals, and Political [J]. State & Local Government Review, 1986, 18 (1): 37 – 44.

37. Dekker HC. Control of Inter – organizational Relationships: Evidence on Appropriation Concerns and Coordination Requirements [J]. Accounting Organizations and Society, 2004 (1): 27 – 49.

38. Dekker H. Control of Inter – organizational Relationships: Evidence on Appropriation Concerns and Coordination Requirements [J]. Accounting Organizations and Society, 2004, 29 (1): 27 – 49.

39. Dekker H C. Control of Inter – Organizational Relationships: Evidence on Appropriation Concerns and Coordination Requirements [J]. Accounting Organizations and Society, 2004, 29 (1): 27 – 49.

40. Dekker HC. Partner Selection and Governance Design in Interfirm Rela-

tionships [J]. Accounting Organizations and Society, 2008 (7): 915 -941.

41. Dekker HC. Partner Selection and Governance Design in Interfirm Relationships [J]. Accounting Organizations and Society, 2008, 33 (7): 915 -941.

42. Dekker HC, Sakaguchi J, Kawai T. Beyond the Contract: Managing Risk in Supply Chain Relations [J]. Management Accounting Research, 2013, 24 (2): 122 - 139.

43. Dekker HC, Van den abbeele A. Organizational Learning and Interfirm Control: the Effects of Partner Search and Prior Exchange Experiences [J]. Organization Science, 2010, 21 (6): 1233 - 1250.

44. Denhardt R B. The New Public Service - Serving, Not Steering [J]. Public Administration Review, 2007, 60 (60): 549 -559.

45. Ditillo A, Liguori M, Sicilia M, et al. Control Patterns in Contracting - out Relationships: It Matters What You Do, Not Who You Are [J]. Public Administration, 2015, 93 (1): 212 -229.

46. Ditillo A, Liguori M, Sicilia M, et al. Control Patterns in Contracting - out Relationships: It Matters What You Do, Not Who You Are [J]. Public Administration, 2015 (1): 212 -229.

47. Domberger S. The Contracting Organization - a Guide to Strategic Outsourcing [M]. Oxford University Press, 1998.

48. Fernandez S. What Works Best When Contracting for Services? an Analysis of Contracting Performance at the Local Level in the Us [J]. Public Administration, 2007, 85 (4): 1119 - 1141.

49. Ferreira LD, Merchant KA. Field Research in Management Accounting and Control: a Review and Evaluation [J]. Accounting Auditing & Accountability Journal, 1992, 5 (4), 0 - 1.

50. Fjeldstad, Odd - Helge, Katera, et al. Outsouring revenue collection to private agents: Experiences from local authorities in Tanzania [EB/OL]. [2020 - 06 - 29]. https: //open. cmi. no/cmi - xmlui/handle/11250/2474644.

51. Gao. Privatization Lessons Learned by State and Local Governments [R]. Washington, DC, 1997.

52. Gerdin J. Management Accounting System Design in Manufacturing Departments: an Empirical Investigation Using a Multiple Contingencies Approach [J]. Accounting Organizations and Society, 2005 (2): 99 - 126.

53. Girth AM, Hefetz A, Johnston JM, et al. Outsourcing Public Service Delivery: Management Responses in Noncompetitive Markets [J]. Public Administration Review, 2012, 72 (6): 887 - 900.

54. Groot T, Merchant K. Control of International Joint Ventures [J]. Accounting Organizations and Society, 2000, 25 (6): 579 - 607.

55. Gulati R, Singh H. The Architecture of Cooperation: Managing Coordination Costs and Appropriation Concerns in Strategic Alliances [J]. Administrative Science Quarterly, 1998, 43 (4): 781 - 814.

56. Gulati R. Does Familiarity Breed Trust? The Implications of Repeated Ties for Contractual Choice in Alliances [J]. Academy of Management Journal, 1995, 38 (1): 85 - 112.

57. Gummesson E. 'market Orientation Revisited: the Crucial Role of the Part - time Marketer' [J]. European Journal of Marketing, 1991 (2): 60 - 75.

58. Hefetz A, Warner M. Privatization and Its Reverse: Explaining the Dynamics of the Government Contracting Process [J]. Journal of Public Administration Research and Theory, 2004 (2): 171 - 190.

59. Hefetz A, Warner M. Privatization and Its Reverse: Explaining the Dynamics of the Government Contracting Process [J]. Journal of Public Administration Research and Theory, 2004, 14 (2): 171 - 190.

60. Hefetz A, Warner M. Beyond the Market Versus Planning Dichotomy: Understanding Privatisation and Its Reverse in Us Cities [J]. Local Government Studies, 2007, 33 (4): 555 - 572.

61. Hefetz A, Warner ME. Contracting Or Public Delivery? the Importance of Service, Market, and Management Characteristics [J]. Journal of Public Administration Research and Theory, 2012, 22 (2): 289 - 317.

62. Hefetz A, Warner ME, Vigoda - gadot E. Privatization and Intermunicipal Contracting: the Us Local Government Experience 1992 - 2007 [J]. Environ-

ment and Planning C – government and Policy, 2012, 30 (4): 675 – 692.

63. Hefetz A, Warner M, Vigoda – gadot E. Concurrent Sourcing in the Public Sector: a Strategy to Manage Contracting Risk [J]. International Public Management Journal, 2014, 17 (3): 365 – 386.

64. Hofstede G. Management Control of Public and Not – for – profit Activities [J]. Accounting Organizations & Society, 1981 (3): 193 – 211.

65. Hopwood AG. Looking Across Rather Than Up and Down: on the Need to Explore the Lateral Processing of Information [J]. Accounting Organizations & Society, 1996 (6): 589 – 590.

66. Jantz B, Klenk T, Larsen F, et al. Marketization and Varieties of Accountability Relationships in Employment Services: Comparing Denmark, Germany, and Great Britain [J]. Administration & Society, 2018, 50 (3): 321 – 345.

67. Johansson T. A Critical Appraisal of the Current Use of Transaction Cost Explanations for Government Make – or – buy Choices: Towards a Contingent Theory and Forms of Tests [J]. Public Management Review, 2015, 17 (5): 661 – 678.

68. Johansson T, Siverbo S. Governing Cooperation Hazards of Outsourced Municipal Low Contractibility Transactions: An Exploratory Configuration Approach [J]. Management Accounting Research, 2011, 22 (4): 292 – 312.

69. Johansson T, Siverbo S. Governing Cooperation Hazards of Outsourced Municipal Low Contractibility Transactions: an Exploratory Configuration Approach [J]. Management Accounting Research, 2011 (4): 292 – 312.

70. Johansson T, Siverbo S. Governing Cooperation Hazards of Outsourced Municipal Low Contractibility Transactions: an Exploratory Configuration Approach [J]. Management Accounting Research, 2011, 22 (4): 292 – 312.

71. Johansson T, Siverbo S, Camen C. Managing Cooperation, Coordination, and Legitimacy Control of Contracted Public Services [J]. Accounting Auditing & Accountability Journal, 2016 (6): 1012 – 1037.

72. Johnston JM, Girth AM. Government Contracts and "managing the Market": Exploring the Costs of Strategic Management Responses to Weak Vendor Competition [J]. Administration & Society, 2012, 44 (1): 3 – 29.

73. Kauppi K, Van raaij EM. Opportunism and Honest Incompetence – seeking Explanations for Noncompliance in Public Procurement [J]. Journal of Public Administration Research and Theory, 2015, 25 (3): 953 –979.

74. Kim Y, Warner M E. Pragmatic municipalism: Local Government Service Delivery After the Great Recession [J]. Public Administration, 2016, 94 (3): 789 – 805.

75. Kluvers Ron, Tippett John. An exploration of stewardship theory in a Not – for – Profit organisation [J]. Crossref, 2011 (4): 275 –284.

76. Korsching P. Multicommunity collaboration: an evolving rural revitalization strategy [J]. Rural Development News, 1992.

77. Krreman D. Interfaces of Control. Technocratic and Socio – ideological Control in a Global Management Consultancy Firm [J]. Accounting, Organizations and Society, 2004 (3): 423 –444.

78. Kuttner Robert. Everything for Sale: The Virtues and Limits of Markets [M]. Chicago: University of Chicago Press, 1999.

79. Lagreid P, Christensen T. A transformative perspective on administrative reforms [M] // New Public Manageemnt. The transformation of ideas and practice. 2002: 99 – 100.

80. Lamothe M, Lamothe S. To Trust Or Not to Trust? What Matters in Local Government – vendor Relationships? [J]. Journal of Public Administration Research and Theory, 2012, 22 (4): 867 –892.

81. Lamothe S, Lamothe M, Feiock RC. Examining Local Government Service Delivery Arrangements Over Time [J]. Urban Affairs Review, 2008, 44 (1): 27 –56.

82. Langfield – smith K, Smith D. Management Control Systems and Trust in Outsourcing Relationships [J]. Management Accounting Research, 2003, 14 (3): 281 –307.

83. Lapsley. Management Accounting in the New Public Sector [J]. Management Accounting Research, 2004, 15 (3): 243 –245.

84. Levin J, Tadelis S. Contracting for Government Services: Theory and Evi-

dence From Us Cities [J]. Journal of Industrial Economics, 2010, 58 (3): 507 - 541.

85. Teemu Malmi A, David A. Brown B. Management control systems as a package: Opportunities, challenges and research directions [J]. Management Accounting Research, 2008, 19 (4): 287 - 300.

86. Marvel MK, Marvel HP. Outsourcing Oversight: a Comparison of Monitoring for In - house and Contracted Services [J]. Public Administration Review, 2007, 67 (3): 521 - 530.

87. Meyer RE, Egger - peitler I, Hoellerer MA, et al. Of Bureaucrats and Passionate Public Managers: Institutional Logics, Executive Identities, and Public Service Motivation [J]. Public Administration, 2014, 92 (4): 861 - 885.

88. Miller P, Power M. Accounting, Organizing, and Economizing: Connecting Accounting Research and Organization Theory [J]. Academy of Management Annals, 2013, 7 (1): 557 - 605.

89. Modell, Sven. The Societal Relevance of Management Accounting: an Introduction to the Special Issue [J]. Accounting & Business Research, 2014, 44 (2): 83 - 103.

90. Morgan D R, Hirlinger M W. Intergovernmental Service Contracts A Multivariate Explanation [J]. Urban Affairs Review, 1991, 27 (27): 128 - 144.

91. Mouritsen J., Thrane S.. Accounting, network complementarities and the development of inter - organisational relations [J]. Accounting Organizations and Society, 2006, 31 (3): 241 - 275.

92. Mulgan R. Contracting Out and Accountability [J]. Australian Journal of Public Administration, 2008, 56 (4): 106 - 116.

93. Mulgan R. Government Accountability for Outsourced Services [J]. Australian Journal of Public Administration, 2006, 65 (2): 48 - 58.

94. OECD. Tax Administration 2015: Comparative Information on OECD and Other Advanced and Emerging Economies [EB/OL]. [2020 - 06 - 29]. https: //doi. org/10. 1787/tax_admin - 2015 - en.

95. OECD. Tax Administration 2019: Comparative Information on OECD and

other Advanced and Emerging Economies [EB/OL]. [2020 - 06 - 29]. https: //doi. org/10. 1787/74d162b6 - en.

96. OECD. Tax Administration 2017: Comparative Information on OECD and Other Advanced and Emerging Economies [EB/OL]. [2020 - 06 - 29]. https: //doi. org/10. 1787/tax_admin - 2017 - en.

97. Ouchi W. Conceptual - framework for the Design of Organizational Control Mechanisms [J]. Management Science, 1979, 25 (9): 833 - 848.

98. Romzek B S, Johnston J M. Effective Contract Implementation and Management: A Preliminary Model. (Articles) [J]. Journal of Public Administration Research and Theory: J - PART, 2002 (3): 423 - 453.

99. Romzek BS, Leroux K, Blackmar JM. A Preliminary Theory of Informal Accountability Among Network Organizational Actors [J]. Public Administration Review, 2012 (3): 442 - 453.

100. Romzek B, Johnston J. Effective Contract Implementation and Management: a Preliminary Model [J]. Journal of Public Administration Research and Theory, 2002, 12 (3): 423 - 453.

101. Romzek B, Johnston J. State Social Services Contracting: Exploring the Determinants of Effective Contract Accountability [J]. Public Administration Review, 2005, 65 (4): 436 - 449.

102. Sharma S, Mukherjee S, Kumar A, et al. A Simulation Study to Investigate the Use of Cutoff Values for Assessing Model Fit in Covariance Structure Models [J]. Journal of Business Research, 2005, 58 (7): 935 - 943.

103. Siverbo S. Management Control in Public Sector Joint Ventures [J]. Management Accounting Research, 2011, 22 (4): 330 - 348.

104. Slyke DMV. The Mythology of Privatization in Contracting for Social Services [J]. Public Administration Review, 2003, 63 (3): 296 - 315.

105. Speklé R. Explaining Management Control Structure Variety: a Transaction Cost Economics Perspective [J]. Accounting Organizations & Society, 2001 (4): 419 - 441.

106. Stillman Richard - J. . The American Bureaucracy: the Core of Modern

Government [M]. Chicago: Nelson – Hall Publishers, 1996.

107. Van der meer – kooistra J, Vosselman E. Management Control of Interfirm Transactional Relationships: the Case of Industrial Renovation and Maintenance [J]. Accounting Organizations and Society, 2000, 25 (1): 51 – 77.

108. Van der meer – kooistra J, Scapens RW. The Governance of Lateral Relations Between and Within Organisations [J]. Management Accounting Research, 2008 (4): 365 – 384.

109. Van der stede W, Young S, Chen C. Assessing the Quality of Evidence in Empirical Management Accounting Research: the Case of Survey Studies [J]. Accounting Organizations and Society, 2005, 30 (7): 655 – 684.

110. Van slyke DM. Agents Or Stewards: Using Theory to Understand the Government – nonprofit Social Service Contracting Relationship [J]. Journal of Public Administration Research and Theory, 2007 (2): 157 – 187.

111. Vosselman E, Van der meer – koolstra J. Accounting for Control and Trust Building in Interfirm Transactional Relationships [J]. Accounting Organizations and Society, 2009 (2): 267 – 283.

112. Vosselman, Ed. The 'performativity Thesis' and Its Critics: Towards a Relational Ontology of Management Accounting [J]. Accounting & Business Research, 2014, 44 (2): 181 – 203.

113. Warner M, Hefetz A. Applying Market Solutions to Public Services [J]. Urban Affairs Review, 2002, 38 (1): 70 – 89.

114. Warner M E. Market – based Governance and the Challenge for Rural Governments: US Trends [J]. Social Policy & Administration, 2010, 40 (6): 612 – 631.

115. Warner M E, Walshdilley M, Edmunds E, et al. Civic government or market – based governance? The limits of privatization for rural local governments [J]. Agriculture & Human Values, 2009, 26 (1 – 2): 133.

116. Warner M, Hebdon R. Local Government Restructuring: Privatization and Its Alternatives [J]. Journal of Policy Analysis & Management, 2010, 20 (2): 507 – 515.

117. Warner M E. Competition or Cooperation in Urban Service Delivery? [J]. Annals of Public & Cooperative Economics, 2011, 82 (4): 421 –435.

118. Yin, R. K. Case study research: Design and methods. Beverly Hills, CA: Sage Publications, 1994.

119. 包国宪, 刘红芹. 政府购买居家养老服务的绩效评价研究 [J]. 广东社会科学, 2012 (2): 15 –22.

120. 蔡礼强. 政府向社会组织购买公共服务的需求表达——基于三方主体的分析框架 [J]. 政治学研究, 2018 (1): 70 –81, 128.

121. 陈果, 陈文裕. 协同治理视角下的银税互动 [J]. 税务研究, 2017 (2): 117 –120.

122. 陈锋, 侯同佳. 政府购买社会服务的悖论——对社会组织参与社区治理的观察 [J]. 文化纵横, 2020, 69: 111 –118, 143.

123. 陈书洁, 张汝立. 政府购买服务发展的障碍——一个“嵌入”视角的分析 [J]. 北京师范大学学报 (社会科学版), 2016 (6): 100 –108.

124. 陈为智. 当前社区居家养老服务中的关键问题反思及前瞻 [J]. 西北人口, 2016, 37 (3): 100 –104.

125. 程坤鹏, 徐家良. 从行政吸纳到策略性合作: 新时代政府与社会组织关系的互动逻辑 [J]. 治理研究, 2018, 34 (6): 76 –84.

126. 丛湖平, 卢伟. 政府购买公共体育服务的模式、问题及建议——基于苏、浙、沪、粤等省市的调研 [J]. 体育科学, 2016 (12): 11 –17.

127. 崔光胜. 政府购买公共服务中的利益博弈与风险防控 [J]. 湖北社会科学, 2017 (2): 40 –45.

128. 崔佳琦, 王松, 邢金明. 利益相关者视角下政府购买公共体育服务潜在风险研究 [J]. 沈阳体育学院学报, 2020, 39 (1): 101 –109.

129. 崔正, 王勇, 魏中龙. 政府购买服务与社会组织发展的互动关系研究 [J]. 中国行政管理, 2012 (No. 326): 48 –51.

130. 邓金霞. 公共服务外包中是否存在隐性进入壁垒? [J]. 中国行政管理, 2016 (No. 371): 53 –58.

131. 邓永勤. 税收共治的历史逻辑与实现路径 [J]. 税务研究, 2016 (12): 90 –94.

132. 董杨．政府购买公共服务中的公共利益及其实现机制［J］．行政论坛，2020，27（v.27；No.162）：59－64.

133. 董玉荣．政府购买环境公共服务的制度评估与法治建构［J］．江苏大学学报（社会科学版），2019（v.21；No.116）：68－75.

134. 杜荣胜．政府购买公共服务问题和对策研究［J］．财政研究，2014，376（6）：29－32.

135. 方琦，王伯承．制度壁垒与角色偏差：政府购买社会组织服务困境研究［J］．云南行政学院学报，2020，22（v.22；No.155）：119－125.

136. 方永恒，李今今．我国地方政府购买公共文化服务政策：历程、困境与创新［J］．华中科技大学学报（社会科学版），2020，34（1）：130－136.

137. 菲利普．库珀．合同制治理：公共管理者面临的挑战与机遇［M］．上海：复旦大学出版社，2007.

138. 管兵．竞争性与反向嵌入性：政府购买服务与社会组织发展［J］．公共管理学报，2015（v.12；No.47）：83－92，158.

139. 郭志东．政府部门间涉税信息共享的困境及破解思路：以《税收征管法》修订为背景［J］．税收经济研究，2016（4）：63－70.

140. 韩恒．行政分隔与分类控制——试论当前中国社会领域的管理体制［J］．中国行政管理，2008（No.274）：39－41.

141. 韩俊魁．当前我国非政府组织参与政府购买服务的模式比较［J］．经济社会体制比较，2009（No.146）：128－134.

142. 何晴．政府购买公共服务中的组织间管理控制问题研究［M］．北京：中国财政经济出版社，2016.

143. 何晴．组织间控制机制在税务部门的应用［J］．税务研究，2016（10）：102－107.

144. 何晴，付诗文．政府购买公共服务的现状、问题与政策建议——基于《中国政府采购报》的文本分析［J］．财政监督，2018，No.425（11）：83－87.

145. 何晴，张黎群．组织间管理控制模式与机制研究评介［J］．外国经济与管理，2009，31（10）：47－53.

146. 何声普．加强政府购买社会服务 助力易地扶贫搬迁［J］．中国民政，2020（No.685）：43.

147. 何维莉．政府向社会组织购买扶贫服务问题研究［D］．南宁：广西民族大学，2018.

148. 胡穗．政府购买社会组织服务绩效评估的实践困境与路径创新［J］．湖南师范大学社会科学学报，2015（4）：110－115.

149. 胡伟，杨安华．西方国家公共服务转向的最新进展与趋势——基于美国地方政府民营化发展的纵向考察［J］．政治学研究，2009（3）：105－113.

150. 邬凌云．引导社会力量参与　构建城乡长效帮困体系［N］．中国社会报，2020－7－24.

151. 华章琳．生态环境公共产品供给中的政府角色及其模式优化［J］．甘肃社会科学，2016（No.221）：251－255.

152. 黄春蕾，刘君．绩效视角下政府购买社会工作服务模式的优化：济南市的经验［J］．中国行政管理，2013（8）：31－35.

153. 黄春梅，刘成晨．角色失调视域下政府购买社会服务的现实困境与分析［J］．云南行政学院学报，2020，22（v.22；No.151）：137－144.

154. 黄剑宇．政府购买社会服务的实践偏差与路径修正［J］．天津行政学院学报，2016（2）：21－27.

155. 黄蓝，黄建荣．合作治理视域下地方政府购买公共服务策略优化研究［J］．学术论坛，2016（5）：122－128.

156. 吉鹏，李放．政府购买居家养老服务的绩效评价：实践探索与指标体系建构［J］．理论与改革，2013（3）：104－107.

157. 敬乂嘉．社会服务中的公共非营利合作关系研究——一个基于地方改革实践的分析［J］．公共行政评论，2011，4（5）：5－25，177.

158. 敬乂嘉．控制与赋权：中国政府的社会组织发展策略［J］．学海，2016（1）：22－33.

159. 句华．美国地方政府公共服务合同外包的发展趋势及其启示［J］．中国行政管理，2008（7）.

160. 句华．政府购买服务与事业单位改革衔接模式探讨［J］．行政管理改革，2017，000（003）：34－39.

161. 句华．社会组织在政府购买服务中的角色：政社关系视角［J］．行政论坛，2017（2）：111－117.

162. 句华．政府购买服务的方式与主体相关问题辨析［J］．经济社会体制比较，2017（4）：107－117.

163. 句华，杨腾原．政府购买公共服务与事业单位改革衔接条件研究［J］．国家行政学院学报，2017（1）：71－75，127.

164. 康晓光，韩恒．分类控制：当前中国大陆国家与社会关系研究［J］．社会学研究，2005.

165. 康晓光，韩恒．行政吸纳社会——当前中国大陆国家与社会关系再研究［J］．Social Sciences in China，2007：116－128.

166. 兰自力，骆映，魏太森．逻辑检视与现实困境：政府购买公共体育服务路径探析［J］．武汉体育学院学报，2016（10）：13－18.

167. 雷杰，罗观翠，段鹏飞，等．图书题名缺失［M］．北京：社会科学文献出版社，2015.

168. 李洪佳．政府购买公共服务的合作关系管理模式研究［J］．理论月刊，2014（10）：170－173.

169. 李洪佳．公共服务购买中的政府责任及实现机制——以担保国家理论为视角［J］．云南行政学院学报，2020，22（v.22；No.151）：145－151.

170. 李蓉，祝千惠．社区矫正中政府购买服务的风险及防范［J］．湖南科技大学学报（社会科学版），2021，24（1）：143－150.

171. 李震，陈元欣，刘倩．政府购买公共体育服务研究——以武汉市政府购买游泳服务为个案［J］．武汉体育学院学报，2014（7）：36－40.

172. 刘仕宇，金福子．SCP范式下政府购买环境公共服务政策机制研究——基于多元主体协同治理的理论视角［J］．生态经济，2021，37（v.37；No.361）：185－192.

173. 刘帅顺，张汝立．资源垄断、行动脱耦与治理失灵：政府购买服务绩效评估中的指标治理［J］．湖北社会科学，2020，408（12）：41－50.

174. 刘素仙．政府购买公共服务绩效评价的价值维度与关键要素［J］．经济问题，2017（1）：17－20.

175. 刘玉．我国农村政府购买基本公共体育服务发展困境与破解路径［J］．西安体育学院学报，2017（1）：34－39.

176. 刘志辉. 风险矩阵视阈下政府购买服务的风险评估——基于对 174 个社会组织的调查研究 [J]. 长白学刊, 2019 (1): 61 – 67.

177. 龙翠红. 政府向社会组织购买服务: 嵌入性视角中的困境与超越 [J]. 南京社会科学, 2018 (8): 90 – 96.

178. 吕纳, 张佩国. 公共服务购买中政社关系的策略性建构 [J]. 社会科学家, 2012, 182 (6): 65 – 68.

179. 吕外. 政府购买公共服务过程中社会组织道德风险成因及防范——基于委托代理视角分析 [J]. 中国政府采购, 2014 (6): 72 – 74.

180. 马全中. 政府向社会组织购买服务的"内卷化"及其矫正——基于 B 市 G 区购买服务的经验分析 [J]. 求实, 2017 (4): 44 – 57.

181. 倪咸林. 政府购买社会组织服务"供需适配偏差"及其矫正——基于江苏省 N 市 Q 区的实证分析 [J]. 中国行政管理, 2018 (7): 87 – 92.

182. 彭秋平. 基于政策文本分析的我国社会力量参与公共文化服务路径研究 [J]. 图书馆学研究, 2020, 473 (6): 25 – 32.

183. 彭少峰. 依附式合作: 政府与社会组织关系转型的新特征 [J]. 社会主义研究, 2017, 235 (5): 112 – 118.

184. 渠敬东, 周飞舟, 应星. 从总体支配到技术治理——基于中国 30 年改革经验的社会学分析 [J]. 中国社会科学, 2009 (No. 180): 104 – 127, 207.

185. 萨瓦斯. 民营化与公私部门伙伴关系 [M]. 北京: 中国人民大学出版社, 2002.

186. 邵冰, 安秀梅. 无锡市政府购买公共服务改革的问题、成效及对策 [J]. 中国政府采购, 2009 (1): 32 – 33.

187. 沈克印. 政府与体育社会组织协同治理的地方实践与推进策略——以常州市政府购买公共体育服务为例 [J]. 武汉体育学院学报, 2017 (1): 12 – 19.

188. 沈克印, 吕万刚. 政府向体育社会组织购买公共体育服务的风险规避研究 [J]. 南京体育学院学报 (社会科学版), 2016 (6): 9 – 13, 62.

189. 沈克印, 吕万刚. 我国政府购买公共体育服务的制度建设研究——基于社会学制度主义的分析视角 [J]. 成都体育学院学报, 2017 (1): 37 – 42, 49.

190. 宋道雷．共生型国家社会关系：社会治理中的政社互动视角研究［J］．马克思主义与现实，2018（No. 154）：196－202.

191. 苏海，向德平．社会扶贫的行动特点与路径创新［J］．中南民族大学学报（人文社会科学版），2015（v. 35；No. 210）：144－148.

192. 唐纳德·凯特尔．权力共享：公共治理与私人市场［M］．北京：北京大学出版社，2009.

193. 完颜邓邓，卞婧婧．政府购买公共数字文化服务的实践与思考［J］．图书馆学研究，2020，491（24）：37－42，50.

194. 王春婷．政府购买公共服务的风险识别与防范——基于剩余控制权合理配置的不完全合同理论［J］．江海学刊，2019，321（3）：240－246.

195. 王春婷，李帆，林志刚．政府购买公共服务绩效结构模型建构与实证检测——基于深圳市与南京市的问卷调查与分析［J］．江苏师范大学学报（哲学社会科学版），2013（1）：109－115.

196. 王春婷，尚虎平．政府购买服务：风险生成与实质逻辑［J］．南京社会科学，2020，391（5）：59－67.

197. 王家合，杨硕，杨德燕，等．县域政府购买农村公共文化服务绩效的空间差异——以湖北省咸宁市咸安区为例［J］．经济地理，2021，41（1）：165－172.

198. 王名，乐园．中国民间组织参与公共服务购买的模式分析［J］．中共浙江省委党校学报，2008，122（4）：5－13.

199. 王浦劬，（美）萨拉蒙．政府向社会组织购买公共服务研究［D］．北京大学出版社，2010.

200. 王清．项目制、常规制与混合制：对政府购买服务中横向部门差异的分析［J］．四川大学学报（哲学社会科学版），2016（5）：23－32.

201. 王清．共生式发展：一种新的国家和社会关系——以N区社会服务项目化运作为例［J］．中共浙江省委党校学报，2017（v. 33；No. 177）：16－23.

202. 王清．项目制与社会组织服务供给困境：对政府购买服务项目化运作的分析［J］．中国行政管理，2017（4）：59－65.

203. 王向民．中国社会组织的项目制治理［J］．经济社会体制比较，2014，175（5）：130－140.

204. 王秀芝．税收能力提升的必由之路：税收征管现代化建设［J］．中国人民大学学报，2016（6）：33－42.

205. 王志华．论政府向社会组织购买公共服务的体制嵌入［J］．求索，2012（2）：66－68.

206. 魏娜，陈俊杰．政府购买服务视角下的政社关系再审视——基于A市“市级社会建设专项资金”（2013—2016）的实证研究［J］．北京行政学院学报，2020，126（No. 126）：26－37.

207. 魏中龙，王小艺，孙剑文，等．政府购买服务效率评价研究［J］．广东商学院学报，2010（5）：21－25，33.

208. 吴帆，周镇忠，刘叶．政府购买服务的美国经验及其对中国的借鉴意义——基于对一个公共服务个案的观察［J］．公共行政评论，2016（4）：4－22，205.

209. 吴建，谢双保，张萌，等．政府购买农村公共卫生服务绩效合同管理初期效果评估［J］．中国卫生经济，2010（9）：23－24.

210. 吴磊．政府向社会组织购买公共服务的风险分析及其防范机制［J］．开发研究，2014（3）：92－95.

211. 吴明隆．SPSS统计应用实务：问卷分析与应用统计［M］．北京：科学出版社，2003.

212. 吴筱珍．制约我国政府购买公共体育服务的主体因素与优化路径［J］．上海体育学院学报，2017（6）：42－46.

213. 吴新叶．城市治理中的社会组织：政府购买与能力建设［J］．上海行政学院学报，2018（v. 19；No. 102）：82－91.

214. 吴月．政府购买公共服务的偏离现象及其内在逻辑研究［J］．求实，2015（10）：66－71.

215. 夏建中，张菊枝．我国社会组织的现状与未来发展方向［J］．湖南师范大学社会科学学报，2014，43（1）：25－31.

216. 项显生．我国政府购买公共服务边界问题研究［J］．中国行政管理，2015（6）：38－45.

217. 肖雪，颜克高．一核多元——政府购买服务中的部门间网络关系与行动逻辑［J］．公共行政评论，2020，13（v. 13；No. 78）：188－205，215.

218. 徐家良，许源．政府购买社会组织公共服务的制度风险因素及风险治理［J］．社会科学辑刊，2015（5）：45－49.

219. 徐家良，薛美琴．政府购买服务中事业单位身份重构与治理绩效［J］．中国行政管理，2015（7）：11－16.

220. 徐家良，赵挺．政府购买公共服务评估机制研究［J］．政治学研究，2013（5）：87－92.

221. 杨燕英，周锐．扶贫领域政府购买服务长效机制研究［J］．中央财经大学学报，2021，401（1）：3－11.

222. 叶托．超越民营化：多元视角下的政府购买公共服务［J］．中国行政管理，2014（4）：56－61.

223. 叶托，薛琬烨．政府购买公共服务的责任风险与问责模式［J］．地方财政研究，2018（4）：17－22.

224. 于秀琴，王鑫，陶健，等．大数据背景下政府购买社会管理性服务的有效需求识别及测量研究［J］．中国行政管理，2018（9）：30－36.

225. 于增彪，张双才．企业集团业绩评价系统设计［J］．新理财，2004（10）：20－26.

226. 张大超，杨娟．我国政府购买公共体育服务的现实困境和发展对策［J］．体育科学，2017（9）：3－15，27.

227. 张立荣，冉鹏程，汪榆淇．政府购买社会公共服务的供需失衡及精准匹配——以利川市公共服务改革为考察对象［J］．河南师范大学学报（哲学社会科学版），2020，47（v.47；No.201）：15－21.

228. 张凌竹．我国公益创投的本土化定位及法律实现［J］．法学，2020，467（10）：144－159.

229. 张汝立，祝阳．适度合作与中国政府购买公共服务中的政社关系——一个公众视角的分析［J］．河南社会科学，2017（9）：113－118.

230. 赵蕊，程华，戴健．体育社团在政府购买公共体育服务中的作用及优化路径研究［J］．武汉体育学院学报，2016（5）：26－30，40.

231. 赵新峰，李春．政府购买环境治理服务的实践模式与创新路径［J］．南京师大学报（社会科学版），2016（5）：30－37.

232. 赵涛．数字化背景下税收征管国际发展趋势研究［J］．中央财经大学学报，2020（1）：12－20.

233. 郑旗．我国地方政府购买公共体育服务政策执行机制［J］．北京体育大学学报，2017（6）：19－26.

234. 周广仁．构建“四位一体”机制，不断提升税收治理能力［N］．中国税务报，2014－11－03（02）.

235. 周俊．政府如何选择购买方式和购买对象？——购买社会组织服务中的政府选择研究［J］．中共浙江省委党校学报，2014（2）：48－55.

236. 周俊．公共服务购买中政府与社会组织合作的可持续性审视［J］．理论探索，2019，240（6）：5－12.

237. 周志忍．认识市场化改革的新视角［J］．中国行政管理，2009，285（3）：11－16.

238. 宗璞．政府向社会力量购买公共服务的风险识别及预警［J］．山东行政学院学报，2019，165（2）：16－22.

239. 左敏，周梅华．动态绩效管理视域下政府购买服务的评估困境及路径优化［J］．重庆社会科学，2020，311（No.311）：100－110.

附录一　调查问卷

关于政府购买公共服务的调查问卷

尊敬的先生/女士：

您好！政府购买公共服务是我国公共服务体系建设中最重要的制度创新之一，政府向社会力量购买服务作为新型公共服务提供机制和方式，对于提升公共服务供给效率、构建和优化公共服务供给体系具有重要意义。此次问卷调查为南海区社会工作委员会社会类公共服务标准化服务研究项目的重要组成部分，在此恳请您拨冗协助填答本问卷，先行感谢您的支持和信赖！

本问卷旨在进行政策研究，不涉及商业机密，且承诺对收集到的信息保密。研究成果只进行整体分析，不涉及任何公司和个人的单独信息。请您根据真实情况，填写或选定最符合情况的数字或选项，请将相应选项下的□变红（电子问卷）或打“√”（纸面问卷）。

联系人：

联络电话：

电子邮箱：

填写说明

---

1. 您所在单位：____________________；所属部门：________________；职务：____________。
2. 请您选择近三年负责的一项政府向社会力量购买公共服务的项目，根据贵单位与承接政府购买服务的主体（包括社会组织、企业、机构等社会力量，问卷中简称“承接方”）的合作情况，回答问卷中的问题。如果您曾负责过多项政府购买公共服务项目，请每个项目填写一份问卷。
3. 本问卷不涉及商业机密，且承诺对收集到的信息保密。研究成果只进行整体分析，不涉及任何单位或个人的单独信息。

一、根据您近期负责的这个政府购买服务项目的具体情况，请选择正确的选项

1. 您在填写本问卷时选择的政府购买服务项目名称为：________________。

2. 该项目的总预算金额为____________________。（单位：万元）

□少于10万元　□10万～50万元　□51万～100万元　□100万元以上　□不确定

3. 您所在的单位与该承接方之间已经合作了________年？

□1年以内　□1年至3年　□3年至5年　□5年至10年　□10年以上

4. 该项目所购买的公共服务，涉及的公众人数大致为__________人？

□1 000人以下　□1 000～10 000人　□10 000～10万人　□10万～100万人　□100万人以上

5. 该项目的承接方为：____________________。

□民办非企业单位　□社会团体　□基金会　□企业　□事业单位　□其他____________________

6. 在该项目中，承接方为了提供我单位所购买的公共服务，专门投入的设备购置、技术开发、专业人员培训等投资的规模为：（1 = 规模很小，7 = 规模很大）

□1　□2　□3　□4　□5　□6　□7

7. 在该项目中，技术条件、市场条件、公众需求等不确定因素对项目实施的影响程度为：（1 = 影响程度很低；7 = 影响程度很高）

□1　□2　□3　□4　□5　□6　□7

8. 我单位购买的该项公共服务，市场竞争程度高，可以承接该项服务的社会力量众多，可供我单位选择（1 = 完全不同意；7 = 完全同意）

□1　□2　□3　□4　□5　□6　□7

9. 在该项目中，我单位对服务承接方具有较高的依赖性，如果将该项公共服务改由我单位提供或者寻找其他承接方，成本相当高（1 = 完全不同意；7 = 完全同意）

□1　□2　□3　□4　□5　□6　□7

10. 在该项目中，我单位可以容易的判断承接方所提供的公共服务的质量和水平是否达到要求（1 = 完全不同意；7 = 完全同意）

□1　□2　□3　□4　□5　□6　□7

11. 我单位在该项目中与承接方的合作，总体来说很满意（1 = 满意程度很低；7 = 满意程度很高）。

□1　□2　□3　□4　□5　□6　□7

12. 请您评价在以下各方面，该项目实际完成情况与设定目标相比：

	相当差	比较差	略差	基本实现目标	略好	比较好	相当好
公共服务质量达到要求	□	□	□	□	□	□	□
提供公共服务服务及时	□	□	□	□	□	□	□
公共服务供给成本降低	□	□	□	□	□	□	□
公众满意度高	□	□	□	□	□	□	□

二、在贵单位向承接方购买服务的过程中，以下说法的符合程度如何？（请在相应选项下的□打“√”）

	非常不符合	不符合	不太符合	不知道	有点符合	符合	非常符合
1. 在本项目中，我单位采取了竞争性招投标方式来选择承接方	□	□	□	□	□	□	□
2. 我单位在竞争性招投标文件中会详细说明选择服务承接方的标准	□	□	□	□	□	□	□
3. 在选择承接方时，我单位倾向于选择熟悉、有过良好合作历史的服务承接方	□	□	□	□	□	□	□
4. 我单位购买服务时，倾向于选择在组织文化和价值观上，与我单位相一致的服务承接方	□	□	□	□	□	□	□
5. 在该项目中，我单位可以获取承接方的会计账目和财务信息	□	□	□	□	□	□	□
6. 在该项目中，我单位可以通过相关信息系统获取承接方日常运营的相关信息	□	□	□	□	□	□	□
7. 在该项目中，我所在的单位参与过承接方的年度预算、重大事项决策等工作	□	□	□	□	□	□	□
8. 在该项目中，我所在的单位参与过承接方的日常运营管理工作	□	□	□	□	□	□	□
9. 在该项目中，我单位对承接方所聘用人员的数量和人员素质有基本要求	□	□	□	□	□	□	□
10. 在该项目中，我单位对承接方所提供的公共服务有详细的服务标准和质量要求	□	□	□	□	□	□	□

续表

	非常不符合	不符合	不太符合	不知道	有点符合	符合	非常符合
11. 我单位专门制定了相关文件或者制度，用于规范承接方的日常运营和服务标准	□	□	□	□	□	□	□
12. 在该项目中，我单位对于承接方提供的公共服务的数量和质量规定了明确的绩效考核指标	□	□	□	□	□	□	□
13. 在该项目中，我单位对承接方提供服务情况进行定期检查	□	□	□	□	□	□	□
14. 在该项目中，我单位定期进行公共服务对象的满意度调查	□	□	□	□	□	□	□
15. 在该项目中，我单位要求承接方定期提交运营情况报告（月度、季度或者年度）	□	□	□	□	□	□	□
16. 在该项目中，我单位要求承接方提交年度财务报告和年度绩效考评报告	□	□	□	□	□	□	□
17. 该项目承接方的主要管理人员曾经有在我单位，或相关政府单位工作的经历	□	□	□	□	□	□	□
18. 我所在的单位曾经要求承接方参加我单位组织的集中培训	□	□	□	□	□	□	□
19. 如果我单位与该承接方有较好的合作，除继续向该承接方购买服务外，我们还会考虑采取其他措施进一步巩固合作关系，如加强政府单位与社会力量的合作、出台相应的扶持政策、为社会力量提供场地等方面的支持、组织培训、进行人员交流等	□	□	□	□	□	□	□
20. 我单位与承接方工作人员之间的信任关系和非正式沟通交流，在对项目的监管中发挥了重要作用	□	□	□	□	□	□	□

三、您所负责的该项政府购买公共服务项目，与以下说法的符合程度如何？（请在相应选项下的□打“√”）

	非常不符合	不符合	不太符合	不知道	有点符合	符合	非常符合
（1）本项目的承接方曾经是我单位的直属事业单位，或者是由我单位出资组建的社会组织	□	□	□	□	□	□	□
（2）针对我所负责的该项目，承接方对包括我单位在内的政府部门及财政拨款，具有较高的信任度	□	□	□	□	□	□	□

续表

	非常不符合	不符合	不太符合	不知道	有点符合	符合	非常符合
（3）本项目的承接方在该项目之前是独立法人，与我单位之间没有过上下级关系或其他依附关系	□	□	□	□	□	□	□
（4）本项目通过公开招投标程序的竞争性方式选择了该承接方	□	□	□	□	□	□	□
（5）本项目承接方通过定向招标、委托、协商等非竞争性方式选择了该承接方	□	□	□	□	□	□	□
（6）在该项目中，我单位和该承接方之间具有长期合作历史，彼此高度信任	□	□	□	□	□	□	□
（7）在该项目中，选择承接方的主要原因是其具有专业优势和较高的社会声誉	□	□	□	□	□	□	□
（8）在该项目中，我单位与承接方签订的合同有固定期限，到期后进行重新招投标或者重新签订合同	□	□	□	□	□	□	□
（9）在该项目中，我单位对承接方的监管主要采取行政命令手段实施	□	□	□	□	□	□	□
（10）在该项目中，我单位对承接方的监管主要依据双方签订的合同的相关条款实施	□	□	□	□	□	□	□

附录二　交易管控机制探索性因子分析：全题项分析

为了保证结论稳健性，本文进行交易管控机制全部测量题项的探索性因子分析，通过全题项分析所提炼的因子与正文提炼因子的比较，来分析探索性因子分析的结论是否稳健。

一、全部题项纳入

交易管控机制的 18 个测量题项如附表 2－1 所示。

附表 2－1　　交易管控机制的测量题项

题项序号	测量题项
CONTROL_1	购买方可以从承接方获取关于该项目的会计账目和财务信息
CONTROL_2	购买方可以从承接方获取关于该项目的日常运营信息
CONTROL_3	购买方参与过承接方的年度预算、重大事项决策等工作
CONTROL_4	购买方参与过承接方的日常运营管理工作
CONTROL_5	购买方对承接方所聘用人员的数量和人员素质有基本要求
CONTROL_6	购买方对承接方所提供的公共服务有详细的服务标准和质量要求
CONTROL_7	购买方专门制定了相关文件或者制度，用于规范承接方的日常运营和服务标准
CONTROL_8	购买方对于承接方提供的公共服务的数量和质量，规定了明确的绩效考核指标
CONTROL_9	购买方对承接方所提供服务情况进行定期检查
CONTROL_10	购买方定期进行公共服务对象的满意度调查
CONTROL_11	购买方要求承接方定期提交项目情况报告（月度、季度或者年度）
CONTROL_12	购买方要求承接方提交年度绩效考评报告
CONTROL_13	承接方的主要管理人员曾经有在购买方或相关政府单位工作的经历
CONTROL_14	购买方曾经要求承接方人员参加该部门组织的集中培训

续表

题项序号	测量题项
CONTROL_15	如果承接方与购买方有较好的合作，购买方会继续向承接方购买服务，还会考虑采取其他措施进一步巩固合作关系，如出台相应的扶持政策、为社会力量提供场地等方面的支持、组织培训、进行人员交流等等
CONTROL_16	承接方与购买方具有相类似的组织价值观，在该项目中发挥了重要作用
CONTROL_17	承接方与购买方之间的长期合作历史，在该项目中发挥了重要作用
CONTROL_18	承接方与购买方之间具有相类似的组织价值观，在该项目中发挥了重要作用

全部 18 个题项纳入后，取样适当性量表 KMO 值为 0. 889，Barlett 统计值满足显著异于 0 的要求，如附表 2 - 2 所示。

附表 2 - 2　　KMO 和巴特利特检验表

KMO 取样适切性量数		0. 889
巴特利特球形度检验	近似卡方	4 029. 438
	自由度	120
	显著性	0. 000

限定提取 5 个共同因子时，转轴前五个共同因素的特征值分别为 10. 971、1. 755、1. 063、0. 960、0. 661，采用直交转轴的最大变异法后，5 个共同因素的特征值分别为 5. 115、3. 504、2. 839、2. 474、1. 480，5 个共同因素可以解释测量题项 85. 615% 的变异量，如附表 2 - 3 所示。

附表 2 - 3　　解释总变异量

成分	初始特征值			提取载荷平方和			旋转载荷平方和		
	总计	方差百分比	累积%	总计	方差百分比	累积%	总计	方差百分比	累积%
1	10. 971	60. 952	60. 952	10. 971	60. 952	60. 952	5. 115	28. 414	28. 414
2	1. 755	9. 751	70. 703	1. 755	9. 751	70. 703	3. 504	19. 465	47. 879
3	1. 063	5. 908	76. 611	1. 063	5. 908	76. 611	2. 839	15. 771	63. 650
4	0. 960	5. 332	81. 943	0. 960	5. 332	81. 943	2. 474	13. 745	77. 395
5	0. 661	3. 672	85. 615	0. 661	3. 672	85. 615	1. 480	8. 220	85. 615

注：提取方法为主成分分析法。

旋转后的因子载荷量如附表 2 - 4 所示。

附表 2-4　　旋转后的成分矩阵

	成分				
	1	2	3	4	5
CONTROL_11	0.789	0.426	0.225	0.238	-0.012
CONTROL_5	0.784	0.336	0.341	0.250	0.036
CONTROL_12	0.781	0.153	0.184	0.080	0.249
CONTROL_6	0.778	0.356	0.341	0.227	0.091
CONTROL_16	0.669	0.240	0.457	0.351	0.065
CONTROL_2	0.665	0.339	0.330	0.446	-0.138
CONTROL_1	0.560	0.404	0.343	0.441	-0.178
CONTROL_7	0.171	0.827	0.116	0.237	0.330
CONTROL_10	0.471	0.744	0.199	0.167	0.132
CONTROL_8	0.510	0.696	0.331	0.126	0.026
CONTROL_9	0.544	0.663	0.364	0.142	-0.063
CONTROL_17	0.250	0.175	0.881	0.005	0.102
CONTROL_18	0.417	0.206	0.833	0.138	0.016
CONTROL_15	0.283	0.513	0.545	0.289	0.253
CONTROL_3	0.222	0.220	0.061	0.857	0.231
CONTROL_4	0.247	0.125	0.094	0.853	0.275
CONTROL_13	-0.067	0.074	0.069	0.289	0.806
CONTROL_14	0.468	0.396	0.093	0.118	0.607

注：提取方法：主成分分析法。旋转方法：凯撒正态化最大方差法。旋转在 10 次迭代后已收敛。

第一个因子中，测量题项 CONTROL_16 从内容上看与其他测量题项明显不属于同一因子范畴，考虑将其删除。

二、删除测量题项 CONTROL_9

删除测量题项 CONTROL_16 后，KMO 值为 0.881，限定提取因子为 5 个情况下，5 个共同因素可以解释测量题项 85.877% 的变异量，如附表 2-5 所示。

附表 2 –5　　　　解释总变异量

成分	初始特征值			提取载荷平方和			旋转载荷平方和		
	总计	方差百分比	累积%	总计	方差百分比	累积%	总计	方差百分比	累积%
1	10. 213	60. 076	60. 076	10. 213	60. 076	60. 076	4. 176	24. 565	24. 565
2	1. 748	10. 283	70. 359	1. 748	10. 283	70. 359	3. 691	21. 715	46. 280
3	1. 042	6. 129	76. 487	1. 042	6. 129	76. 487	2. 715	15. 973	62. 253
4	0. 941	5. 535	82. 022	0. 941	5. 535	82. 022	2. 503	14. 723	76. 976
5	0. 655	3. 854	85. 877	0. 655	3. 854	85. 877	1. 513	8. 900	85. 877

注：提取方法为主成分分析法。

第一个因子中，测量题项 CONTROL_15 从内容上看与其他测量题项明显不属于同一因子范畴，测量题项 CONTROL_1 在第 1 个因子和第 2 个因子上的载荷量相近，考虑将其删除（见附表 2 –6）。

附表 2 –6　　　　旋转后的成分矩阵

	成分				
	1	2	3	4	5
CONTROL_7	0. 804	0. 134	0. 093	0. 219	0. 379
CONTROL_10	0. 769	0. 410	0. 194	0. 175	0. 148
CONTROL_8	0. 746	0. 427	0. 327	0. 138	0. 035
CONTROL_9	0. 733	0. 442	0. 359	0. 157	–0. 059
CONTROL_15	0. 587	0. 171	0. 521	0. 282	0. 266
CONTROL_1	0. 493	0. 443	0. 358	0. 477	–0. 193
CONTROL_12	0. 176	0. 814	0. 225	0. 123	0. 206
CONTROL_11	0. 516	0. 709	0. 246	0. 280	–0. 047
CONTROL_6	0. 460	0. 691	0. 359	0. 268	0. 048
CONTROL_5	0. 446	0. 691	0. 361	0. 293	–0. 008
CONTROL_2	0. 438	0. 556	0. 350	0. 487	–0. 165
CONTROL_17	0. 195	0. 224	0. 892	0. 017	0. 108

续表

	成分				
	1	2	3	4	5
CONTROL_18	0. 266	0. 352	0. 848	0. 162	0. 006
CONTROL_3	0. 231	0. 178	0. 060	0. 858	0. 253
CONTROL_4	0. 134	0. 218	0. 098	0. 857	0. 290
CONTROL_14	0. 493	0. 401	0. 108	0. 055	0. 589

注：提取方法：主成分分析法。旋转方法：凯撒正态化最大方差法。旋转在 8 次迭代后已收敛。

三、删除测量题项 CONTROL_1 和 CONTROL_15

删除测量题项 CONTROL_1 和 CONTROL_15 后，取样适当性量表 KMO 值为 0. 872，Barlett 统计值满足显著异于 0 的要求，如附表 2 – 7 所示。

附表 2 – 7　　KMO 和巴特利特检验

KMO 取样适切性量数		0. 872
巴特利特球形度检验	3 643. 686	3 340. 78
	105	78
	0. 000	0. 000

限定提取 5 个共同因子时，转轴前五个共同因素的特征值分别为 8. 898、1. 731、0. 95、0. 901、0. 622，采用直交转轴的最大变异法后，5 个共同因素的特征值分别为 4. 604、2. 902、2. 126、2. 103、1. 367，5 个共同因素可以解释测量题项 87. 352% 的变异量，如附表 2 – 8、附表 2 – 9 所示。

附表 2 – 8　　解释总变异量

成分	初始特征值			提取载荷平方和			旋转载荷平方和		
	总计	方差百分比	累积%	总计	方差百分比	累积%	总计	方差百分比	累积%
1	8. 898	59. 317	59. 317	8. 898	59. 317	59. 317	4. 604	30. 696	30. 696
2	1. 731	11. 542	70. 858	1. 731	11. 542	70. 858	2. 902	19. 347	50. 043
3	0. 950	6. 336	77. 194	0. 950	6. 336	77. 194	2. 126	14. 172	64. 215
4	0. 901	6. 009	83. 203	0. 901	6. 009	83. 203	2. 103	14. 022	78. 237
5	0. 622	4. 149	87. 352	0. 622	4. 149	87. 352	1. 367	9. 115	87. 352

注：提取方法为主成分分析法。

附表 2-9　　旋转后的成分矩阵

	成分				
	1	2	3	4	5
CONTROL_5	0.834	0.299	0.286	0.219	0.045
CONTROL_6	0.825	0.322	0.289	0.204	0.094
CONTROL_11	0.813	0.398	0.198	0.208	0.008
CONTROL_12	0.721	0.172	0.239	0.148	0.182
CONTROL_2	0.717	0.299	0.293	0.392	-0.095
CONTROL_7	0.204	0.822	0.100	0.262	0.305
CONTROL_10	0.482	0.745	0.202	0.172	0.133
CONTROL_8	0.530	0.696	0.318	0.123	0.026
CONTROL_9	0.570	0.661	0.337	0.131	-0.064
CONTROL_17	0.256	0.195	0.903	0.040	0.085
CONTROL_18	0.446	0.204	0.824	0.138	0.022
CONTROL_4	0.252	0.132	0.095	0.886	0.220
CONTROL_3	0.237	0.223	0.058	0.881	0.189
CONTROL_13	-0.054	0.071	0.054	0.256	0.868
CONTROL_14	0.516	0.355	0.046	0.127	0.595

注：提取方法：主成分分析法。旋转方法：凯撒正态化最大方差法。旋转在 5 次迭代后已收敛。

四、删除测量题项 CONTROL_13 和 CONTROL_14

对提取的 5 个因子分别进行信度检验时，发现第五个因子的两个测量题项的 Cronbach's α 系数为 0.552，小于 0.7 的门槛值，两个测量题项之间不具有较好的内部一致性，因此删除测量题项 CONTROL_13 和 CONTROL_14（见附表 2-10）。

附表 2-10　　可靠性统计

克隆巴赫 Alpha	基于标准化项的克隆巴赫 Alpha	项数
0.552	0.557	2

删除测量题项 CONTROL_13 和 CONTROL_14 后，取样适当性量表 KMO 值为 0.870，Barlett 统计值满足显著异于 0 的要求，如附表 2-11 所示。

附表 2－11　　KMO 和巴特利特检验

KMO 取样适切性量数		0.870
巴特利特球形度检验	3413.176	3340.78
	78	78
	0.000	0.000

限定提取 4 个共同因子时，转轴前 4 个共同因素的特征值分别为 8.411、1.412、0.917、0.729，采用直交转轴的最大变异法后，4 个共同因素的特征值分别为 4.703、2.553、2.132、2.081，4 个共同因素可以解释测量题项 88.225% 的变异量，如附表 2－12、附表 2－13 所示。

附表 2－12　　解释总变异量

成分	初始特征值			提取载荷平方和			旋转载荷平方和		
	总计	方差百分比	累积%	总计	方差百分比	累积%	总计	方差百分比	累积%
1	8.411	64.697	64.697	8.411	64.697	64.697	4.703	36.180	36.180
2	1.412	10.865	75.563	1.412	10.865	75.563	2.553	19.640	55.820
3	0.917	7.051	82.614	0.917	7.051	82.614	2.132	16.400	72.220
4	0.729	5.611	88.225	0.729	5.611	88.225	2.081	16.005	88.225

注：提取方法为主成分分析法。

附表 2－13　　旋转后的成分矩阵

	成分				
	1	2	3	4	5
CONTROL_5	0.852	0.251	0.226	0.279	0.852
CONTROL_11	0.843	0.349	0.201	0.185	0.843
CONTROL_6	0.835	0.286	0.225	0.286	0.835
CONTROL_2	0.791	0.210	0.333	0.259	0.791
CONTROL_9	0.657	0.591	0.079	0.306	0.657
CONTROL_12	0.655	0.219	0.227	0.258	0.655
CONTROL_7	0.197	0.862	0.331	0.127	0.197
CONTROL_10	0.527	0.734	0.181	0.191	0.527
CONTROL_8	0.601	0.650	0.097	0.295	0.601

续表

	成分				
	1	2	3	4	5
CONTROL_4	0.243	0.149	0.916	0.099	0.243
CONTROL_3	0.239	0.222	0.900	0.065	0.239
CONTROL_17	0.249	0.197	0.068	0.919	0.249
CONTROL_18	0.477	0.173	0.129	0.813	0.477

注：提取方法：主成分分析法。旋转方法：凯撒正态化最大方差法。旋转在 6 次迭代后已收敛。

本研究采用探索性因子分析程序的逐题删除法，18 个测量题项中保留 15 项，提炼的因子与测量题项的对应关系如附表 2－14 所示。

附表 2－14　　　　因子界定

因子序号	题项序号	题项内容（简写）
1	CONTROL_5	规定承接方人员素质要求
	CONTROL_11	承接方定期提交报告
	CONTROL_6	规定服务标准和质量要求
	CONTROL_2	获取承接方运营信息
	CONTROL_9	定期检查
	CONTROL_12	年度绩效考评报告
2	CONTROL_7	制定制度规范日常运营
	CONTROL_10	定期进行满意度调查
	CONTROL_8	制定制度规定绩效指标
3	CONTROL_4	参与日常运营
	CONTROL_3	参与预决算等重大决策
4	CONTROL_17	长期合作关系
	CONTROL_18	相同组织价值观

本研究对 4 个因子进行信度分析，结果如附表 2－15 所示，所有的题项—总体相关系数均在 0.7～0.9 之间，同时各变量的 Cronbach's 系数均大于 0.9，可见各变量的题项之间具有较好的内部一致性。

附表 2-15　　交易管控机制变量的信度检验（N=204）

因子序号	题项序号	题项内容（简写）	题项—总体相关系数	Cronbach's α 系数
1	CONTROL_5	规定承接方人员素质要求	0.856	0.953
	CONTROL_11	承接方定期提交报告	0.927	
	CONTROL_6	规定服务标准和质量要求	0.926	
	CONTROL_2	获取承接方运营信息	0.824	
	CONTROL_9	定期检查	0.920	
	CONTROL_12	年度绩效考评报告	0.695	
2	CONTROL_7	制定制度规范日常运营	0.777	0.907
	CONTROL_10	定期进行满意度调查	0.864	
	CONTROL_8	制定制度规定绩效指标	0.801	
3	CONTROL_4	参与日常运营	0.859	0.924
	CONTROL_3	参与预决算等重大决策	0.859	
4	CONTROL_17	保持长期合作关系	0.854	0.920
	CONTROL_18	相同组织价值观	0.854	

全题项的探索性因子分析的结论与正文中因子分析结论相比较，可发现，4 个因子中，因子 3 与正文结论相一致，因子 4 比正文结论少两个测量题项（CONTROL_15 和 CONTROL_16），因子 1 和因子 2 的测量题项与正文结论相比，所提炼的因子 1 中包含了产出控制和行为控制不同类型的控制机制，因子 2 也类似，相比较之下，正文因子分析结论与理论分析和案例分析的吻合度更高，对现实的解释力也相对更强。但是两种分析方法所得到的结论虽然有一定差异，但并未出现完全矛盾的分析结论，说明分析整体上具有稳健性。

附录三　各变量因子得分和主成分值

附表 3－1　　　　交易伙伴选择机制因子得分和主成分值

序号	因子得分		主成分值	
	因子 1	因子 2	因子 1	因子 2
1	－0. 69288	0. 65887	－1. 18	0. 6
2	1. 00018	－0. 25452	1. 71	－0. 23
3	－1. 46018	0. 83074	－2. 49	0. 76
4	0. 42623	0. 24768	0. 73	0. 23
5	－1. 27984	－0. 5611	－2. 19	－0. 51
6	0. 10874	－0. 3168	0. 19	－0. 29
7	－0. 84373	－2. 01022	－1. 44	－1. 83
8	－0. 30819	－2. 17031	－0. 53	－1. 97
9	－1. 59733	－1. 12557	－2. 73	－1. 02
10	－1. 00007	－0. 66389	－1. 71	－0. 6
11	－0. 84373	－2. 01022	－1. 44	－1. 83
12	－0. 69288	0. 65887	－1. 18	0. 6
13	1. 00018	－0. 25452	1. 71	－0. 23
14	－1. 46018	0. 83074	－2. 49	0. 76
15	0. 42623	0. 24768	0. 73	0. 23
16	－1. 27984	－0. 5611	－2. 19	－0. 51
17	0. 10874	－0. 3168	0. 19	－0. 29
18	－0. 84373	－2. 01022	－1. 44	－1. 83
19	－0. 30819	－2. 17031	－0. 53	－1. 97
20	－1. 59733	－1. 12557	－2. 73	－1. 02
21	－1. 00007	－0. 66389	－1. 71	－0. 6
22	－0. 84373	－2. 01022	－1. 44	－1. 83
23	－0. 69288	0. 65887	－1. 18	0. 6

续表

序号	因子得分		主成分值	
	因子 1	因子 2	因子 1	因子 2
24	1. 00018	-0. 25452	1. 71	-0. 23
25	-1. 46018	0. 83074	-2. 49	0. 76
26	0. 42623	0. 24768	0. 73	0. 23
27	-1. 27984	-0. 5611	-2. 19	-0. 51
28	0. 10874	-0. 3168	0. 19	-0. 29
29	-0. 84373	-2. 01022	-1. 44	-1. 83
30	-0. 30819	-2. 17031	-0. 53	-1. 97
31	-1. 59733	-1. 12557	-2. 73	-1. 02
32	-1. 00007	-0. 66389	-1. 71	-0. 6
33	-0. 84373	-2. 01022	-1. 44	-1. 83
34	1. 09434	-0. 28142	1. 87	-0. 26
35	-0. 69288	0. 65887	-1. 18	0. 6
36	-0. 69288	0. 65887	-1. 18	0. 6
37	1. 00018	-0. 25452	1. 71	-0. 23
38	0. 5588	-0. 12133	0. 95	-0. 11
39	-0. 4131	0. 55607	-0. 71	0. 51
40	0. 42623	0. 24768	0. 73	0. 23
41	-1. 46018	0. 83074	-2. 49	0. 76
42	0. 42623	0. 24768	0. 73	0. 23
43	-2. 46955	1. 77268	-4. 22	1. 61
44	-0. 69288	0. 65887	-1. 18	0. 6
45	-1. 27984	-0. 5611	-2. 19	-0. 51
46	0. 10874	-0. 3168	0. 19	-0. 29
47	0. 64428	-0. 47689	1. 1	-0. 43
48	0. 51172	-0. 10788	0. 87	-0. 1
49	-0. 84373	-2. 01022	-1. 44	-1. 83
50	1. 14142	-0. 29487	1. 95	-0. 27
51	1. 7101	-2. 113	2. 92	-1. 92
52	0. 74372	0. 81215	1. 27	0. 74
53	0. 74372	0. 81215	1. 27	0. 74

续表

序号	因子得分		主成分值	
	因子 1	因子 2	因子 1	因子 2
54	0. 32679	-1. 04136	0. 56	-0. 95
55	-0. 4131	0. 55607	-0. 71	0. 51
56	0. 74372	0. 81215	1. 27	0. 74
57	-0. 42681	-0. 15671	-0. 73	-0. 14
58	0. 74372	0. 81215	1. 27	0. 74
59	0. 42623	0. 24768	0. 73	0. 23
60	-0. 84373	-2. 01022	-1. 44	-1. 83
61	0. 74372	0. 81215	1. 27	0. 74
62	0. 23194	-0. 00508	0. 4	0
63	-0. 70658	-0. 05391	-1. 21	-0. 05
64	0. 74372	0. 81215	1. 27	0. 74
65	0. 74372	0. 81215	1. 27	0. 74
66	0. 42623	0. 24768	0. 73	0. 23
67	0. 27902	-0. 01853	0. 48	-0. 02
68	1. 09434	-0. 28142	1. 87	-0. 26
69	-0. 26589	0. 82228	-0. 45	0. 75
70	0. 74372	0. 81215	1. 27	0. 74
71	-1. 1667	1. 44072	-1. 99	1. 31
72	-1. 18041	0. 72794	-2. 02	0. 66
73	0. 74372	0. 81215	1. 27	0. 74
74	0. 74372	0. 81215	1. 27	0. 74
75	0. 74372	0. 81215	1. 27	0. 74
76	-0. 80602	-1. 34295	-1. 38	-1. 22
77	-2. 46955	1. 77268	-4. 22	1. 61
78	-0. 26589	0. 82228	-0. 45	0. 75
79	0. 42623	0. 24768	0. 73	0. 23
80	0. 42623	0. 24768	0. 73	0. 23
81	-0. 10932	0. 40776	-0. 19	0. 37
82	-2. 2515	1. 04812	-3. 85	0. 95
83	0. 87629	0. 44314	1. 5	0. 4

续表

序号	因子得分		主成分值	
	因子 1	因子 2	因子 1	因子 2
84	0.96178	0.08759	1.64	0.08
85	1.04726	-0.26797	1.79	-0.24
86	0.74372	0.81215	1.27	0.74
87	1.22691	-0.65043	2.1	-0.59
88	0.36451	-0.37409	0.62	-0.34
89	0.74372	0.81215	1.27	0.74
90	-2.46955	1.77268	-4.22	1.61
91	0.49707	-0.7431	0.85	-0.68
92	1.00885	0.07414	1.72	0.07
93	0.682	0.19038	1.16	0.17
94	0.42623	0.24768	0.73	0.23
95	0.74372	0.81215	1.27	0.74
96	0.74372	0.81215	1.27	0.74
97	1.39789	-1.36154	2.39	-1.24
98	0.74372	0.81215	1.27	0.74
99	-0.84373	-2.01022	-1.44	-1.83
100	-0.00076	0.08426	0	0.08
101	-1.59275	1.19975	-2.72	1.09
102	0.74372	0.81215	1.27	0.74
103	0.87629	0.44314	1.5	0.4
104	0.74372	0.81215	1.27	0.74
105	0.70601	0.14488	1.21	0.13
106	1.03262	-0.90318	1.76	-0.82
107	0.87629	0.44314	1.5	0.4
108	-0.30819	-2.17031	-0.53	-1.97
109	-1.98637	0.3101	-3.39	0.28
110	-1.98637	0.3101	-3.39	0.28
111	-0.76396	0.71782	-1.3	0.65
112	-0.31825	-0.48021	-0.54	-0.44
113	1.88107	-2.82411	3.21	-2.57

续表

序号	因子得分		主成分值	
	因子 1	因子 2	因子 1	因子 2
114	0.682	0.19038	1.16	0.17
115	0.74372	0.81215	1.27	0.74
116	0.74372	0.81215	1.27	0.74
117	0.74372	0.81215	1.27	0.74
118	-1.59733	-1.12557	-2.73	-1.02
119	-0.32737	1.13233	-0.56	1.03
120	-1.00007	-0.66389	-1.71	-0.6
121	0.74372	0.81215	1.27	0.74
122	0.96178	0.08759	1.64	0.08
123	-0.84373	-2.01022	-1.44	-1.83
124	-0.29424	-0.52572	-0.5	-0.48
125	-1.81539	-0.40101	-3.1	-0.36
126	0.74372	0.81215	1.27	0.74
127	-0.84373	-2.01022	-1.44	-1.83
128	1.14142	-0.29487	1.95	-0.27
129	1.7101	-2.113	2.92	-1.92
130	0.74372	0.81215	1.27	0.74
131	0.74372	0.81215	1.27	0.74
132	0.32679	-1.04136	0.56	-0.95
133	-0.4131	0.55607	-0.71	0.51
134	0.74372	0.81215	1.27	0.74
135	-0.42681	-0.15671	-0.73	-0.14
136	0.74372	0.81215	1.27	0.74
137	0.42623	0.24768	0.73	0.23
138	-0.84373	-2.01022	-1.44	-1.83
139	0.74372	0.81215	1.27	0.74
140	0.23194	-0.00508	0.4	0
141	-0.70658	-0.05391	-1.21	-0.05
142	0.74372	0.81215	1.27	0.74
143	0.74372	0.81215	1.27	0.74

续表

序号	因子得分		主成分值	
	因子 1	因子 2	因子 1	因子 2
144	0. 42623	0. 24768	0. 73	0. 23
145	0. 27902	-0. 01853	0. 48	-0. 02
146	1. 09434	-0. 28142	1. 87	-0. 26
147	-0. 26589	0. 82228	-0. 45	0. 75
148	0. 74372	0. 81215	1. 27	0. 74
149	-1. 1667	1. 44072	-1. 99	1. 31
150	-1. 18041	0. 72794	-2. 02	0. 66
151	0. 74372	0. 81215	1. 27	0. 74
152	0. 74372	0. 81215	1. 27	0. 74
153	0. 74372	0. 81215	1. 27	0. 74
154	-0. 80602	-1. 34295	-1. 38	-1. 22
155	-2. 46955	1. 77268	-4. 22	1. 61
156	-0. 26589	0. 82228	-0. 45	0. 75
157	0. 42623	0. 24768	0. 73	0. 23
158	0. 42623	0. 24768	0. 73	0. 23
159	-0. 10932	0. 40776	-0. 19	0. 37
160	-2. 2515	1. 04812	-3. 85	0. 95
161	0. 87629	0. 44314	1. 5	0. 4
162	0. 96178	0. 08759	1. 64	0. 08
163	1. 04726	-0. 26797	1. 79	-0. 24
164	0. 74372	0. 81215	1. 27	0. 74
165	1. 22691	-0. 65043	2. 1	-0. 59
166	0. 36451	-0. 37409	0. 62	-0. 34
167	0. 74372	0. 81215	1. 27	0. 74
168	-2. 46955	1. 77268	-4. 22	1. 61
169	0. 49707	-0. 7431	0. 85	-0. 68
170	1. 00885	0. 07414	1. 72	0. 07
171	0. 682	0. 19038	1. 16	0. 17
172	0. 42623	0. 24768	0. 73	0. 23
173	0. 74372	0. 81215	1. 27	0. 74

续表

序号	因子得分		主成分值	
	因子1	因子2	因子1	因子2
174	0.74372	0.81215	1.27	0.74
175	1.39789	-1.36154	2.39	-1.24
176	0.74372	0.81215	1.27	0.74
177	-0.84373	-2.01022	-1.44	-1.83
178	-0.00076	0.08426	0	0.08
179	-1.59275	1.19975	-2.72	1.09
180	0.74372	0.81215	1.27	0.74
181	0.87629	0.44314	1.5	0.4
182	0.74372	0.81215	1.27	0.74
183	0.70601	0.14488	1.21	0.13
184	1.03262	-0.90318	1.76	-0.82
185	0.87629	0.44314	1.5	0.4
186	-0.30819	-2.17031	-0.53	-1.97
187	-1.98637	0.3101	-3.39	0.28
188	-1.98637	0.3101	-3.39	0.28
189	-0.76396	0.71782	-1.3	0.65
190	-0.31825	-0.48021	-0.54	-0.44
191	1.88107	-2.82411	3.21	-2.57
192	0.682	0.19038	1.16	0.17
193	0.74372	0.81215	1.27	0.74
194	0.74372	0.81215	1.27	0.74
195	0.74372	0.81215	1.27	0.74
196	-1.59733	-1.12557	-2.73	-1.02
197	-0.32737	1.13233	-0.56	1.03
198	-1.00007	-0.66389	-1.71	-0.6
199	0.74372	0.81215	1.27	0.74
200	0.96178	0.08759	1.64	0.08
201	-0.84373	-2.01022	-1.44	-1.83
202	-0.29424	-0.52572	-0.5	-0.48
203	-1.81539	-0.40101	-3.1	-0.36
204	0.74372	0.81215	1.27	0.74

附表 3 – 2　　　　交易管控机制变量因子得分和主成分值

序号	因子值				主成分值			
	管控机制因子 1	管控机制因子 2	管控机制因子 3	管控机制因子 4	管控机制因子 1	管控机制因子 2	管控机制因子 3	管控机制因子 4
1	-0.67565	-0.61211	-0.56897	-0.4269	-1.57	-0.65	-1.01	-0.8
2	-0.80064	-0.54212	-0.46739	-0.18344	-1.86	-0.58	-0.83	-0.34
3	0.34186	-1.10939	0.49996	0.07052	0.8	-1.19	0.89	0.13
4	0.3331	-0.83034	-1.02026	0.12653	0.78	-0.89	-1.82	0.24
5	-1.12637	0.43526	-0.68164	-0.62795	-2.62	0.47	-1.22	-1.18
6	-0.92353	0.16828	-0.77297	-0.59497	-2.15	0.18	-1.38	-1.11
7	-2.11727	-0.39353	-1.92614	-2.41568	-4.93	-0.42	-3.44	-4.53
8	-2.35436	-0.97341	-2.50273	-2.41568	-5.48	-1.04	-4.46	-4.53
9	-2.22698	0.03733	-2.11043	-1.86411	-5.18	0.04	-3.76	-3.49
10	-2.0508	-0.07943	-2.38297	-1.53814	-4.77	-0.08	-4.25	-2.88
11	-1.87742	-0.59285	-1.6221	-2.09597	-4.37	-0.63	-2.89	-3.93
12	-0.67565	-0.61211	-0.56897	-0.4269	-1.57	-0.65	-1.01	-0.8
13	-0.80064	-0.54212	-0.46739	-0.18344	-1.86	-0.58	-0.83	-0.34
14	0.34186	-1.10939	0.49996	0.07052	0.8	-1.19	0.89	0.13
15	0.3331	-0.83034	-1.02026	0.12653	0.78	-0.89	-1.82	0.24
16	-1.12637	0.43526	-0.68164	-0.62795	-2.62	0.47	-1.22	-1.18
17	-0.92353	0.16828	-0.77297	-0.59497	-2.15	0.18	-1.38	-1.11
18	-2.11727	-0.39353	-1.92614	-2.41568	-4.93	-0.42	-3.44	-4.53
19	-2.35436	-0.97341	-2.50273	-2.41568	-5.48	-1.04	-4.46	-4.53
20	-2.22698	0.03733	-2.11043	-1.86411	-5.18	0.04	-3.76	-3.49
21	-2.0508	-0.07943	-2.38297	-1.53814	-4.77	-0.08	-4.25	-2.88
22	-1.87742	-0.59285	-1.6221	-2.09597	-4.37	-0.63	-2.89	-3.93
23	-0.67565	-0.61211	-0.56897	-0.4269	-1.57	-0.65	-1.01	-0.8
24	-0.80064	-0.54212	-0.46739	-0.18344	-1.86	-0.58	-0.83	-0.34
25	0.34186	-1.10939	0.49996	0.07052	0.8	-1.19	0.89	0.13
26	0.3331	-0.83034	-1.02026	0.12653	0.78	-0.89	-1.82	0.24
27	-1.12637	0.43526	-0.68164	-0.62795	-2.62	0.47	-1.22	-1.18
28	-0.92353	0.16828	-0.77297	-0.59497	-2.15	0.18	-1.38	-1.11
29	-2.11727	-0.39353	-1.92614	-2.41568	-4.93	-0.42	-3.44	-4.53

续表

序号	因子值				主成分值			
	管控机制因子1	管控机制因子2	管控机制因子3	管控机制因子4	管控机制因子1	管控机制因子2	管控机制因子3	管控机制因子4
30	-2.35436	-0.97341	-2.50273	-2.41568	-5.48	-1.04	-4.46	-4.53
31	-2.22698	0.03733	-2.11043	-1.86411	-5.18	0.04	-3.76	-3.49
32	-2.0508	-0.07943	-2.38297	-1.53814	-4.77	-0.08	-4.25	-2.88
33	-1.87742	-0.59285	-1.6221	-2.09597	-4.37	-0.63	-2.89	-3.93
34	-0.00498	-1.53478	-0.10505	-0.15366	-0.01	-1.64	-0.19	-0.29
35	0.64518	-0.88462	0.02094	0.44625	1.5	-0.95	0.04	0.84
36	-0.67565	-0.61211	-0.56897	-0.4269	-1.57	-0.65	-1.01	-0.8
37	-0.80064	-0.54212	-0.46739	-0.18344	-1.86	-0.58	-0.83	-0.34
38	-1.50242	-0.88746	-0.38375	0.15049	-3.5	-0.95	-0.68	0.28
39	0.55023	-1.13582	0.3802	0.49447	1.28	-1.21	0.68	0.93
40	0.55023	-1.13582	0.49996	0.49447	1.28	-1.21	0.89	0.93
41	0.34186	-1.10939	0.49996	0.07052	0.8	-1.19	0.89	0.13
42	0.3331	-0.83034	-1.02026	0.12653	0.78	-0.89	-1.82	0.24
43	-1.52377	-1.36837	-1.55272	1.2793	-3.55	-1.46	-2.77	2.4
44	-0.46142	-0.07009	-0.77297	0.04901	-1.07	-0.07	-1.38	0.09
45	-1.12637	0.43526	-0.68164	-0.62795	-2.62	0.47	-1.22	-1.18
46	-0.92353	0.16828	-0.77297	-0.59497	-2.15	0.18	-1.38	-1.11
47	0.04602	-0.56425	0.08879	-0.36338	0.11	-0.6	0.16	-0.68
48	-0.76845	-0.03116	0.11474	-0.03833	-1.79	-0.03	0.2	-0.07
49	0.07356	-0.99142	-0.55565	-1.7021	0.17	-1.06	-0.99	-3.19
50	0.52209	0.90428	-0.35874	0.67128	1.22	0.97	-0.64	1.26
51	0.19055	0.69552	0.49287	-0.87206	0.44	0.74	0.88	-1.63
52	0.56883	0.43037	0.02341	1.30907	1.32	0.46	0.04	2.45
53	0.51225	0.77275	0.95679	0.79723	1.19	0.83	1.71	1.49
54	0.7347	0.3061	0.13361	-0.38148	1.71	0.33	0.24	-0.71
55	0.319	-0.39742	-0.08371	0.40917	0.74	-0.42	-0.15	0.77
56	0.68068	0.79655	0.83704	0.88254	1.58	0.85	1.49	1.65
57	-0.76468	0.34424	-0.77297	-0.08528	-1.78	0.37	-1.38	-0.16
58	0.69665	0.76244	0.95679	1.16187	1.62	0.81	1.71	2.18

续表

序号	因子值				主成分值			
	管控机制因子 1	管控机制因子 2	管控机制因子 3	管控机制因子 4	管控机制因子 1	管控机制因子 2	管控机制因子 3	管控机制因子 4
59	0. 33691	1. 29278	0. 40615	0. 61686	0. 78	1. 38	0. 72	1. 16
60	-2. 11727	-0. 39353	-1. 92614	-2. 41568	-4. 93	-0. 42	-3. 44	-4. 53
61	0. 50729	1. 30997	0. 95679	0. 79723	1. 18	1. 4	1. 71	1. 49
62	-0. 92353	0. 16828	-0. 19638	-0. 2139	-2. 15	0. 18	-0. 35	-0. 4
63	-0. 36789	0. 30918	-0. 17043	-0. 41658	-0. 86	0. 33	-0. 3	-0. 78
64	0. 68068	0. 79655	0. 95679	0. 79723	1. 58	0. 85	1. 71	1. 49
65	0. 50729	1. 30997	0. 95679	0. 79723	1. 18	1. 4	1. 71	1. 49
66	0. 50729	1. 30997	0. 95679	0. 24634	1. 18	1. 4	1. 71	0. 46
67	0. 15342	1. 1497	0. 79846	0. 2464	0. 36	1. 23	1. 42	0. 46
68	1. 45172	-2. 01959	0. 65121	0. 41419	3. 38	-2. 16	1. 16	0. 78
69	-0. 6571	1. 12363	-1. 01402	1. 05346	-1. 53	1. 2	-1. 81	1. 97
70	0. 50729	1. 30997	0. 95679	0. 79723	1. 18	1. 4	1. 71	1. 49
71	0. 50729	1. 30997	0. 65121	0. 79227	1. 18	1. 4	1. 16	1. 48
72	-0. 22876	-0. 39289	-0. 77297	0. 11617	-0. 53	-0. 42	-1. 38	0. 22
73	0. 50729	1. 30997	0. 95679	0. 79723	1. 18	1. 4	1. 71	1. 49
74	0. 72742	0. 32264	0. 23826	1. 30907	1. 69	0. 34	0. 43	2. 45
75	0. 50729	1. 30997	0. 71728	0. 9551	1. 18	1. 4	1. 28	1. 79
76	0. 03035	0. 9294	0. 3802	-1. 0952	0. 07	0. 99	0. 68	-2. 05
77	-0. 69548	-0. 246	-0. 98475	1. 19165	-1. 62	-0. 26	-1. 76	2. 23
78	0. 30714	-1. 07141	0. 3802	0. 81243	0. 71	-1. 14	0. 68	1. 52
79	0. 03035	0. 9294	0. 3802	0. 18537	0. 07	0. 99	0. 68	0. 35
80	-0. 14236	0. 11326	-1. 24243	0. 59701	-0. 33	0. 12	-2. 22	1. 12
81	-0. 34198	-1. 04253	-0. 17043	0. 60693	-0. 8	-1. 11	-0. 3	1. 14
82	0. 47534	1. 22695	0. 804	0. 2513	1. 11	1. 31	1. 43	0. 47
83	0. 46354	1. 10203	0. 95679	0. 67987	1. 08	1. 18	1. 71	1. 27
84	0. 61107	-0. 03376	0. 95679	0. 37209	1. 42	-0. 04	1. 71	0. 7
85	0. 50729	1. 30997	0. 95679	0. 27856	1. 18	1. 4	1. 71	0. 52
86	0. 50729	1. 30997	0. 95679	0. 79723	1. 18	1. 4	1. 71	1. 49

续表

序号	因子值				主成分值			
	管控机制因子 1	管控机制因子 2	管控机制因子 3	管控机制因子 4	管控机制因子 1	管控机制因子 2	管控机制因子 3	管控机制因子 4
87	1.03953	-1.83086	0.49287	-0.05715	2.42	-1.96	0.88	-0.11
88	0.09979	0.43652	0.3802	-0.24314	0.23	0.47	0.68	-0.46
89	1.37421	-1.25713	0.95679	1.22376	3.2	-1.34	1.71	2.29
90	1.45172	-2.01959	0.65121	1.29418	3.38	-2.16	1.16	2.42
91	0.656	0.54576	-0.06733	-0.00654	1.53	0.58	-0.12	-0.01
92	0.77536	0.52278	0.52591	-0.00817	1.8	0.56	0.94	-0.02
93	0.05583	1.15584	0.64567	0.06298	0.13	1.24	1.15	0.12
94	0.33317	0.62189	0.26045	0.14829	0.78	0.66	0.46	0.28
95	0.68068	0.79655	0.95679	0.79723	1.58	0.85	1.71	1.49
96	1.31329	-1.95377	0.59752	1.04537	3.06	-2.09	1.07	1.96
97	1.34525	-1.87075	-0.07287	-0.74703	3.13	-2	-0.13	-1.4
98	1.51563	-1.85356	0.23826	0.93807	3.53	-1.98	0.43	1.76
99	-0.10866	-0.98928	0.11474	-1.7021	-0.25	-1.06	0.2	-3.19
100	0.79959	-0.83332	0.65121	0.58762	1.86	-0.89	1.16	1.1
101	0.35706	-1.08773	0.3598	0.4313	0.83	-1.16	0.64	0.81
102	0.69665	0.76244	0.95679	0.79723	1.62	0.81	1.71	1.49
103	1.41112	-1.71133	0.95679	0.84766	3.28	-1.83	1.71	1.59
104	0.50729	1.30997	0.95679	0.79227	1.18	1.4	1.71	1.48
105	0.0017	-0.08962	0.3802	0.27563	0	-0.1	0.68	0.52
106	0.50729	1.30997	0.95679	0.24938	1.18	1.4	1.71	0.47
107	0.629	0.07676	0.68424	0.58304	1.46	0.08	1.22	1.09
108	-2.35436	-0.97341	-2.50273	-2.41568	-5.48	-1.04	-4.46	-4.53
109	0.48939	-0.229	0.07462	-0.31024	1.14	-0.24	0.13	-0.58
110	0.33498	-0.12907	0.07462	0.19167	0.78	-0.14	0.13	0.36
111	0.53294	0.09149	0.95679	0.50839	1.24	0.1	1.71	0.95
112	0.17178	0.33297	0.3802	-0.15655	0.4	0.36	0.68	-0.29
113	0.50729	1.30997	0.95679	-1.32214	1.18	1.4	1.71	-2.48
114	0.75938	0.55689	0.95679	0.24634	1.77	0.6	1.71	0.46

续表

序号	因子值				主成分值			
	管控机制因子 1	管控机制因子 2	管控机制因子 3	管控机制因子 4	管控机制因子 1	管控机制因子 2	管控机制因子 3	管控机制因子 4
115	1. 00909	-1. 24181	0. 49842	0. 92703	2. 35	-1. 33	0. 89	1. 74
116	0. 64375	-0. 85388	0. 49842	0. 92703	1. 5	-0. 91	0. 89	1. 74
117	1. 38781	-2. 18563	0. 95679	0. 69219	3. 23	-2. 34	1. 71	1. 3
118	-2. 22698	0. 03733	-2. 11043	-1. 86411	-5. 18	0. 04	-3. 76	-3. 49
119	0. 48875	0. 8035	0. 95679	0. 79723	1. 14	0. 86	1. 71	1. 49
120	-2. 0508	-0. 07943	-2. 38297	-1. 53814	-4. 77	-0. 08	-4. 25	-2. 88
121	0. 50729	1. 30997	0. 95679	0. 88254	1. 18	1. 4	1. 71	1. 65
122	0. 76136	-1. 70017	0. 34717	0. 74329	1. 77	-1. 82	0. 62	1. 39
123	-1. 87742	-0. 59285	-1. 6221	-2. 09597	-4. 37	-0. 63	-2. 89	-3. 93
124	-0. 24398	0. 93274	0. 22741	-0. 35555	-0. 57	1	0. 41	-0. 67
125	0. 19545	1. 37156	0. 95679	-0. 44614	0. 45	1. 47	1. 71	-0. 84
126	0. 50729	1. 30997	0. 804	1. 30907	1. 18	1. 4	1. 43	2. 45
127	0. 07356	-0. 99142	-0. 55565	-1. 7021	0. 17	-1. 06	-0. 99	-3. 19
128	0. 52209	0. 90428	-0. 35874	0. 67128	1. 22	0. 97	-0. 64	1. 26
129	0. 19055	0. 69552	0. 49287	-0. 87206	0. 44	0. 74	0. 88	-1. 63
130	0. 56883	0. 43037	0. 02341	1. 30907	1. 32	0. 46	0. 04	2. 45
131	0. 51225	0. 77275	0. 95679	0. 79723	1. 19	0. 83	1. 71	1. 49
132	0. 7347	0. 3061	0. 13361	-0. 38148	1. 71	0. 33	0. 24	-0. 71
133	0. 319	-0. 39742	-0. 08371	0. 40917	0. 74	-0. 42	-0. 15	0. 77
134	0. 68068	0. 79655	0. 83704	0. 88254	1. 58	0. 85	1. 49	1. 65
135	-0. 76468	0. 34424	-0. 77297	-0. 08528	-1. 78	0. 37	-1. 38	-0. 16
136	0. 69665	0. 76244	0. 95679	1. 16187	1. 62	0. 81	1. 71	2. 18
137	0. 33691	1. 29278	0. 40615	0. 61686	0. 78	1. 38	0. 72	1. 16
138	-2. 11727	-0. 39353	-1. 92614	-2. 41568	-4. 93	-0. 42	-3. 44	-4. 53
139	0. 50729	1. 30997	0. 95679	0. 79723	1. 18	1. 4	1. 71	1. 49
140	-0. 92353	0. 16828	-0. 19638	-0. 2139	-2. 15	0. 18	-0. 35	-0. 4
141	-0. 36789	0. 30918	-0. 17043	-0. 41658	-0. 86	0. 33	-0. 3	-0. 78
142	0. 68068	0. 79655	0. 95679	0. 79723	1. 58	0. 85	1. 71	1. 49

续表

序号	因子值				主成分值			
	管控机制因子 1	管控机制因子 2	管控机制因子 3	管控机制因子 4	管控机制因子 1	管控机制因子 2	管控机制因子 3	管控机制因子 4
143	0.50729	1.30997	0.95679	0.79723	1.18	1.4	1.71	1.49
144	0.50729	1.30997	0.95679	0.24634	1.18	1.4	1.71	0.46
145	0.15342	1.1497	0.79846	0.2464	0.36	1.23	1.42	0.46
146	1.45172	-2.01959	0.65121	0.41419	3.38	-2.16	1.16	0.78
147	-0.6571	1.12363	-1.01402	1.05346	-1.53	1.2	-1.81	1.97
148	0.50729	1.30997	0.95679	0.79723	1.18	1.4	1.71	1.49
149	0.50729	1.30997	0.65121	0.79227	1.18	1.4	1.16	1.48
150	-0.22876	-0.39289	-0.77297	0.11617	-0.53	-0.42	-1.38	0.22
151	0.50729	1.30997	0.95679	0.79723	1.18	1.4	1.71	1.49
152	0.72742	0.32264	0.23826	1.30907	1.69	0.34	0.43	2.45
153	0.50729	1.30997	0.71728	0.9551	1.18	1.4	1.28	1.79
154	0.03035	0.9294	0.3802	-1.0952	0.07	0.99	0.68	-2.05
155	-0.69548	-0.246	-0.98475	1.19165	-1.62	-0.26	-1.76	2.23
156	0.30714	-1.07141	0.3802	0.81243	0.71	-1.14	0.68	1.52
157	0.03035	0.9294	0.3802	0.18537	0.07	0.99	0.68	0.35
158	-0.14236	0.11326	-1.24243	0.59701	-0.33	0.12	-2.22	1.12
159	-0.34198	-1.04253	-0.17043	0.60693	-0.8	-1.11	-0.3	1.14
160	0.47534	1.22695	0.804	0.2513	1.11	1.31	1.43	0.47
161	0.46354	1.10203	0.95679	0.67987	1.08	1.18	1.71	1.27
162	0.61107	-0.03376	0.95679	0.37209	1.42	-0.04	1.71	0.7
163	0.50729	1.30997	0.95679	0.27856	1.18	1.4	1.71	0.52
164	0.50729	1.30997	0.95679	0.79723	1.18	1.4	1.71	1.49
165	1.03953	-1.83086	0.49287	-0.05715	2.42	-1.96	0.88	-0.11
166	0.09979	0.43652	0.3802	-0.24314	0.23	0.47	0.68	-0.46
167	1.37421	-1.25713	0.95679	1.22376	3.2	-1.34	1.71	2.29
168	1.45172	-2.01959	0.65121	1.29418	3.38	-2.16	1.16	2.42
169	0.656	0.54576	-0.06733	-0.00654	1.53	0.58	-0.12	-0.01
170	0.77536	0.52278	0.52591	-0.00817	1.8	0.56	0.94	-0.02

续表

序号	因子值				主成分值			
	管控机制因子 1	管控机制因子 2	管控机制因子 3	管控机制因子 4	管控机制因子 1	管控机制因子 2	管控机制因子 3	管控机制因子 4
171	0.05583	1.15584	0.64567	0.06298	0.13	1.24	1.15	0.12
172	0.33317	0.62189	0.26045	0.14829	0.78	0.66	0.46	0.28
173	0.68068	0.79655	0.95679	0.79723	1.58	0.85	1.71	1.49
174	1.31329	-1.95377	0.59752	1.04537	3.06	-2.09	1.07	1.96
175	1.34525	-1.87075	-0.07287	-0.74703	3.13	-2	-0.13	-1.4
176	1.51563	-1.85356	0.23826	0.93807	3.53	-1.98	0.43	1.76
177	-0.10866	-0.98928	0.11474	-1.7021	-0.25	-1.06	0.2	-3.19
178	0.79959	-0.83332	0.65121	0.58762	1.86	-0.89	1.16	1.1
179	0.35706	-1.08773	0.3598	0.4313	0.83	-1.16	0.64	0.81
180	0.69665	0.76244	0.95679	0.79723	1.62	0.81	1.71	1.49
181	1.41112	-1.71133	0.95679	0.84766	3.28	-1.83	1.71	1.59
182	0.50729	1.30997	0.95679	0.79227	1.18	1.4	1.71	1.48
183	0.0017	-0.08962	0.3802	0.27563	0	-0.1	0.68	0.52
184	0.50729	1.30997	0.95679	0.24938	1.18	1.4	1.71	0.47
185	0.629	0.07676	0.68424	0.58304	1.46	0.08	1.22	1.09
186	-2.35436	-0.97341	-2.50273	-2.41568	-5.48	-1.04	-4.46	-4.53
187	0.48939	-0.229	0.07462	-0.31024	1.14	-0.24	0.13	-0.58
188	0.33498	-0.12907	0.07462	0.19167	0.78	-0.14	0.13	0.36
189	0.53294	0.09149	0.95679	0.50839	1.24	0.1	1.71	0.95
190	0.17178	0.33297	0.3802	-0.15655	0.4	0.36	0.68	-0.29
191	0.50729	1.30997	0.95679	-1.32214	1.18	1.4	1.71	-2.48
192	0.75938	0.55689	0.95679	0.24634	1.77	0.6	1.71	0.46
193	1.00909	-1.24181	0.49842	0.92703	2.35	-1.33	0.89	1.74
194	0.64375	-0.85388	0.49842	0.92703	1.5	-0.91	0.89	1.74
195	1.38781	-2.18563	0.95679	0.69219	3.23	-2.34	1.71	1.3
196	-2.22698	0.03733	-2.11043	-1.86411	-5.18	0.04	-3.76	-3.49
197	0.48875	0.8035	0.95679	0.79723	1.14	0.86	1.71	1.49
198	-2.0508	-0.07943	-2.38297	-1.53814	-4.77	-0.08	-4.25	-2.88

续表

序号	因子值				主成分值			
	管控机制因子1	管控机制因子2	管控机制因子3	管控机制因子4	管控机制因子1	管控机制因子2	管控机制因子3	管控机制因子4
199	0.50729	1.30997	0.95679	0.88254	1.18	1.4	1.71	1.65
200	0.76136	-1.70017	0.34717	0.74329	1.77	-1.82	0.62	1.39
201	-1.87742	-0.59285	-1.6221	-2.09597	-4.37	-0.63	-2.89	-3.93
202	-0.24398	0.93274	0.22741	-0.35555	-0.57	1	0.41	-0.67
203	0.19545	1.37156	0.95679	-0.44614	0.45	1.47	1.71	-0.84
204	0.50729	1.30997	0.804	1.30907	1.18	1.4	1.43	2.45

附表3-3　　交易伙伴选择机制因子得分和主成分值

序号	因子得分		主成分值	
	因子1	因子2	因子1	因子2
1	-0.69288	0.65887	-1.18	0.6
2	1.00018	-0.25452	1.71	-0.23
3	-1.46018	0.83074	-2.49	0.76
4	0.42623	0.24768	0.73	0.23
5	-1.27984	-0.5611	-2.19	-0.51
6	0.10874	-0.3168	0.19	-0.29
7	-0.84373	-2.01022	-1.44	-1.83
8	-0.30819	-2.17031	-0.53	-1.97
9	-1.59733	-1.12557	-2.73	-1.02
10	-1.00007	-0.66389	-1.71	-0.6
11	-0.84373	-2.01022	-1.44	-1.83
12	-0.69288	0.65887	-1.18	0.6
13	1.00018	-0.25452	1.71	-0.23
14	-1.46018	0.83074	-2.49	0.76
15	0.42623	0.24768	0.73	0.23
16	-1.27984	-0.5611	-2.19	-0.51
17	0.10874	-0.3168	0.19	-0.29
18	-0.84373	-2.01022	-1.44	-1.83
19	-0.30819	-2.17031	-0.53	-1.97

续表

序号	因子得分		主成分值	
	因子 1	因子 2	因子 1	因子 2
20	-1.59733	-1.12557	-2.73	-1.02
21	-1.00007	-0.66389	-1.71	-0.6
22	-0.84373	-2.01022	-1.44	-1.83
23	-0.69288	0.65887	-1.18	0.6
24	1.00018	-0.25452	1.71	-0.23
25	-1.46018	0.83074	-2.49	0.76
26	0.42623	0.24768	0.73	0.23
27	-1.27984	-0.5611	-2.19	-0.51
28	0.10874	-0.3168	0.19	-0.29
29	-0.84373	-2.01022	-1.44	-1.83
30	-0.30819	-2.17031	-0.53	-1.97
31	-1.59733	-1.12557	-2.73	-1.02
32	-1.00007	-0.66389	-1.71	-0.6
33	-0.84373	-2.01022	-1.44	-1.83
34	1.09434	-0.28142	1.87	-0.26
35	-0.69288	0.65887	-1.18	0.6
36	-0.69288	0.65887	-1.18	0.6
37	1.00018	-0.25452	1.71	-0.23
38	0.5588	-0.12133	0.95	-0.11
39	-0.4131	0.55607	-0.71	0.51
40	0.42623	0.24768	0.73	0.23
41	-1.46018	0.83074	-2.49	0.76
42	0.42623	0.24768	0.73	0.23
43	-2.46955	1.77268	-4.22	1.61
44	-0.69288	0.65887	-1.18	0.6
45	-1.27984	-0.5611	-2.19	-0.51
46	0.10874	-0.3168	0.19	-0.29
47	0.64428	-0.47689	1.1	-0.43
48	0.51172	-0.10788	0.87	-0.1
49	-0.84373	-2.01022	-1.44	-1.83

续表

序号	因子得分		主成分值	
	因子 1	因子 2	因子 1	因子 2
50	1. 14142	-0. 29487	1. 95	-0. 27
51	1. 7101	-2. 113	2. 92	-1. 92
52	0. 74372	0. 81215	1. 27	0. 74
53	0. 74372	0. 81215	1. 27	0. 74
54	0. 32679	-1. 04136	0. 56	-0. 95
55	-0. 4131	0. 55607	-0. 71	0. 51
56	0. 74372	0. 81215	1. 27	0. 74
57	-0. 42681	-0. 15671	-0. 73	-0. 14
58	0. 74372	0. 81215	1. 27	0. 74
59	0. 42623	0. 24768	0. 73	0. 23
60	-0. 84373	-2. 01022	-1. 44	-1. 83
61	0. 74372	0. 81215	1. 27	0. 74
62	0. 23194	-0. 00508	0. 4	0
63	-0. 70658	-0. 05391	-1. 21	-0. 05
64	0. 74372	0. 81215	1. 27	0. 74
65	0. 74372	0. 81215	1. 27	0. 74
66	0. 42623	0. 24768	0. 73	0. 23
67	0. 27902	-0. 01853	0. 48	-0. 02
68	1. 09434	-0. 28142	1. 87	-0. 26
69	-0. 26589	0. 82228	-0. 45	0. 75
70	0. 74372	0. 81215	1. 27	0. 74
71	-1. 1667	1. 44072	-1. 99	1. 31
72	-1. 18041	0. 72794	-2. 02	0. 66
73	0. 74372	0. 81215	1. 27	0. 74
74	0. 74372	0. 81215	1. 27	0. 74
75	0. 74372	0. 81215	1. 27	0. 74
76	-0. 80602	-1. 34295	-1. 38	-1. 22
77	-2. 46955	1. 77268	-4. 22	1. 61
78	-0. 26589	0. 82228	-0. 45	0. 75
79	0. 42623	0. 24768	0. 73	0. 23

续表

序号	因子得分		主成分值	
	因子 1	因子 2	因子 1	因子 2
80	0. 42623	0. 24768	0. 73	0. 23
81	-0. 10932	0. 40776	-0. 19	0. 37
82	-2. 2515	1. 04812	-3. 85	0. 95
83	0. 87629	0. 44314	1. 5	0. 4
84	0. 96178	0. 08759	1. 64	0. 08
85	1. 04726	-0. 26797	1. 79	-0. 24
86	0. 74372	0. 81215	1. 27	0. 74
87	1. 22691	-0. 65043	2. 1	-0. 59
88	0. 36451	-0. 37409	0. 62	-0. 34
89	0. 74372	0. 81215	1. 27	0. 74
90	-2. 46955	1. 77268	-4. 22	1. 61
91	0. 49707	-0. 7431	0. 85	-0. 68
92	1. 00885	0. 07414	1. 72	0. 07
93	0. 682	0. 19038	1. 16	0. 17
94	0. 42623	0. 24768	0. 73	0. 23
95	0. 74372	0. 81215	1. 27	0. 74
96	0. 74372	0. 81215	1. 27	0. 74
97	1. 39789	-1. 36154	2. 39	-1. 24
98	0. 74372	0. 81215	1. 27	0. 74
99	-0. 84373	-2. 01022	-1. 44	-1. 83
100	-0. 00076	0. 08426	0	0. 08
101	-1. 59275	1. 19975	-2. 72	1. 09
102	0. 74372	0. 81215	1. 27	0. 74
103	0. 87629	0. 44314	1. 5	0. 4
104	0. 74372	0. 81215	1. 27	0. 74
105	0. 70601	0. 14488	1. 21	0. 13
106	1. 03262	-0. 90318	1. 76	-0. 82
107	0. 87629	0. 44314	1. 5	0. 4
108	-0. 30819	-2. 17031	-0. 53	-1. 97
109	-1. 98637	0. 3101	-3. 39	0. 28

续表

序号	因子得分		主成分值	
	因子 1	因子 2	因子 1	因子 2
110	-1.98637	0.3101	-3.39	0.28
111	-0.76396	0.71782	-1.3	0.65
112	-0.31825	-0.48021	-0.54	-0.44
113	1.88107	-2.82411	3.21	-2.57
114	0.682	0.19038	1.16	0.17
115	0.74372	0.81215	1.27	0.74
116	0.74372	0.81215	1.27	0.74
117	0.74372	0.81215	1.27	0.74
118	-1.59733	-1.12557	-2.73	-1.02
119	-0.32737	1.13233	-0.56	1.03
120	-1.00007	-0.66389	-1.71	-0.6
121	0.74372	0.81215	1.27	0.74
122	0.96178	0.08759	1.64	0.08
123	-0.84373	-2.01022	-1.44	-1.83
124	-0.29424	-0.52572	-0.5	-0.48
125	-1.81539	-0.40101	-3.1	-0.36
126	0.74372	0.81215	1.27	0.74
127	-0.84373	-2.01022	-1.44	-1.83
128	1.14142	-0.29487	1.95	-0.27
129	1.7101	-2.113	2.92	-1.92
130	0.74372	0.81215	1.27	0.74
131	0.74372	0.81215	1.27	0.74
132	0.32679	-1.04136	0.56	-0.95
133	-0.4131	0.55607	-0.71	0.51
134	0.74372	0.81215	1.27	0.74
135	-0.42681	-0.15671	-0.73	-0.14
136	0.74372	0.81215	1.27	0.74
137	0.42623	0.24768	0.73	0.23
138	-0.84373	-2.01022	-1.44	-1.83
139	0.74372	0.81215	1.27	0.74

续表

序号	因子得分		主成分值	
	因子 1	因子 2	因子 1	因子 2
140	0. 23194	-0. 00508	0. 4	0
141	-0. 70658	-0. 05391	-1. 21	-0. 05
142	0. 74372	0. 81215	1. 27	0. 74
143	0. 74372	0. 81215	1. 27	0. 74
144	0. 42623	0. 24768	0. 73	0. 23
145	0. 27902	-0. 01853	0. 48	-0. 02
146	1. 09434	-0. 28142	1. 87	-0. 26
147	-0. 26589	0. 82228	-0. 45	0. 75
148	0. 74372	0. 81215	1. 27	0. 74
149	-1. 1667	1. 44072	-1. 99	1. 31
150	-1. 18041	0. 72794	-2. 02	0. 66
151	0. 74372	0. 81215	1. 27	0. 74
152	0. 74372	0. 81215	1. 27	0. 74
153	0. 74372	0. 81215	1. 27	0. 74
154	-0. 80602	-1. 34295	-1. 38	-1. 22
155	-2. 46955	1. 77268	-4. 22	1. 61
156	-0. 26589	0. 82228	-0. 45	0. 75
157	0. 42623	0. 24768	0. 73	0. 23
158	0. 42623	0. 24768	0. 73	0. 23
159	-0. 10932	0. 40776	-0. 19	0. 37
160	-2. 2515	1. 04812	-3. 85	0. 95
161	0. 87629	0. 44314	1. 5	0. 4
162	0. 96178	0. 08759	1. 64	0. 08
163	1. 04726	-0. 26797	1. 79	-0. 24
164	0. 74372	0. 81215	1. 27	0. 74
165	1. 22691	-0. 65043	2. 1	-0. 59
166	0. 36451	-0. 37409	0. 62	-0. 34
167	0. 74372	0. 81215	1. 27	0. 74
168	-2. 46955	1. 77268	-4. 22	1. 61
169	0. 49707	-0. 7431	0. 85	-0. 68

续表

序号	因子得分		主成分值	
	因子 1	因子 2	因子 1	因子 2
170	1. 00885	0. 07414	1. 72	0. 07
171	0. 682	0. 19038	1. 16	0. 17
172	0. 42623	0. 24768	0. 73	0. 23
173	0. 74372	0. 81215	1. 27	0. 74
174	0. 74372	0. 81215	1. 27	0. 74
175	1. 39789	-1. 36154	2. 39	-1. 24
176	0. 74372	0. 81215	1. 27	0. 74
177	-0. 84373	-2. 01022	-1. 44	-1. 83
178	-0. 00076	0. 08426	0	0. 08
179	-1. 59275	1. 19975	-2. 72	1. 09
180	0. 74372	0. 81215	1. 27	0. 74
181	0. 87629	0. 44314	1. 5	0. 4
182	0. 74372	0. 81215	1. 27	0. 74
183	0. 70601	0. 14488	1. 21	0. 13
184	1. 03262	-0. 90318	1. 76	-0. 82
185	0. 87629	0. 44314	1. 5	0. 4
186	-0. 30819	-2. 17031	-0. 53	-1. 97
187	-1. 98637	0. 3101	-3. 39	0. 28
188	-1. 98637	0. 3101	-3. 39	0. 28
189	-0. 76396	0. 71782	-1. 3	0. 65
190	-0. 31825	-0. 48021	-0. 54	-0. 44
191	1. 88107	-2. 82411	3. 21	-2. 57
192	0. 682	0. 19038	1. 16	0. 17
193	0. 74372	0. 81215	1. 27	0. 74
194	0. 74372	0. 81215	1. 27	0. 74
195	0. 74372	0. 81215	1. 27	0. 74
196	-1. 59733	-1. 12557	-2. 73	-1. 02
197	-0. 32737	1. 13233	-0. 56	1. 03
198	-1. 00007	-0. 66389	-1. 71	-0. 6
199	0. 74372	0. 81215	1. 27	0. 74

续表

序号	因子得分		主成分值	
	因子 1	因子 2	因子 1	因子 2
200	0. 96178	0. 08759	1. 64	0. 08
201	-0. 84373	-2. 01022	-1. 44	-1. 83
202	-0. 29424	-0. 52572	-0. 5	-0. 48
203	-1. 81539	-0. 40101	-3. 1	-0. 36
204	0. 74372	0. 81215	1. 27	0. 74

附表 3-4　　　　交易绩效因子得分和主成分值

序号	因子得分	主成分值
1	1. 29946	2. 34
2	-0. 08058	-0. 15
3	-0. 08058	-0. 15
4	0. 2907	0. 52
5	-0. 08058	-0. 15
6	-2. 84065	-5. 13
7	-0. 08058	-0. 15
8	-0. 39243	-0. 71
9	-1. 46061	-2. 64
10	0. 26277	0. 47
11	-1. 78625	-3. 22
12	1. 29946	2. 34
13	-0. 08058	-0. 15
14	-0. 08058	-0. 15
15	0. 2907	0. 52
16	-0. 08058	-0. 15
17	-2. 84065	-5. 13
18	-0. 08058	-0. 15
19	-0. 39243	-0. 71
20	-1. 46061	-2. 64
21	0. 26277	0. 47
22	-1. 78625	-3. 22

续表

序号	因子得分	主成分值
23	1.29946	2.34
24	-0.08058	-0.15
25	-0.08058	-0.15
26	0.2907	0.52
27	-0.08058	-0.15
28	-2.84065	-5.13
29	-0.08058	-0.15
30	-0.39243	-0.71
31	-1.46061	-2.64
32	0.26277	0.47
33	-1.78625	-3.22
34	-0.08058	-0.15
35	-4.22069	-7.62
36	1.29946	2.34
37	-0.08058	-0.15
38	-0.08058	-0.15
39	-0.08058	-0.15
40	-1.46061	-2.64
41	-0.08058	-0.15
42	0.2907	0.52
43	-0.08058	-0.15
44	-0.08058	-0.15
45	-0.08058	-0.15
46	-2.84065	-5.13
47	-1.76225	-3.18
48	-0.08058	-0.15
49	-0.08058	-0.15
50	-1.46061	-2.64
51	1.29946	2.34
52	1.29946	2.34

续表

序号	因子得分	主成分值
53	-0.02116	-0.04
54	1.29946	2.34
55	-2.42018	-4.37
56	0.63404	1.14
57	-0.08058	-0.15
58	-0.45185	-0.82
59	1.29946	2.34
60	-0.08058	-0.15
61	-2.08433	-3.76
62	-0.08058	-0.15
63	-0.08058	-0.15
64	-0.08058	-0.15
65	-0.73577	-1.33
66	0.27299	0.49
67	0.2907	0.52
68	0.2907	0.52
69	0.2907	0.52
70	-0.08058	-0.15
71	1.29946	2.34
72	0.98761	1.78
73	-1.46061	-2.64
74	-0.08058	-0.15
75	-0.08058	-0.15
76	1.29946	2.34
77	-0.08058	-0.15
78	1.29946	2.34
79	-0.39243	-0.71
80	0.23128	0.42
81	0.32219	0.58
82	0.61633	1.11
83	-0.08058	-0.15

续表

序号	因子得分	主成分值
84	-2.08433	-3.76
85	1.29946	2.34
86	-0.08058	-0.15
87	0.23128	0.42
88	-0.08058	-0.15
89	-0.39243	-0.71
90	-0.08058	-0.15
91	-0.08058	-0.15
92	0.64427	1.16
93	-0.08058	-0.15
94	1.29946	2.34
95	0.92819	1.67
96	0.64427	1.16
97	0.2907	0.52
98	0.9459	1.71
99	-0.08058	-0.15
100	-0.08058	-0.15
101	1.29946	2.34
102	0.27299	0.49
103	-0.08058	-0.15
104	-0.08058	-0.15
105	-0.08058	-0.15
106	-0.08058	-0.15
107	1.29946	2.34
108	-0.39243	-0.71
109	1.29946	2.34
110	0.98761	1.78
111	1.29946	2.34
112	1.29946	2.34
113	0.2907	0.52
114	1.29946	2.34

续表

序号	因子得分	主成分值
115	0.26277	0.47
116	0.98761	1.78
117	0.98761	1.78
118	-1.46061	-2.64
119	-0.08058	-0.15
120	0.26277	0.47
121	0.26277	0.47
122	0.26277	0.47
123	-1.78625	-3.22
124	-0.39243	-0.71
125	-0.73577	-1.33
126	-1.43268	-2.59
127	-0.08058	-0.15
128	-1.46061	-2.64
129	1.29946	2.34
130	1.29946	2.34
131	-0.02116	-0.04
132	1.29946	2.34
133	-2.42018	-4.37
134	0.63404	1.14
135	-0.08058	-0.15
136	-0.45185	-0.82
137	1.29946	2.34
138	-0.08058	-0.15
139	-2.08433	-3.76
140	-0.08058	-0.15
141	-0.08058	-0.15
142	-0.08058	-0.15
143	-0.73577	-1.33
144	0.27299	0.49
145	0.2907	0.52

续表

序号	因子得分	主成分值
146	0. 2907	0. 52
147	0. 2907	0. 52
148	-0. 08058	-0. 15
149	1. 29946	2. 34
150	0. 98761	1. 78
151	-1. 46061	-2. 64
152	-0. 08058	-0. 15
153	-0. 08058	-0. 15
154	1. 29946	2. 34
155	-0. 08058	-0. 15
156	1. 29946	2. 34
157	-0. 39243	-0. 71
158	0. 23128	0. 42
159	0. 32219	0. 58
160	0. 61633	1. 11
161	-0. 08058	-0. 15
162	-2. 08433	-3. 76
163	1. 29946	2. 34
164	-0. 08058	-0. 15
165	0. 23128	0. 42
166	-0. 08058	-0. 15
167	-0. 39243	-0. 71
168	-0. 08058	-0. 15
169	-0. 08058	-0. 15
170	0. 64427	1. 16
171	-0. 08058	-0. 15
172	1. 29946	2. 34
173	0. 92819	1. 67
174	0. 64427	1. 16
175	0. 2907	0. 52
176	0. 9459	1. 71

续表

序号	因子得分	主成分值
177	-0.08058	-0.15
178	-0.08058	-0.15
179	1.29946	2.34
180	0.27299	0.49
181	-0.08058	-0.15
182	-0.08058	-0.15
183	-0.08058	-0.15
184	-0.08058	-0.15
185	1.29946	2.34
186	-0.39243	-0.71
187	1.29946	2.34
188	0.98761	1.78
189	1.29946	2.34
190	1.29946	2.34
191	0.2907	0.52
192	1.29946	2.34
193	0.26277	0.47
194	0.98761	1.78
195	0.98761	1.78
196	-1.46061	-2.64
197	-0.08058	-0.15
198	0.26277	0.47
199	0.26277	0.47
200	0.26277	0.47
201	-1.78625	-3.22
202	-0.39243	-0.71
203	-0.73577	-1.33
204	-1.43268	-2.59